Industrielle Dienstleistungen

Lizenz zum Wissen.

Sichern Sie sich umfassendes Wirtschaftswissen mit Sofortzugriff auf tausende Fachbücher und Fachzeitschriften aus den Bereichen: Management, Finance & Controlling, Business IT, Marketing, Public Relations, Vertrieb und Banking.

Exklusiv für Leser von Springer-Fachbüchern: Testen Sie Springer für Professionals 30 Tage unverbindlich. Nutzen Sie dazu im Bestellverlauf Ihren persönlichen Aktionscode C0005407 auf *www.springerprofessional.de/buchkunden/*

Springer für Professionals.
Digitale Fachbibliothek. Themen-Scout. Knowledge-Manager.

- Zugriff auf tausende von Fachbüchern und Fachzeitschriften
- Selektion, Komprimierung und Verknüpfung relevanter Themen durch Fachredaktionen
- Tools zur persönlichen Wissensorganisation und Vernetzung

www.entschieden-intelligenter.de

Springer für Professionals

Mischa Seiter

Industrielle Dienstleistungen

Wie produzierende Unternehmen ihr Dienstleistungsgeschäft aufbauen und steuern

PD Dr. Mischa Seiter
IPRI – International Performance Research
Institute
Stuttgart
Deutschland

ISBN 978-3-8349-3912-8   ISBN 978-3-8349-3913-5 (eBook)
DOI 10.1007/978-3-8349-3913-5

Die Deutsche Nationalbibliothek verzeichnet diese Publikation in der Deutschen Nationalbibliografie; detaillierte bibliografische Daten sind im Internet über http://dnb.d-nb.de abrufbar.

Springer Gabler
© Springer Fachmedien Wiesbaden 2013
Das Werk einschließlich aller seiner Teile ist urheberrechtlich geschützt. Jede Verwertung, die nicht ausdrücklich vom Urheberrechtsgesetz zugelassen ist, bedarf der vorherigen Zustimmung des Verlags. Das gilt insbesondere für Vervielfältigungen, Bearbeitungen, Übersetzungen, Mikroverfilmungen und die Einspeicherung und Verarbeitung in elektronischen Systemen.

Die Wiedergabe von Gebrauchsnamen, Handelsnamen, Warenbezeichnungen usw. in diesem Werk berechtigt auch ohne besondere Kennzeichnung nicht zu der Annahme, dass solche Namen im Sinne der Warenzeichen- und Markenschutz-Gesetzgebung als frei zu betrachten wären und daher von jedermann benutzt werden dürften.

Lektorat: Stefanie Brich/Margit Schlomski

Springer Gabler ist eine Marke von Springer DE. Springer DE ist Teil der Fachverlagsgruppe Springer Science+Business Media
www.springer-gabler.de

Vorwort

Dieses Buch richtet sich an Leser, die sich für den Aufbau und die Steuerung des Dienstleistungsgeschäfts produzierender Unternehmen interessieren. Zwei Zielgruppen sind daher besonders im Fokus: Einerseits Vertreter der Praxis, die für das Dienstleistungsgeschäft ihres Unternehmens verantwortlich sind oder solche Praxisvertreter, die ein Dienstleistungsgeschäft erst aufbauen sollen. Andererseits Studierende, die eine berufliche Zukunft in diesem Bereich anstreben. Dazu zählen Studierende der Wirtschaftswissenschaften genauso wie Studierende der Ingenieurswissenschaften sowie angehende Wirtschaftsingenieure.

Warum gibt es dieses Buch? Der Grund ist, dass zwar bereits Publikationen zu diesem Thema existieren, in diesen aber jeweils nur Teilaspekte behandelt werden und so der Blick auf das Ganze fehlt. Im Gegensatz dazu erörtere ich im vorliegenden Werk sämtliche notwendigen Handlungsfelder für Aufbau und Steuerung eines Dienstleistungsgeschäfts. Dadurch werden Zusammenhänge klar, die sonst nicht sichtbar sind.

Ich habe das Buch als Leitfaden für ein erfolgreiches Dienstleistungsgeschäft in produzierenden Unternehmen verfasst. Grundlage sind die Erfahrungen von sechs mehrjährigen Forschungsprojekten zusammen mit mehr als vierzig Unternehmen. Die Unternehmen gehören so unterschiedlichen Branchen an wie Maschinenbau, Automobilbau und der maritimen Industrie. Jedes Kapitel schließt mit einem Praxisbeispiel, um das Erlernte zu vertiefen. Überdies begleitet uns das Beispiel der Kehrgeräte AG durch das gesamte Buch.

Damit Sie das Buch möglichst einfach erschließen können, hier eine Anleitung:

- Sind Sie Mitarbeiter eines Unternehmens, das bereits industrielle Dienstleistungen anbietet, und Sie möchten sich zu einem bestimmten Teilaspekt vertieft informieren, dann empfehle ich einen Blick in das Inhaltsverzeichnis. Es ist so aufgebaut, dass die wesentlichen Handlungsfelder jeweils eigene Kapitel bilden.
- Sind Sie Mitarbeiter eines Unternehmens, das sich bisher noch nicht oder nur beiläufig mit industriellen Dienstleistungen befasst, empfehle ich Ihnen das Kapitel 1. Dort finden Sie die Gründe, warum Unternehmen industrielle Dienstleistungen anbieten, und die Handlungsfelder eines erfolgreichen Dienstleistungsmanagements.

- Sind Sie ein Studierender der Wirtschafts- oder Ingenieurswissenschaften und möchten sich in das Thema grundsätzlich einlesen, empfehle ich Ihnen die Lektüre des gesamten Buches. Sie erhalten zu Beginn jedes Kapitels eine Orientierung, was im Kapitel behandelt wird.

Liebe Leser, ich hoffe, dass dieses Buch Ihnen passgenau weiterhilft. Abschließend möchte ich Sie noch zum Dialog einladen: Unter der E-Mail-Adresse seiter@dienstleistungsforschung.net sind Hinweise, Fragen und Verbesserungsvorschläge willkommen.

Abschließend möchte ich mich bei einer Reihe von Personen bedanken. Zuerst bei allen Unternehmensvertretern, die es mir ermöglicht haben, die vielen Praxisbeispiele in dieses Buch aufzunehmen. Darüber hinaus bedanke ich mich bei Maria Seiter, Caroline Rosentritt, Silke Richter und Benjamin Richter, die durch ihre Ideen und konstruktive Kritik zum Gelingen dieses Buches beigetragen haben.

Stuttgart, im April 2013   PD Dr. Mischa Seiter

Inhalt

1 Was ist für ein erfolgreiches Dienstleistungsgeschäft zu tun? – Übersicht über die Handlungsfelder 1
   1.1 Was sind industrielle Dienstleistungen? 1
   1.2 Weshalb bieten Unternehmen industrielle Dienstleistungen an? 10
   1.3 Was sind die Handlungsfelder im Rahmen von Aufbau und Steuerung des Dienstleistungsgeschäfts? 12
   Literatur 19

2 Handlungsfeld 1: Strategische Ausrichtung – Welche Ziele verfolgen wir mit dem Dienstleistungsgeschäft? 21
   2.1 Lernziele 21
   2.2 Leistungsfähigkeits-Markt-Analyse als Entscheidungsbasis 23
      2.2.1 Funktionsweise der Leistungsfähigkeits-Markt-Analyse 23
      2.2.2 Analyse der Leistungsfähigkeit der Dienstleistungsfunktionen 24
      2.2.3 Analyse der Absatzmärkte 26
   2.3 Basisstrategien für das Dienstleistungsgeschäft 28
      2.3.1 Basisstrategie 1: Gesetzliche Verpflichtung 29
      2.3.2 Basisstrategie 2: Kundenorientierung 30
      2.3.3 Basisstrategie 3: Verstetigung 32
      2.3.4 Basisstrategie 4: Quersubventionierung 33
      2.3.5 Basisstrategie 5: Cross-Selling 35
      2.3.6 Basisstrategie 6: Differenzierung 36
      2.3.7 Basisstrategie 7: Eigenständiges Geschäftsfeld 38
   2.4 Praxisbeispiel: Die C. Josef Lamy GmbH 40
   Literatur 41

3 Handlungsfeld 2: Dienstleistungsportfolio – Welche Dienstleistungen bieten wir an und welche nicht? 43
   3.1 Lernziele 43

3.2	Suchraster zur Identifikation möglicher Dienstleistungen		44
	3.2.1 Pre-Sales-Dienstleistungen		45
	3.2.2 After-Sales-Dienstleistungen		47
	3.2.3 Independent-Dienstleistungen		50
3.3	Portfolioanalyse zur Auswahl relevanter Dienstleistungen		52
	3.3.1 Portfolioanalyse für die Basisstrategie „Kundenorientierung"		54
	3.3.2 Portfolioanalyse für die Basisstrategie „Verstetigung"		56
	3.3.3 Portfolioanalyse für die Basisstrategie „Quersubventionierung"		58
	3.3.4 Portfolioanalyse für die Basisstrategie „Cross-Selling"		59
	3.3.5 Portfolioanalyse für die Basisstrategie „Differenzierung"		61
	3.3.6 Portfolioanalyse für die Basisstrategie „Eigenständiges Geschäftsfeld"		62
3.4	Praxisbeispiel: Die WAFIOS AG		64
	Literatur		68

4 Handlungsfeld 3: Prozess- und Kapazitätsgestaltung – Wie gestalten wir die Prozesse und Kapazitäten des Dienstleistungsgeschäfts? 69

4.1	Lernziele	69
4.2	Prozessgestaltung	70
4.3	Kapazitätsgestaltung	77
	4.3.1 Risikoanalyse	78
	4.3.2 Grobgestaltung	82
	4.3.3 Feinsteuerung	84
4.4	Praxisbeispiel: Die Behr GmbH & Co. KG	87
	Literatur	90

5 Handlungsfeld 4: Kooperation mit Externen – Wie binden wir Externe in das Dienstleistungsgeschäft ein? 91

5.1	Lernziele	91
5.2	Strategische Bewertung	95
5.3	Operative Bewertung	100
5.4	Praxisbeispiel: Die Supply Chain Services gmbh & Co. KG	105
	Literatur	107

6 Handlungsfeld 5: Organisatorische Einordnung – Wie ordnen wir das Dienstleistungsgeschäft ein? 109

6.1	Lernziele	109
6.2	Grundformen zur Organisation des Dienstleistungsgeschäfts	111
6.3	Eignung der Grundformen für die Basisstrategien des Dienstleistungsgeschäfts	118
6.4	Praxisbeispiel: Die CLAAS Gruppe	123
	Literatur	126

7 **Handlungsfeld 6: Performance Measurement und Reporting – Welche Informationen benötigen wir zur Steuerung des Dienstleistungsgeschäfts?** ... 127
   7.1 Lernziele ... 127
   7.2 Performance Measurement ... 129
      7.2.1 Indikatoren zur strategischen Steuerung ... 129
      7.2.2 Indikatoren zur operativen Steuerung ... 134
      7.2.3 Indikatoren zur Früherkennung von Risiken ... 146
   7.3 Reporting ... 149
   7.4 Praxisbeispiele ... 155
      7.4.1 Die HATLAPA Uetersener Maschinenfabrik GmbH & Co. KG ... 155
      7.4.2 Die DeLaval GmbH ... 157
   Literatur ... 159

8 **Handlungsfeld 7: Interne und Externe Anreize – Wie steuern wir das Verhalten der beteiligten Akteure?** ... 161
   8.1 Lernziele ... 161
   8.2 Gestaltung der internen Anreize ... 165
   8.3 Gestaltung der externen Anreize ... 169
   8.4 Praxisbeispiel: Die CLAAS Gruppe ... 174
   Literatur ... 178

9 **Ein abschließender Überblick – Welche Handlungsfelder und Lösungen haben wir erörtert?** ... 179

Was ist für ein erfolgreiches Dienstleistungsgeschäft zu tun? – Übersicht über die Handlungsfelder

1.1 Was sind industrielle Dienstleistungen?

Eine große Zahl von Gesprächen mit Praxisvertretern und Wissenschaftlern hat in mir die Erkenntnis reifen lassen, dass industrielle Dienstleistungen ein äußerst relevantes, aber komplexes Thema sind. Betrachten wir die Literatur, sehen wir bereits mehrere Beiträge zu einzelnen Aspekten der Thematik. Warum dann dieses Buch? Bisher fehlt eine **umfassende Handreichung**, wie erfolgreiche Unternehmen ihr Dienstleistungsgeschäft aufgebaut haben und steuern. Eine Lücke, die durch dieses Buch geschlossen wird.

Im Unterschied zu anderen Schriften verbindet das vorliegende Werk **akademischen Anspruch und Praxisrelevanz**. Daher werden die Ausführungen im Folgenden durch zahlreiche Beispiele aus der Unternehmenspraxis verdeutlicht. Zur Einführung betrachten wir drei Unternehmen und deren Dienstleistungsgeschäft.

Die HATLAPA Uetersener Maschinenfabrik GmbH & Co. KG

HATLAPA ist ein führender Hersteller von Marinetechnik und blickt auf eine über neunzigjährige Unternehmensgeschichte zurück. Mit seinem Hauptsitz in Uetersen nahe Hamburg und weltweiten Niederlassungen in China, Großbritannien, Korea, Norwegen, Singapur, den USA und Zypern, bedient HATLAPA seine Kunden aus der kommerziellen Schifffahrt und der Offshore-Industrie. Im Jahre 2010 erzielte das Unternehmen mit etwa 400 Mitarbeitern einen Umsatz von ca. 120 Mio. €.
Die Produktpalette von HATLAPA umfasst:

- Winden: Winden dienen der Befestigung von Schiffen. HATLAPA bietet eine große Vielzahl von Winden für sehr unterschiedliche Anwendungskontexte an. Dazu gehören neben regulären Schiffen auch Forschungs- und Fischereischiffe.

- Kompressoren: Die luft- oder wassergekühlten Kompressoren von HATLAPA werden sowohl auf Schiffen, als auch in anderen industriellen Kontexten angewendet. Auf Schiffen dienen sie dem Anlassen von Schiffmotoren.
- Rudermaschinen: Rudermaschinen dienen der Steuerung von Schiffen. HATLAPA bietet verschiedene Typen an, darunter 4-Zylinder- und 2-Zylinder-Tauchkolbenanlagen, Drehflügelanlagen und Differentialkolbenanlagen.
- Offshore-Ausrüstung: HATLAPA entwickelt speziell für die Offshore-Industrie Winden und weitere Maschinen.

Grundsätze des seit seiner Gründung im Jahr 1919 unabhängigen Unternehmens sind die Verbindung von verlässlicher Qualität, hoher Innovationskraft und exzellentem Service. Dieser weltweite Service, von HATLAPA auch als „Fleet Support" bezeichnet, umfasst folgende Dienstleistungen:

- Wartung,
- Ersatzteilgeschäft,
- Reparatur,
- Umbauten und
- Schulungen

für alle angebotenen Produkte und teilweise auch für Fremdfabrikate.

Die WAFIOS AG

Die WAFIOS AG versteht sich als das weltweit führende Unternehmen für Maschinen der Draht- und Rohrverarbeitung mit bedeutenden Aktivitäten in der Kaltmassivumformung (insbesondere Herstellung von Pressen). Durch eine hohe Innovationskraft prägt das Unternehmen den Markt seit seiner Gründung 1893. Die WAFIOS AG zeichnet sich durch ein sehr umfassendes Maschinenprogramm für Draht- und Rohrprodukte aus. Über 200 Maschinentypen bieten für die Bearbeitung von Drähten und Rohren maßgeschneiderte Lösungen. Durch die ausgeprägte Fertigungstiefe können hohe Qualitätsstandards garantiert werden. Dazu tragen auch die Ausbildung junger Mitarbeiter (Ausbildungsquote ca. 10%) und die ständige Weiterbildung der ca. 800 Mitarbeiter bei.

Das Produktprogramm der WAFIOS AG umfasst im Einzelnen:

- Draht- und Rohrbiegemaschinen,
- Federwindemaschinen,
- Winde-, Wickel- und Biegezentren,
- Kettenmaschinen,
- Maschinen zur Herstellung von Geflechten und Formteilen,
- Drahtstiftmaschinen,

1.1 Was sind industrielle Dienstleistungen?

- Richt-, Abschneide- und Endenbearbeitungsmaschinen sowie
- Metallschlauchmaschinen.

Mit einer Exportquote von ca. 65 % und Vertretungen in über 70 Ländern wird die globale Marktausrichtung dokumentiert. Eine konsequente Diversifikationspolitik hat zu einer breiten Maschinenpalette und damit einer Unabhängigkeit von einzelnen Absatzbranchen, regionalen Märkten, Lieferanten und Kunden geführt. Dank des breiten Produktspektrums kann vielen Kunden eine Komplettlösung aus einer Hand angeboten werden. Dies spiegelt sich im Umsatz von 100 Mio. € im Jahr 2011 wieder.
Die WAFIOS AG versteht sich als Partner ihrer Kunden über den gesamten Lebenszyklus einer Maschine. Diesem Anspruch folgend umfasst das Produktportfolio Dienstleistungen von der Vorverkaufs- bis zur Nutzungsphase:

- Mit der Anwendungsberatung soll für den Kunden eine optimale Fertigungslösung ausgearbeitet werden. Im Zuge dessen werden die Bedarfe des Kunden erhoben und ggf. Partnerunternehmen der WAFIOS AG einbezogen, um eine ideale Kundenlösung anzubieten.
- Die Finanzdienstleistungen umfassen das Leasing- und Finanzierungsgeschäft. Mit deren Hilfe wird die Rentabilität der Komplettlösung gesteigert.
- Durch die Inbetriebnahme wird garantiert, dass die Maschine reibungslos und ressourcenschonend in das Produktionssystem der Kunden integriert wird.
- Die After-Sales-Services der WAFIOS AG reichen von Dienstleistungen der telefonbasierten Ferndiagnose über die Wartung und Instandsetzung bis hin zu Software-Support sowie zukunftssicheren Steuerungsupdates („Retrofit"). Durch diese Dienstleistungen werden Produktivität, Verfügbarkeit und Werterhalt der WAFIOS-Maschinen sichergestellt.

Neben den genannten Dienstleistungen für das Maschinenprogramm ist die WAFIOS AG der ideale Partner seiner Kunden in Sachen Werkzeuge, die zur Nutzung der Maschinen von maßgeblicher Bedeutung sind. Das sog. „Tool Center", ein Kompetenzzentrum im Bereich der Werkzeugentwicklung und Anwendungsberatung, bietet Dienstleistungen an, die zur Erhöhung der Werkzeug-Standzeiten und Erweiterung der Prozessgrenzen und damit zur Maximierung der Produktionsleistung beitragen.

Die DeLaval GmbH

DeLaval verfügt über mehr als 125 Jahre Erfahrung in der Milchwirtschaft und unterstützt Landwirte, ihre Betriebe auf deren individuelle Art zu managen. Mit der Strategie „Smart Farming" verfolgt DeLaval den Übergang vom reinen Melkmanagement zum gesamtbetrieblichen Rentabilitätsmanagement. Dazu stellt DeLaval den Melkbetrieben neue Entscheidungshilfen und Automatisierungstechnologien zur Verfügung.

Das Produktportfolio von DeLaval ist vielfältig und umfasst:

- Melksysteme aller Ausführungen: Diese sorgen für ausgezeichnete Melkhygiene, verbessern die Eutergesundheit und senken die Arbeitskosten.
- Technische Ausrüstung für die Milchkühlung in landwirtschaftlichen Betrieben: Eine effektive Kühlung ist für die Erzeugung von Qualitätsmilch von hoher Wichtigkeit.
- Kuhkomfort und Zubehör: Dies umfasst Pflegeutensilien und Zubehör für Kühe sowie für die Stalleinrichtung, bspw. Liegeboxen- und Laufgangbeläge sowie Kuhbürsten.
- Produkte für das Management des Stallklimas: Hierzu gehört u. a. intelligente Steuerungstechnologie für Ventilatoren.
- Systeme und Produkte zur Steigerung der Fütterungseffizienz: Fütterung ist der größte Kostenfaktor der Milchproduktion. Die Optimierung verbessert die Herdengesundheit, die Reproduktion sowie die Umweltbelastung.
- Entmistungssysteme: Hierzu gehören Rinnenreiniger, Pressen, Pumpen und Schieber. Sie dienen der effektiven Handhabung von Fest- und Flüssigmist.

Das Dienstleistungsportfolio von DeLaval untergliedert sich in drei Bereiche:

- Preventive Maintenance,
- Emergency Service und
- Advisory Service.

Die Preventive Maintenance, die vorbeugende Wartung der Melkanlage, beugt unnötigen Notfällen vor und trägt so in erheblichem Maße zum positiven Betriebsergebnis bei. Verschleißteile werden rechtzeitig erkannt und ausgetauscht, bevor diese den Melkprozess negativ beeinflussen können. Dadurch wird ein euterschonendes und effektives Melken gewährleistet.

Weltweit mehr als 3.000 Service-Techniker setzen für die Wartung von DeLaval-Anlagen speziell vorgeschriebene Spezialausrüstung ein. Das individuelle Wartungsprogramm hängt von der Größe der Herde, der Anzahl der Melkplätze, der Melkzeit sowie der Reinigungszeit ab. Die regelmäßige Prüfung und Wartung gewährleistet eine maximale Systemleistung, verlängert die Lebensdauer des Systems und minimiert die Ausfallzeit der Anlagentechnik.

Im Gegensatz zur vorbeugenden Wartung wird der Emergency Service eingesetzt, um nicht voraussehbare Notfälle zu beheben. Mit dem weltweiten Vertriebsnetz können die Kunden von DeLaval 24 h am Tag, 7 Tage die Woche und 365 Tage im Jahr unterstützt werden.

Abgerundet wird das Dienstleistungsportfolio durch den Advisory Service. Dieser umfasst

- die Beratung vor dem Kauf einer Anlage hinsichtlich Auslegung und Hygiene etc.,
- Schulung der Mitarbeiter bei der Systeminbetriebnahme,
- Planung von Nachfolgebesuchen für die Bewertung des Systems und
- eine weitergehende Beratung für das effiziente Management des Betriebs.

Die drei Praxisbeispiele zeigen die große Bandbreite industrieller Dienstleistungen. Im vorliegenden Buch erarbeiten wir gemeinsam Handlungsempfehlungen im Umgang mit den unterschiedlichen Arten industrieller Dienstleistungen. Als erstes müssen wir daher klären, was allen industriellen Dienstleistungen gemein ist.

Die erste Gemeinsamkeit aller industriellen Dienstleistungen ist, dass sie im **Zusammenhang mit einem Produkt** stehen. Dieser Zusammenhang ist vielfältig. Betrachten wir als Beispiel die Dienstleistung „Finanzierung". Der Zusammenhang besteht darin, dass ohne die Dienstleistung der Erwerb des Produkts in der Regel nicht zustande käme.

Ebenfalls eine Verbindung zum Produkt besteht im Falle von Entwicklungsdienstleistungen. Die Verbindung besteht bspw. in der konstruktiven Anpassung einer Standardmaschine an die Wünsche des jeweiligen Kunden. Im Fall der Dienstleistung „Wartung" würde das Produkt, bspw. eine Drehmaschine, nicht die Leistung erbringen, die möglich ist. Dies reicht bis zum Extremfall eines Ausfalls der Drehmaschine. Der Zusammenhang Produkt und Dienstleistung tritt somit wieder deutlich zu Tage.

▶ Wir können als erste Gemeinsamkeit festhalten, dass industrielle Dienstleistungen einen direkten Bezug zu einem Produkt aufweisen. Dabei sind zwei Beziehungen zu unterscheiden: eine erste Gruppe von Dienstleistungen ermöglicht erst den Einsatz der Produkte, während eine zweite Gruppe den Nutzen der Produkte verbessert.

In den drei einführenden Beispielen ist der Kunde der industriellen Dienstleistungen jeweils ein Unternehmen. Kunden der HATLAPA Uetersener Maschinenfabrik GmbH & Co. KG sind Werften und Unternehmen der Offshore-Industrie, Kunden der WAFIOS AG sind metallverarbeitende Unternehmen während Kunden der DeLaval GmbH milcherzeugende Betriebe sind.

Es liegt nahe, dass wir dies als zweite Gemeinsamkeit aller industriellen Dienstleistungen annehmen. Damit würden wir aber eine große Dienstleistungsgruppe ausschließen. Hierzu zwei Beispiele: Der Käufer eines Automobils lässt sein Auto in der Regel warten. Die Wartung hat eindeutig einen engen Zusammenhang mit dem Produkt. Sollten wir diesen Fall ausschließen?

Ein zweites Beispiel: Sie erwerben einen hochpreisigen Waschautomaten und erwarten vom Hersteller selbstverständlich Jahre später noch die Lieferung und den Einbau von Ersatzteilen. Ein Bezug dieser Dienstleistung zum Waschautomaten ist eindeutig gegeben. Sollten wir diesen Fall ausschließen?

Die zwei Beispiele zeigen, dass der Kunde durchaus eine Privatperson sein kann. Welche Abgrenzung ist aber sinnvoll, um nicht jegliche Dienstleistung im Zusammenhang mit einem Produkt als industrielle Dienstleistung zu klassifizieren? Die Antwort liegt in der Art des Produkts. Alle bis zu dieser Stelle angeführten Beispiele beziehen sich auf **langlebige Güter**, die nicht dem Konsum dienen.

▶ Wir können als zweite Gemeinsamkeit aller industriellen Dienstleistungen festhalten, dass das Produkt, auf das sich die Dienstleistung bezieht, ein Inves-

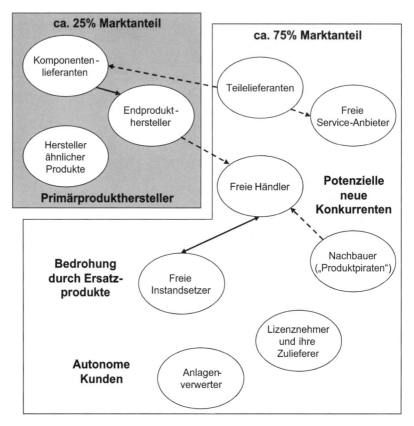

Abb. 1.1 Konkurrierende Akteure auf dem Ersatzteilmarkt. (In Anlehnung an Baumbach 2004; Impuls-Consulting 2006)

titionsgut ist. Die Art des Kunden, ob Unternehmen oder Privatperson, ist nicht relevant für die Abgrenzung der industriellen Dienstleistung.

Die drei einführenden Beispiele zeigen eine weitere Gemeinsamkeit. Die Dienstleistung wird von dem Unternehmen erbracht, welches das zugehörige Produkt selbst herstellt. Es liegt nahe zu vermuten, dies sei ein weiteres spezifisches Merkmal von industriellen Dienstleistungen. Aber ist das tatsächlich der Fall?

Betrachten wir dazu das Beispiel „Ersatzteilversorgung": In vielen Branchen gilt diese Dienstleistung als besonders rentabel. Allerdings verfolgen viele produzierende Unternehmen diese Umsatz- und Gewinnchancen nicht konsequent genug. Im Ergebnis können die Produkthersteller nur ca. 25 % des Ersatzteilpotenzials selbst abschöpfen. Wie Abbildung Abb. 1.1 zeigt, schöpfen konkurrierende Akteure einen großen Teil ab.

Nicht alle dieser Konkurrenten sind Hersteller des betreffenden Produkts. Folglich ist es nicht notwendig, dass industrielle Dienstleistungen von dem Unternehmen erbracht werden, welches auch das zugehörige Produkt herstellt. Vielmehr sehen wir, dass Wettbewerb auch zwischen solchen Unternehmen besteht, die selbst nicht das betreffende Produkt herstellen.

> **Zusammenfassend halten wir fest**
> Industrielle Dienstleistungen sind Dienstleistungen, die in engem Zusammenhang mit einem Investitionsgut stehen und von einem Unternehmen erbracht werden. Sie ermöglichen oder verbessern die Nutzung des Produkts.

Wir haben nun ein Verständnis, was industrielle Dienstleistungen sind. Nicht definiert haben wir, was unter Dienstleistungen im Allgemeinen zu verstehen ist. Dies ist allerdings notwendig, um konkrete Handlungsempfehlungen zu Aufbau und Steuerung eines Dienstleistungsgeschäfts zu geben.

Dienstleistungen sind im Gegensatz zu Produkten nicht greifbar – also substanzlos. In der Literatur wird dies als **Immaterialität** bezeichnet (vgl. Fließ 2009, S. 10). Diese Eigenschaft führt zu mehreren Konsequenzen im Umgang mit Dienstleistungen.

Eine erste Konsequenz ist, dass man Dienstleistungen nicht lagern kann. Eine Voraberbringung für eine spätere Verwendung ist nicht möglich. In dem Moment, in dem wir eine Dienstleistung erbringen, ist sie bereits verbraucht. Lediglich die Möglichkeit, eine Dienstleistung zu erbringen, kann bereit gehalten werden. Diese **Leistungsbereitschaft** umfasst in der Regel Personal, Ausrüstungsgegenstände, Verbrauchsmaterial sowie vorzuhaltende Flächen. Eine Herausforderung für den Anbieter von Dienstleistungen ist somit die Bemessung der Kapazität, die vorgehalten werden soll, sowie deren geografische und zeitliche Verteilung. Wir greifen dies in den Handlungsfeldern wieder auf.

Eine zweite Konsequenz der Immaterialität von Dienstleistungen ist, dass eine Demonstration der Funktion der Dienstleistung nur beschränkt möglich ist. Ein Kunde kann die Dienstleistung vor der Inanspruchnahme nur indirekt einer Qualitätsprüfung unterziehen. Insbesondere im Gegensatz zu einem Sachgut ist diese erschwert. Man denke bspw. daran, dass es nicht möglich ist, vorzuführen, wie eine konkrete Entwicklungsdienstleistung durchgeführt wird.

Neben der Immaterialität unterscheiden sich Dienstleistungen von Produkten dadurch, dass ein Kunde direkt in den Erstellungsprozess einbezogen werden muss. Stellvertretend für den Kunden kann ein Objekt des Kunden im Prozess beteiligt sein: eine Maschine des Kunden bei einer Wartung derselben. Allgemein spricht die Fachliteratur daher von der Notwendigkeit, einen **externen Faktor** – den Kunden oder dessen Objekt – in den Erstellungsprozess der Dienstleistung zu integrieren. Die Bezeichnung „extern" spiegelt dabei die Sicht des Dienstleistungserbringers wider und zeigt an, dass der externe Faktor nicht dauerhaft in dessen Weisungsbereich liegt (vgl. Corsten 1994, S. 46; Maleri und Frietzsche 2008).

Der Kunde hat aufgrund seiner Mitwirkung im Erstellungsprozess einen wesentlichen Einfluss auf die Dienstleistungsqualität. Daraus ergeben sich folgende Konsequenzen: Die Dienstleistung ist nur bis zu einem gewissen Grad standardisierbar, da das Verhalten des Kunden nicht vollständig vorhersehbar ist. Wir greifen diese Herausforderung in den Handlungsfeldern Prozess- und Kapazitätsplanung (vgl. Kap. 4) sowie externe Anreize (Kap. 8) wieder auf.

Eine weitere Konsequenz ist die Standortgebundenheit. Dienstleistungen müssen dort erbracht werden, wo der Kunde diese nachfragt, wo bspw. dessen Maschine aufgestellt ist. Hierzu gelten allerdings Ausnahmen: Eine Finanzierungsdienstleistung kann auch ortsungebunden erfolgen. Die Standortgebundenheit kann folglich teilweise aufgelöst werden. Ein weiteres Beispiel ist der Einsatz von Kommunikationsmedien wie dies bei Teleservices der Fall ist.

Zusammenfassend halten wir fest

Dienstleistungen sind immaterielle Leistungen, die wir an einem externen Faktor – einem Kunden oder an dessen Objekten – erbringen (vgl. Meffert und Bruhn 2003, S. 30).

Bis hierher haben wir geklärt, was Dienstleistungen im Allgemeinen und industrielle Dienstleistungen im Speziellen auszeichnet. Noch unzureichend erörtert ist, welche Arten von industriellen Dienstleistungen in der Unternehmenspraxis eine Rolle spielen. Zur Beantwortung dieser Frage greifen wir auf die Arbeiten des Zentralverbands Elektrotechnik und Elektronikindustrie e. V. (ZVEI) und des Verbands deutscher Maschinen- und Anlagenbau e. V. (VDMA) zurück.

Der Fachverband Automation des ZVEI entwickelte zur Steigerung der Transparenz des Angebotes industrieller Dienstleistungen ein 7-Klassen-System (ZVEI 2004):

- Produktbezogene Basis-Dienstleistungen:
  Dienstleistungen dieser Klasse erfüllen entweder gesetzliche Anforderungen oder werden von Kunden als selbstverständlich wahrgenommen. Beispiele sind Basisdokumentation und Katalogauskünfte.
- Produktbezogene Standard-Dienstleistungen:
  Im Gegensatz zu Basis-Dienstleistungen sind diese Dienstleistungen kein „Muss". Die Bezeichnung „Standard" weist bereits auf den Inhalt hin. Es handelt sich um weitestgehend standardisierte Dienstleistungen wie Schulung, Inbetriebnahme und Erweiterung der Gewährleistung.
- Produktbezogene, kundenangepasste Dienstleistungen:
  Dienstleistungen dieser Klasse sind auf das spezielle Umfeld des Kunden angepasst. Es liegt somit eine höhere Individualisierung vor. Beispiele sind Ferndiagnose, Beratung und Begutachtung sowie Werksabnahmen.
- Applikationsspezifische Dienstleistungen:
  Dienstleistungen dieser Klasse beziehen sich auf eine Anpassung eines Produkts auf eine beim Kunden bestehende Applikation. Die Verantwortung für die funktionale Leistung der Applikation übernimmt der Lieferant im Rahmen seines Lieferumfangs. Beispiele sind Machbarkeitsstudien, Überprüfung der Einbausituation und die Prüfung der Kompatibilität von Fremdprodukten.
- Systembezogene Dienstleistungen:
  Dienstleistungen dieser Klasse beziehen sich auf die Projektierung, Implementierung oder Instandhaltung eines gesamten Systems. Beispiele hierfür sind die Projektierung

1.1 Was sind industrielle Dienstleistungen?

auf Basis der kundenspezifischen Anforderungen, Errichtung und Montage des Systems sowie die Unterstützung in der Anlaufphase.
- Anlagenbezogene Dienstleistungen:
Dienstleistungen dieser Klasse beziehen sich auf die Einbindung eines zu liefernden Systems in das Prozessumfeld und/oder das Produktionsinformationssystem des Kunden. Beispiele sind die Erstellung des Pflichtenhefts/Lastenhefts sowie die Anpassung an unterschiedliche prozessbezogene Einrichtungen (mechanisch, pneumatisch, hydraulisch).
- Anlagenbezogene erweiterte Dienstleistungen:
Dienstleistungen dieser Klasse dienen der Verbesserung der Prozessleistung einer Anlage des Kunden. Beispiele hierfür sind die Erarbeitung von Vorschlägen zur Verfahrensoptimierung, Finanzierungsplanungen, Führung einer multidisziplinären Firmen-Gruppe im Zusammenhang mit dem Verfahren, Übernahme des Managements für Wartung und/oder Betrieb einschließlich Ressourcen-Planung (Personal, Material, Betriebseinrichtungen).

Die vom ZVEI vorgeschlagenen Klassen weisen eine zunehmende Komplexität auf. Angefangen bei industriellen Dienstleistungen, die jedes produzierende Unternehmen erbringen muss, bis hin zu industriellen Dienstleistungen, die nur wenige Unternehmen erbringen können, da spezifische Kenntnisse und Ressourcen notwendig sind.

Für die Branchen Maschinen- und Anlagenbau ermittelte der VDMA im Jahr 2008 das Volumen der erbrachten industriellen Dienstleistungen. Das Ergebnis dieser Erhebung zeigt Abb. 1.2 in der Übersicht.

Die Studie zeigt die dominante Bedeutung von Dienstleistungen im Zusammenhang mit Ersatzteilen mit beinahe 40-prozentigem Anteil am Umsatz mit industriellen Dienstleistungen. Was sind aber die wichtigsten industriellen Dienstleistungen des verarbeitenden Gewerbes insgesamt?

Anhaltspunkte liefern die Ergebnisse einer Einmalerhebung des Statistischen Bundesamtes. Nach diesen sind die wichtigsten industriellen Dienstleistungen des verarbeitenden Gewerbes (vgl. Mödinger und Redling 2004, S. 1409):

- Wartung und Reparatur (28,3 %),
- Montage und Inbetriebnahme (25,9 %),
- Planung, Beratung, Projektierung (18,7 %),
- Erstellung von Software (7,5 %),
- Dokumentation (6,5 %),
- Schulung (5,9 %),
- Leasing, Vermietung, Finanzierung (2,8 %) und
- Sonstige (4,4 %).

Die Prozentwerte zeigen die Anteile der einzelnen Dienstleistungen am Umsatz aller industriellen Dienstleistungen. Was sagt uns diese Statistik? Zuerst sollten wir feststellen, dass es sich um eine sehr grobe Erfassung handelt. Viele Dienstleistungen sind zu Gruppen zusammengefasst. Verschiedene Unternehmen verstehen unter den Dienstleistungen „Wartung", „Inspektion", und „Instandsetzung" sehr unterschiedliche Dienstleistungen

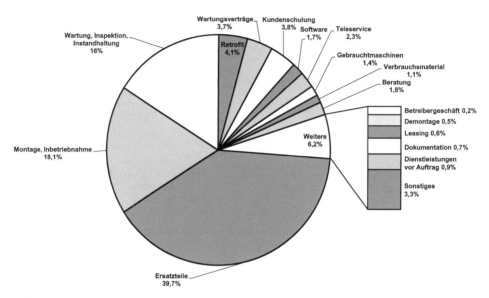

Abb. 1.2 Industrielle Dienstleistungen im Maschinen- und Anlagenbau. (Thomin 2011 S. 46)

Wie Abb. 1.3 zeigt, lässt deren offizielle Definition nach DIN 31051 ausreichend Spielraum.

Detailliertere Aussagen liefert uns eine weitere Statistik. Der Zentralverband Elektrotechnik und Elektronikindustrie fand in seiner Studie zu industriellen Dienstleistungen heraus, dass der Umsatz mit diesen Dienstleistungen im Jahr 2004 bei 6,1 Mrd. € lag. Dies entspricht einem Anteil am Gesamtumsatz der Unternehmen von 23,5 % (vgl. ZVEI 2006, S. 6).

Die verschiedenen industriellen Dienstleistungen sind nicht alle gleich relevant: Den höchsten Anteil am Dienstleistungsumsatz (25 %) erzielt die Dienstleistung „Instandhaltung". Darauf folgt mit 22 % „Montage" und mit 21 % „Erstellung von Software". Alle weiteren industriellen Dienstleisten lagen bei ca. 10 % bzw. deutlich darunter (vgl. ZVEI 2006, S. 6 f.).

Die vorgestellten Statistiken zeigen, dass viele Dienstleistungen, die stark diskutiert werden, wie bspw. „Schulung" und „Finanzierung" keinen hohen Umsatzanteil erreichen. Was sind die Gründe dafür? Vorrangiger Grund ist, dass in den Unternehmen nicht genug Erfahrungen vorliegen, um die Managementherausforderungen zu meistern, die mit dem Angebot dieser Dienstleistungen einhergehen. Eine Lücke, die dieses Buch schließt.

1.2 Weshalb bieten Unternehmen industrielle Dienstleistungen an?

Das Dienstleistungsgeschäft kann von Unternehmen erst dann sinnvoll aufgebaut und gesteuert werden, wenn sie geklärt haben, welche Ziele sie damit erreichen wollen. Diese grundlegende Frage macht es notwendig, dass wir uns mit den unterschiedlichen Zielen vertraut machen.

1.2 Weshalb bieten Unternehmen industrielle Dienstleistungen an?

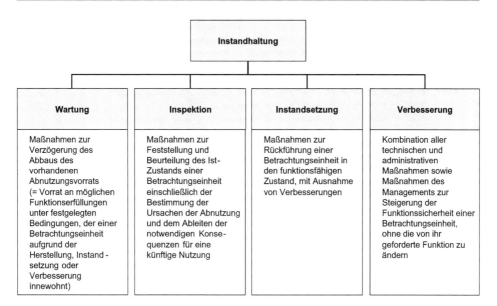

Abb. 1.3 Definition Instandhaltung und untergeordnete Begriffe. (In Anlehnung DIN 31051_2003-06)

Generell können wir feststellen: Industrielle Dienstleistungen sind für Unternehmen ein wichtiges Thema. Bereits im Jahr 2002 boten 38 % der Unternehmen des verarbeitenden Gewerbes industrielle Dienstleistungen an – der Umsatz belief sich bereits auf 52,6 Mrd. € (vgl. Mödinger und Redling 2004, S. 1408). Die hohe Relevanz des Themas zeigt auch das Beispiel der Service-Sparte der VOITH AG. Der Anbieter eines großen Portfolios technischer Dienstleistungen baute in den letzten zehn Jahren sein Geschäft kontinuierlich aus. Abbildung 1.4 zeigt, dass ein wesentlicher Treiber dieses Wachstums die Akquise anderer Unternehmen war.

Nun zu den **Gründen**, die für den Aufbau eines Dienstleistungsgeschäft sprechen: Der einfachste Grund, Dienstleistungen anzubieten, ist der Zwang von außen. Dieser entsteht einerseits durch **gesetzliche Regelungen** und andererseits durch Marktstandards. Ein Beispiel ist die Reparaturdienstleistung aufgrund gesetzlicher Gewährleistungspflichten.

Ein **Marktstandard** entsteht dadurch, dass sowohl Anbieter als auch Nachfrager einen gemeinsamen Mindeststandard akzeptiert haben. Ein einzelnes Unternehmen kann hinter diesen nicht zurückfallen. Das Angebot, Steuerungseinheiten nach einigen Jahren wieder auf den aktuellen Stand der Technik heben zu können, ist beim Verkauf von Produktionsmaschinen ein Beispiel für einen solchen Standard.

Ein weiterer Grund für das Angebot industrieller Dienstleistungen ist die **Steigerung** und **Verstetigung des Unternehmensumsatzes**. Die Umsatzsteigerung ist nicht erklärungsbedürftig. Was aber ist mit Verstetigung gemeint? Viele industrielle Dienstleistungen sind der Phase nach Kauf des Produkts zuordenbar. Ein Beispiel ist die Wartung: Der verstetigende Effekt entspringt der Tatsache, dass bei Rückgang des Produktgeschäfts industrielle Dienstleistungen der Nachkaufphase stärker nachgefragt werden. Bricht die

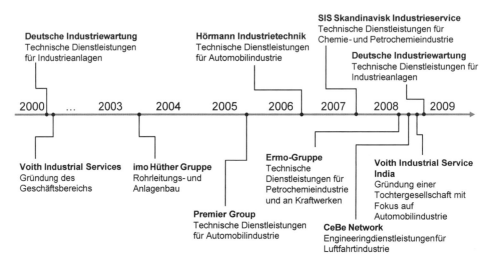

Abb. 1.4 Akquisitionen der Service-Sparte der VOITH AG. (Greppmair, P.; Schober, K.-S.; von Trotha, W.; Hoff, P. (alle Roland Berger Strategy Consultants))

Nachfrage nach CNC-Maschinen ein, steigt die Nachfrage nach Wartung des bestehenden Maschinenparks. Somit kann der Gesamtumsatz stabilisiert und verstetigt werden.

Produkt und industrielle Dienstleistungen stehen in einem engen Bezug zueinander. Dies kann zu einer bestimmten Form der **Quersubventionierung** führen. Daher ist ein dritter Grund industrielle Dienstleistung anzubieten, dass die zu Niedrigpreisen angebotenen Produkte durch den Verkauf von zugehörigen Dienstleistungen profitabel werden. Allerdings besteht eine Gefahr darin, dass der Kunde des Produkts die Dienstleistungen nicht oder bei einem anderen Anbieter bezieht.

Industrielle Dienstleistungen führen zwangsläufig zu erhöhtem Kontakt mit dem Kunden. Der Grund dafür ist, dass es notwendig ist, den Kunden in den Leistungsprozess einzubinden. Eine **erhöhte Kundennähe** ist die Folge. Das Unternehmen erfährt dabei mehr über die Bedürfnisse des Kunden, was wiederum zu höherer Produktqualität und letztendlich zu stärkerer Kundenbindung führen kann.

Ein weiterer Grund für das Angebot industrieller Dienstleistungen ist deren potenziell **differenzierende Wirkung**. Produzierende Unternehmen stehen oftmals in einem Preiswettbewerb. Der Grund dafür ist, dass immer mehr Unternehmen fähig sind, Produkte gleicher oder zumindest annähernd gleicher Qualität anzubieten. Industrielle Dienstleistungen bieten einen Ausweg, um sich vom Wettbewerb zu differenzieren.

1.3 Was sind die Handlungsfelder im Rahmen von Aufbau und Steuerung des Dienstleistungsgeschäfts?

Mit diesem Buch beantworten wir die grundlegende Frage: Was ist notwendig, um das industrielle Dienstleistungsgeschäft erfolgreich aufzubauen und zu steuern? Als Antwort auf diese Frage betrachten wir **sieben Handlungsfelder**. Die Unterteilung in sieben Hand-

1.3 Was sind die Handlungsfelder im Rahmen von Aufbau und ... 13

lungsfelder ist Ergebnis zahlreicher Forschungs- und Beratungsprojekte, die ich in den letzten Jahren zu diesem Thema begleitet habe. Nach einer kurzen Übersicht über die Handlungsfelder erarbeiten wir die zentralen Inhalte der einzelnen Handlungsfelder. Die ausführliche Darstellung erfolgt in den entsprechenden Kapiteln des Buches.

Das erste Handlungsfeld ist die **strategische Ausrichtung des Dienstleistungsgeschäfts**. Konkret ist dies die Frage nach dem Ziel, das wir mit dem Angebot an industriellen Dienstleistungen erreichen wollen. Stehen Umsatz- bzw. Gewinnbeitrag im Vordergrund, die Differenzierung von Wettbewerbern oder andere Ziele? Die Entscheidung über das **Dienstleistungsportfolio** ist das zweite Handlungsfeld. Welche Dienstleistungen bieten wir welchen Kunden an? Den Rahmen für diese zentrale Entscheidung bildet die strategische Ausrichtung. Im dritten Handlungsfeld gestalten wir die **Prozesse** des Dienstleistungsgeschäfts und die notwendigen **Kapazitäten**, um die Prozesse durchführen zu können. Im Fokus steht die konkrete Leistungsbereitschaft. Welche Prozesse sind notwendig? Wie viele Mitarbeiter werden benötigt und wie viel Material und Ausrüstung, um die Nachfrage nach Dienstleistungen zu befriedigen? Das Spannungsfeld von Leerkosten bzw. Bestandskosten auf der einen Seite und Leistungsbereitschaft auf der anderen Seite ist der Kern dieser Frage. Im vierten Handlungsfeld klären wir die Frage, welche Dienstleistungen wir selbst durchführen und welche wir in **Kooperation mit Partnerunternehmen** erbringen. Im Kern ist dies eine Make-or-Buy-Entscheidung für jeden Prozess und jede Kapazität des Dienstleistungsgeschäfts. Alle Aktivitäten, die wir selbst durchführen, ordnen wir im Rahmen des fünften Handlungsfelds in unsere **Organisation** ein. Dies umfasst die Funktionen Dienstleistungsentwicklung, Dienstleistungsvertrieb und Dienstleistungserbringung. Wollen wir das Dienstleistungsgeschäft erfolgreich steuern, ist es erforderlich, dass wir die Leistung des Dienstleistungsgeschäfts messen und an die jeweils Verantwortlichen berichten. Leistungs- und Kostenindikatoren stehen hierbei im Mittelpunkt. In der Praxis haben sich hierfür die Begriffe **Performance Measurement und Reporting** etabliert. Beide werden im sechsten Handlungsfeld erörtert. Abschließend widmen wir uns im Handlungsfeld sieben einem weiteren wesentlichen Steuerungsinstrument: Anreize, die das Verhalten der beteiligten Personen beeinflussen. Dies bezieht sich einerseits auf das Verhalten der eigenen Mitarbeiter und andererseits auf das Verhalten der jeweiligen Kunden. Wir unterscheiden folglich **interne und externe Anreize**.

Nach diesem kurzen Überblick erörtern wir im Folgenden die sieben Handlungsfelder vertieft. Danach haben Sie die Möglichkeit, direkt zu dem Abschnitt des Buches zu wechseln, der für Ihre Problemstellung am relevantesten ist. Wesentliches Gestaltungsmerkmal dieses Buches ist es, umsetzbare Lösungen für die Fragen der Handlungsfelder zu geben. Deshalb werden in jedem der Handlungsfelder neben den konkreten Lösungen auch Umsetzungsbeispiele erfolgreicher Unternehmen vorgestellt.

Handlungsfeld 1: Strategische Ausrichtung Die zentrale Frage in diesem Handlungsfeld ist, welches Ziel wir mit dem Angebot von industriellen Dienstleistungen erreichen wollen. So nachvollziehbar diese Frage ist, so ungeklärt bleibt diese oftmals in der Praxis. Eine diffuse oder gar keine Antwort auf diese Frage ist allerdings kein tragbarer Zustand.

Der Grund dafür ist, dass ohne eine strategische Ausrichtung die Leitlinie für alle nachfolgenden Entscheidungen fehlt.

Als erstes Instrument zur strategischen Ausrichtung erörtern wir die **Leistungsfähigkeit-Markt-Analyse** (LM-Analyse). Mit diesem Instrument analysieren wir einerseits die Situation der beiden Absatzmärkte, auf denen ein Unternehmen tätig ist: Produktmarkt und Dienstleistungsmarkt. Anderseits analysieren wir die drei Unternehmensbereiche, die das Dienstleistungsgeschäft konstituieren: die Dienstleistungsentwicklung, den Dienstleistungsvertrieb und die Dienstleistungserbringung.

Die LM-Analyse schafft die notwendige Grundlage für die Auswahl einer Strategie für das Dienstleistungsgeschäft. Eine systematische Übersicht über mögliche strategische Ausrichtungen des Dienstleistungsgeschäfts erleichtert diese Wahl. Ein bekanntes Beispiel für eine solche Vorgabe ist der Vorschlag von Porter. Dieser unterscheidet die drei grundlegenden Strategien Kostenführerschaft, Qualitätsführerschaft und Nischenstrategie. Diese Unterteilung ist allerdings nicht spezifisch für das Dienstleistungsgeschäft. In diesem Buch erarbeiten wir daher **sieben Basisstrategien für das Dienstleistungsgeschäft**. Anhand der Dienstleistungsstrategie der C. Josef Lamy GmbH lernen wir abschließend ein konkretes Praxisbeispiel kennen.

Handlungsfeld 2: Dienstleistungsportfolio Die zentrale Frage in diesem Handlungsfeld ist, welche Dienstleistungen wir anbieten wollen und welche wir bewusst nicht anbieten wollen – obwohl wir die Möglichkeit dazu hätten. In der Praxis wird diese Frage oftmals nicht aktiv, sondern reaktiv beantwortet. Dienstleistungen werden angeboten, weil Konkurrenten dies auch tun, weil eine Dienstleistung gerade modern ist oder weil ein wichtiger Kunde eine Dienstleistung nachfragt – auch wenn er dies als einziger und nur wenige Male tut.

Diese Beispiele zeigen, wie wichtig der Teil der obigen Frage ist, in dem wir danach fragen, welche Dienstleistungen wir nicht anbieten wollen. Es gilt ein unstrukturiertes und zu umfangreiches Dienstleistungsportfolio zu vermeiden. Die Konsequenz eines solchen wäre eine geringere Rendite, da bspw. Kompetenzmängel auf Unternehmensseite, geringe Zahlungsbereitschaften auf Seiten der Kunden oder eine zu geringe Nachfrage vorlägen.

Wie aber wird der optimale Umfang bestimmt? Hierzu erarbeiten wir drei **Suchraster**, die uns dabei unterstützen, systematisch Dienstleistungen zu identifizieren, die für ein bestimmtes Unternehmen relevant sind. Jedes Suchraster bezieht sich auf eine bestimmte Gruppe von industriellen Dienstleistungen: Pre-Sales-Dienstleistungen, After-Sales-Dienstleistungen und Independent-Dienstleistungen. Die Unterscheidung dieser drei Dienstleistungsgruppen erörtern wir in Abschn. 2.1.

Das erste Suchraster befasst sich mit der Frage, welche Dienstleistungen die Nutzung des Produkts ermöglichen. Das zweite Suchraster befasst sich mit der Identifikation von Dienstleistungen, welche die Nutzung des Produkts verbessern. Das Dritte fokussiert auf Dienstleistungen für Produkte, die das Unternehmen nicht selbst herstellt.

Mit Hilfe der drei Suchraster bestimmen wir die Menge prinzipiell sinnvoller industrieller Dienstleistungen. Wie aber wählen wir aus dieser Menge Ihr Dienstleistungsportfolio aus? Hierzu dient die **Portfolioanalyse**. Dazu werden die identifizierten Dienstleistungen auf Basis mehrerer Kriterien priorisiert. Beispiele für Kriterien sind Kompetenzen des Unternehmens, Marktstellung des Unternehmens oder Anforderungen potenzieller Kunden. Die Auswahl der geeigneten Kriterien erfolgt auf Basis der gewählten strategischen Ausrichtung des Dienstleistungsgeschäfts. Als konkretes Praxisbeispiel lernen wir das Dienstleistungsportfolio der WAFIOS AG kennen.

Handlungsfeld 3: Prozess- und Kapazitätsgestaltung In diesem Handlungsfeld widmen wir uns zwei Fragen: Wie gestalten wir die Prozesse des Dienstleistungsgeschäfts? Und darauf aufbauend: Wie gestalten wir die Kapazitäten, die notwendig sind, um die Prozesse durchzuführen? Die Prozessgestaltung ist ein wesentlicher Schritt für die weiteren Handlungsfelder. Erst dann können Unternehmen entscheiden, welche Prozesse sie selbst durchführen, und welche in Kooperation mit anderen Unternehmen erbracht werden.

Als Instrument zur Prozessgestaltung erarbeiten wir eine adaptierte Variante der **Wertstromanalyse**. Dieses Instrument wurde im Rahmen von Produktionsprozessen schon vielfach erprobt und wird hier für industrielle Dienstleistungen angewendet.

Wie viel Kapazität muss ein Unternehmen in den Prozessen vorhalten? Ein Zuwenig an Kapazität führt dazu, dass Dienstleistungen nicht erbracht werden können. Ein Zuviel an Kapazität führt zu mangelnder Wirtschaftlichkeit, da Leerkosten in Bezug auf die Personalkapazität und unnötig hohe Bestandskosten für die zu hohe Materialkapazität entstehen. Dieses Spannungsfeld müssen wir für die Kapazitätsarten Personal, Material, Ausrüstung und Flächen gestalten.

Dazu erarbeiten wir ein dreistufiges Vorgehen: Risikoanalyse, Grobgestaltung und Feinsteuerung. Die **Risikoanalyse** dient dazu, den zu erwartenden Schaden einzuschätzen, den eine Fehlbemessung der Kapazität mit sich brächte. Wir betrachten folglich die Kosten der Unterkapazität (bspw. Verlust von Kunden oder Vertragsstrafen) und Überkapazität (Leerkosten). Die Ergebnisse der Risikoanalyse dienen als wesentliche Rahmenbedingungen für die Grobgestaltung der Kapazität.

Im Rahmen der **Grobgestaltung** legen wir die Kapazitäten für die prognostizierte Kundennachfrage fest und passen diese mit Hilfe der Erkenntnisse an, die wir in der Risikoanalyse gewonnen haben. Dabei bedienen wir uns Heuristiken. Mit Heuristiken erreichen wir bei niedrigem Informationsstand noch hinreichend gute Prognosen. Die **Feinsteuerung** dient schließlich der bestmöglichen Anpassung der Kapazität an die tatsächliche Kundennachfrage. Hierzu erörtern wir mögliche Maßnahmen. Als Praxisbeispiel lernen wir die Prozessgestaltung des Ersatzteilservices der Behr GmbH & Co. KG kennen.

Handlungsfeld 4: Kooperation mit Externen Die zentrale Frage in diesem Handlungsfeld ist, ob und in welchem Ausmaß wir die Dienstleistungen in Kooperation mit externen Partnern anbieten wollen. Laut Statistischem Bundesamt wurden im Jahr 2010 bereits 10 % der erbrachten Dienstleistungen im verarbeitenden Gewerbe durch Externe erbracht (vgl. Mödinger und Redling 2004, S. 1411). Hierzu ein Beispiel:

Die Versorgung mit Ersatzteilen muss nicht vom Hersteller des zugehörigen Produkts selbst erbracht werden. Der Hersteller kann alternativ eine Kooperation mit einem spezialisierten Logistikdienstleister eingehen, der Teile dieser Dienstleistung übernimmt. Es handelt sich somit um die klassische Entscheidung über die Grenzen des eigenen Unternehmens, anders ausgedrückt: nach der optimalen Wertschöpfungstiefe.

Es stellt sich die Frage, welche Gründe es für eine Kooperation mit Externen gibt. Dazu hier eine These: Grundsätzlich sollten nur solche Dienstleistung selbst erbracht werden, für die es keinen geeigneten Kooperationspartner gibt. Warum ist diese Aussage radikal? In der Praxis wird die Frage im Allgemeinen andersherum gestellt: Unternehmen gehen in der Regel davon aus, dass es sinnvoll ist, die Dienstleistung selbst zu erbringen und fragen sich nur in Einzelfällen, ob eine Kooperation sinnvoll wäre.

Wie entscheiden wir, in welchen Fällen eine Kooperation sinnvoll ist? Die Antwort auf diese Frage ist abhängig von der Dienstleistungsstrategie, die das jeweilige Unternehmen verfolgt. Daher bewerten wir sämtliche Dienstleistungen in einem ersten Schritt hinsichtlich ihres **Beitrags zur Umsetzung der Dienstleistungsstrategie**. Dienstleistungen mit einem hohen Beitrag erbringen wir selbst.

Bringen wir alle anderen Dienstleistungen unseres Portfolios dann in eine Kooperation ein? Eine Kooperation verursacht grundsätzlich Kosten. Diese entspringen u. a. der Anbahnung der Kooperation, der Koordination der Kooperationspartner, etwaigen Konflikten und der Beendigung der Kooperation. Ökonomisch vorteilhaft ist eine Kooperation folglich nur dann, wenn diese Kosten durch konkrete Kostensenkung im Rahmen der Dienstleistungserbringung übertroffen werden. Folglich können wir die gestellte Frage anhand der **Nettokosten der jeweiligen Kooperation** beantworten. Am Beispiel der Supply Chain Services GmbH & Co. KG vertiefen wir das Erlernte.

Handlungsfeld 5: Organisatorische Einordnung Die zentrale Frage in diesem Handlungsfeld ist, wie wir das Dienstleistungsgeschäft in die Organisation eines Unternehmens einordnen. Die Antwort auf diese Frage erfordert es, die einzelnen Funktionen des Dienstleistungsgeschäfts zu differenzieren. Im Wesentlichen sind dies drei: Dienstleistungsentwicklung, Dienstleistungsvertrieb und Dienstleistungserbringung.

Die Dienstleistungsentwicklung hat die Neu- und Weiterentwicklungen von Dienstleistungen zum Ziel. Während für die Produktentwicklung in der Praxis Standardvorgehensweisen etabliert sind, weisen die Prozesse der Dienstleistungsentwicklung in der Regel noch keinen hohen Reifegrad aus. Darüber hinaus ist die Dienstleistungsentwicklung in der Praxis der Produktentwicklung oftmals nachgeordnet. Erst wenn das Produkt entwickelt ist, setzt die Entwicklung der zugehörigen Dienstleistung ein. Radikale Dienstleistungsinnovationen sind dadurch erschwert.

In vielen Unternehmen existiert kein eigenständiger Dienstleistungsvertrieb. Oftmals werden die Dienstleistungen von den Mitarbeitern des Produktvertriebs „mitbetreut". Einen höheren Stellenwert erlangen Dienstleistungen, wenn das Unternehmen einen eigenständigen Dienstleistungsvertrieb etabliert. Dadurch bieten sich die Möglichkeiten eigenständiger Anreizsysteme für die Vertriebsmitarbeiter. Ein weiteres Argument für die Eigenständigkeit ist der grundsätzlich unterschiedliche Vertriebsprozess für Produkte und Dienstleistungen.

1.3 Was sind die Handlungsfelder im Rahmen von Aufbau und ...

Ebenfalls sehr unterschiedlich eingeordnet ist die Dienstleistungserbringung. Eine Variante ist die Einrichtung einer eigenständigen organisatorischen Einheit. Dem Vorteil der besseren Steuerbarkeit steht der Nachteil des Auslastungsrisikos gegenüber. Eine andere Variante ist die Integration in den Produktionsbereich. Geringe Auslastung wird in diesem Fall weitgehend vermieden, da die Service-Mitarbeiter im Falle niedriger Nachfrage Aufgaben in der Produktion übernehmen.

Die Beispiele zeigen, dass der **Zentralisierungsgrad** der drei Einheiten des Dienstleistungsgeschäfts eine wichtige Gestaltungsvariable ist. Reale Formen sind auf einem Spektrum zwischen vollständiger Dezentralisierung, also dem Aufgehen in den jeweiligen produktbezogenen Organisationseinheiten, und vollständiger Zentralisierung bspw. durch Gründung eines eigenständigen Dienstleistungsunternehmens im Konzernverbund. Im Rahmen dieses Handlungsfelds erörtern wir vier **Grundformen der Dienstleistungsorganisation**. Anschließend betrachten wir, welche der Grundformen für die jeweils gewählte Dienstleistungsstrategie besonders geeignet sind. Anhand der Organisation des Dienstleistungsgeschäfts der CLAAS Gruppe lernen wir eine konkrete Praxislösung kennen.

Handlungsfeld 6: Performance Measurement und Reporting Die zentrale Frage in diesem Handlungsfeld ist, welche Informationen wir benötigen, um das Dienstleistungsgeschäft zu steuern. Die Antwort auf diese Frage ist die Einführung geeigneter **Indikatoren** und eines **Reportings**. Letzteres stellt die Übermittlung der Indikatoren in der geeigneten Form zum geeigneten Zeitpunkt an die relevanten Personen sicher.

Die Leistungsmessung unterteilt sich in zwei Aspekte: einen strategischen und einen operativen. Der **strategische Aspekt** ist durch die strategische Ausrichtung des Dienstleistungsgeschäfts vorgegeben. Die Indikatoren müssen folglich jene Oberziele abbilden, die durch den Aufbau des Dienstleistungsgeschäfts angestrebt wurden. Der **operative Aspekt** der Leistungsmessung bezieht sich auf die Effizienz des Dienstleistungsgeschäfts. Diese können wir wiederum unterteilen in die Effizienz der Dienstleistungsentwicklung, des Dienstleistungsvertriebs und der Dienstleistungserbringung.

Die Leistungsmessung unterliegt allerdings einer Reihe von Herausforderungen. Ein erstes Problem ist die Abgrenzung der Effekte, die durch das (Fehl-)Verhalten der Kunden entstehen. Diese können den Erfolg des Dienstleistungsgeschäfts wesentlich beeinflussen. Indikatoren müssen diesen Zusammenhang abbilden. Ein zweites Problem entsteht durch die interne Leistungsverrechnung zwischen Dienstleistungs- und Produktgeschäft. Wird diese bei der Wahl der Indikatoren nicht berücksichtigt, sind fehlerhafte Interpretationen die Folge.

Die Indikatoren können nur dann Basis für die Steuerung des Dienstleistungsgeschäfts sein, wenn diese den Entscheidungsverantwortlichen auch zum richtigen Zeitpunkt in der richtigen Form zur Verfügung stehen. Dazu ist die Einrichtung eines Reportings notwendig. Erster Schritt ist die Definition der **Berichtsempfänger**, also der jeweiligen Entscheidungsträger. Als zweites ist der individuelle **Informationsbedarf** der Entscheidungsträger zu bestimmen. Drittens ist das **Berichtsdesign** abzustimmen, also die Art der Präsentation der Informationen, bspw. in Form von grafischen Aufbereitungen. Schließlich sind die **Prozesse** festzulegen, wie die Indikatoren erhoben, aufbereitet und übermittelt werden. Den Einsatz geeigneter Indikatoren erörtern wir abschließend an den Praxisbeispielen HATLAPA Uetersener Maschinenfabrik GmbH & Co. KG und DeLaval GmbH.

Handlungsfeld 7: Interne und externe Anreize Die zentrale Frage in diesem Handlungsfeld ist, welche Anreize wir setzen müssen, damit alle beteiligten Personen zum Erfolg des Dienstleistungsgeschäfts beitragen. Diese Anreize müssen in der Art gestaltet werden, dass sie erfolgssteigernde Verhaltensweisen belohnen. Weiterhin sollen Verhaltensweisen unterbunden werden, die den Erfolg des Dienstleistungsgeschäfts gefährden. Dieses negative Verhalten bezeichnen wir als dysfunktionales Verhalten.

Interne Anreize richten sich an Personengruppen, die dem Anbieter von Dienstleistungen angehören. Dazu gehören Angehörige der Dienstleistungsentwicklung, des Dienstleistungsvertriebs und der Dienstleistungserbringung. Welches Verhalten erwarten wir von diesen Gruppen?

Ein Dienstleistungsentwickler sollte neuartige industrielle Dienstleistungen entwickeln und bestehende Dienstleistungen weiterentwickeln. Hierzu kann es sinnvoll sein, dass die Entwickler einen engen Austausch mit dem Vertrieb und den Dienstleistungserbringern unterhalten. Anreize müssten dann so gestaltet werden, dass dieses Verhalten belohnt wird.

Der Dienstleistungsvertrieb sollte die Chancen, die sich aus den verkauften Produkten des Unternehmens ergeben, nutzen und seinerseits durch das Angebot an Dienstleistungen das Produktgeschäft unterstützen. Die Anreize müssen die Kooperation zwischen Produkt- und Dienstleistungsgeschäft unterstützen. Eine Gestaltung der Anreize ist nicht trivial, da das Dienstleistungsgeschäft in der Regel höhere Renditen aber niedrigere Umsätze aufweist. Traditionell wird der Vertrieb allerdings anhand des realisierten Umsatzes vergütet, was kontraproduktiv für das Dienstleistungsgeschäft ist.

Die Dienstleistungserbringer, bspw. ein Service-Techniker, muss im Rahmen seiner Tätigkeit die vorgegebenen Leistungs- und Kostenziele erreichen. Leistungsziele sind abhängig von der zu erbringenden Dienstleistung und in der Regel vielfältig. Dazu gehört nicht nur die Qualität des Ergebnisses, sondern auch die Qualität des Prozesses. Ein Beispiel für Letzteres ist die Freundlichkeit im Umgang mit dem Kunden.

Neben den Anreizen für Unternehmensangehörige sind **externe Anreize** an den Kunden notwendig. Der Grund dafür ist, dass der Kunde durch sein Verhalten einen wesentlichen Einfluss auf Dienstleistungsqualität und die Kosten der Dienstleistungserbringung aufweist. Hierzu ein Beispiel: Stellt ein Kunde den Zugang zu einer Maschine zu einer vereinbarten Wartungszeit nicht sicher, entstehen Wartezeiten auf Seiten des Service-Technikers. Ein besonders einfacher Anreiz wäre dann die Weiterverrechnung. Anhand des Beispiels der CLAAS Gruppe lernen wir ein konkretes Anreizsystem kennen.

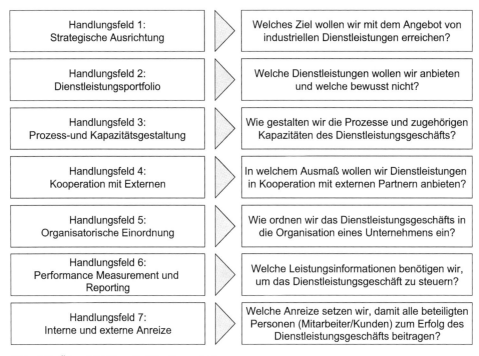

Abb. 1.5 Übersicht über die Handlungsfelder

Abbildung 1.5 zeigt die sieben Handlungsfelder und die jeweils behandelten Fragen in der Übersicht. Sie dient Ihnen als Wegweiser durch das Buch, indem sie zu Beginn der jeweiligen Kapitel anzeigt, welches Handlungsfeld behandelt wird.

Am Ende jedes Kapitels vertiefen wir das Erlernte an konkreten **Praxisbeispielen**. Diese Praxisbeispiele stammen aus unterschiedlichen Unternehmen, die verschiedene Branchen repräsentieren. Diese Beispiele helfen uns, die **Vielfalt** des Dienstleistungsgeschäfts zu verstehen. Ein durchgängiges Beispiel wäre allerdings hilfreich, um die **Zusammenhänge** zwischen den Handlungsfeldern zu erkennen. Daher wird uns das **Beispiel „Kehrgeräte AG"** über alle Kapitelgrenzen hinweg begleiten.

Literatur

Baumbach, M. (2004), After-Sales-Management im Maschinen- und Anlagenbau, 2. Auflage, Regensburg.

Corsten, H. (1994), Produktivitätsmanagement bilateraler personenbezogener Dienstleistungen, in: Corsten , H.; Wilke, H. (Hrsg.), Dienstleistungsproduktion, Wiesbaden 1994, S. 43–77.

Fließ, S. (2009), Dienstleistungsmanagement – Kundenintegration gestalten und steuern, Wiesbaden.

Impuls-Consulting (Hrsg., 2006): Excellence in der internationalen Ersatzteillogistik, 3. Auflage, München.

Maleri, R.; Frietzsche, U. (2008), Grundlagen der Dienstleistungsproduktion, 5. Auflage, Berlin und Heidelberg.

Meffert, H.; Bruhn, M. (2003), Dienstleistungsmarketing – Grundlagen – Konzepte – Methoden: Mit Fallstudien, 4. Auflage, Wiesbaden.

Mödinger, P.; Redling, B. (2004), Produktbegleitende Dienstleistungen im Industrie- und Dienstleistungssektor im Jahr 2002, in: Wirtschaft und Statistik 12/2004, S. 1408–1413.

Thomin, P. (2011), Zukunftsträchtige investitionsgüternahe Dienstleistungen am Beispiel des Maschinen- und Anlagenbaus, in: Zink , K. J.; Weingarten, J. (Hrsg.), Produktbegleitende Dienstleistungen – Erfolgschance auf globalisierten Märkten, Bad Kreuznach, S. 45–55.

ZVEI (2004), Services in Automation – Qualität durch Kompetenz – Dienstleistungen nach Maß, Frankfurt a. M.

ZVEI (2006), Produktbegleitende Dienstleistungen in der Elektroindustrie, Frankfurt a. M.

2 Handlungsfeld 1: Strategische Ausrichtung – Welche Ziele verfolgen wir mit dem Dienstleistungsgeschäft?

2.1 Lernziele

Die zentrale Frage in diesem Handlungsfeld ist, welches Ziel wir mit dem Angebot von industriellen Dienstleistungen erreichen wollen. So nachvollziehbar diese Frage ist, so ungeklärt bleibt sie oftmals in der Praxis. Eine diffuse oder fehlende Antwort auf diese Frage ist allerdings kein tragbarer Zustand. Der Grund dafür ist, dass ohne eine strategische Ausrichtung die **Leitlinie für alle nachfolgenden Entscheidungen** fehlt.

Wir eröffnen dieses Kapitel mit der Erläuterung wesentlicher Begriffe: Der Begriff **Strategie** ist einer der schillerndsten Begriffe der betriebswirtschaftlichen Forschung und Praxis. Unzählige Definitionen umschreiben den Begriff von verschiedenen Perspektiven. Wenn wir die strategische Ausrichtung für das Dienstleistungsgeschäft vornehmen wollen, benötigen wir aber einen klaren Strategiebegriff. Diesem nähern wir uns im Folgenden an.

Eine Strategie soll nach unserer Auffassung zwei Elemente enthalten:

- die **Oberziele** einer Organisation und
- die **Pläne**, um diese Oberziele zu erreichen.

Die Oberziele bezeichnen wir im Folgenden als strategische Ziele und die Pläne zur Erreichung der strategischen Ziele als strategische Pläne.

Im Gegensatz zu operativen Zielen und Plänen zeichnen sich strategische Ziele und Pläne dadurch aus, dass sie abstrakter und langfristiger sind. Mit Hilfe einer Strategie legen wir fest, welche Erfolgspotenziale wir aufbauen wollen. Mit operativen Zielen und Plänen werden diese Erfolgspotenziale dann gehoben. Es ist folglich notwendig, strategische Ziele zu definieren, um überhaupt sinnvoll operative Ziele setzen zu können. Wir müssen uns bewusst machen, dass das Dienstleistungsgeschäft nur dann erfolgreich ist, wenn wir sowohl die strategische als auch die operative Ziele erreichen.

Aus dem Produktgeschäft ist bekannt, dass eine Organisation ab einer gewissen Größenklasse nicht mehr nur eine Strategie verfolgt, sondern vielmehr verschiedene Strategien für

Pre-Sales-Dienstleistungen	After-Sales-Dienstleistungen	Independent-Dienstleistungen
Industrielle Dienstleistungen, die vor Verkauf des Produkts erbracht werden.	Industrielle Dienstleistungen, die nach Verkauf des Produkts erbracht werden.	Industrielle Dienstleistungen, die nicht an eigenen Produkten erbracht werden.

Abb. 2.1 Differenzierung des Dienstleistungsgeschäfts

verschiedene Produktbereiche oder Märkte. Ein Maschinenbauer kann bspw. mit seinem Neuproduktgeschäft eine Hochqualitäts-Strategie verfolgen, während er daneben ein Geschäftsfeld mit Gebrauchtmaschinen betreibt, welches eine Kostenführer-Strategie verfolgt. Diese Differenzierung hat zur Einführung des Begriffs **Strategische Geschäftseinheit** oder Strategic Business Unit geführt. Sie ist definiert als Teileines Unternehmens, das eine eigenständige Strategie verfolgt.

Für das Dienstleistungsgeschäft müssen wir eine ebensolche **Differenzierung** vornehmen, um sinnvolle Strategien ableiten zu können. Aber: Welche Differenzierung ist zweckmäßig? Zum Zeitpunkt der strategischen Ausrichtung des Dienstleistungsgeschäfts ist das Dienstleistungsportfolio in der Regel noch nicht definiert oder es besteht ein Änderungsbedarf am bestehenden Portfolio.

Ein sinnvolles Kriterium, um das Dienstleistungsgeschäft hinreichend zu differenzieren, ist der Zeitpunkt der Dienstleistungserbringung. Danach lassen sich industrielle Dienstleistungen in solche vor und in solche nach Verkauf des jeweiligen Produkts unterscheiden. Wir wollen im Folgenden daher von **Pre-Sales-Dienstleistungen und After-Sales-Dienstleistungen** sprechen. Hier zeigen sich auch nochmals die zwei verschiedenen Arten von Beziehungen zwischen Produkten und Dienstleistungen: Pre-Sales-Dienstleistungen ermöglichen den Einsatz der Produkte, während After-Sales-Dienstleistungen den Nutzen des Produkts erhalten und verbessern.

In Abschn. 1.1 haben wir gelernt, dass industrielle Dienstleistungen aber nicht immer von dem Unternehmen erbracht werden, das das korrespondierende Produkt herstellt. Daher fügen wir der oben hergeleiteten Differenzierung eine dritte Gruppe zu: die **Independent-Dienstleistungen**. Diese Gruppe umfasst all jene Dienstleistungen, die ein Unternehmen im Zusammenhang mit Produkten anderer Unternehmen erbringt. Abbildung 2.1 zeigt diese Unterscheidung nochmals in der Übersicht.

Kommen wir zurück zur zentralen Frage des Handlungsfelds: Welches Ziel wollen wir mit dem Angebot von industriellen Dienstleistungen erreichen? Im folgenden Abschn. 2.2 erörtern wir hierzu die **Leistungsfähigkeits-Markt-Analyse**. Diese Analyse schafft die notwendige Grundlage für die Auswahl einer Strategie für das Dienstleistungsgeschäft. Zur Wahl stehen uns dazu **sieben Basisstrategien**, die wir in Abschn. 2.3 kennen lernen. Abschließend vertiefen wir das Erlernte anhand eines Praxisbeispiels in Abschn. 2.4. Abbildung 2.2 zeigt den Aufbau des Kapitels im Gesamtzusammenhang.

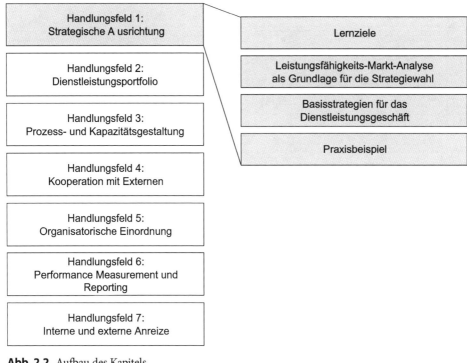

Abb. 2.2 Aufbau des Kapitels

2.2 Leistungsfähigkeits-Markt-Analyse als Entscheidungsbasis

2.2.1 Funktionsweise der Leistungsfähigkeits-Markt-Analyse

Die Entscheidung für eine bestimmte Dienstleistungsstrategie kann auf vielerlei Wegen vollzogen werden. Eine Möglichkeit besteht darin, dass die Strategie eines erfolgreichen Wettbewerbers nachgeahmt wird. Eine weitere Möglichkeit ist ein visionärer Einfall des Unternehmers.

Beide Wege sind gangbar und werden in der Praxis oftmals beschritten. Was aber, wenn kein Vorbild im Markt ist, dessen Strategie nachgeahmt werden könnte? Was, wenn der Unternehmer keine Anhaltspunkte hat, um sich zwischen verschiedenen Strategiealternativen zu entscheiden? Eine Lösung hierfür bietet ein Instrument, mit dessen Hilfe sich der entsprechende Entscheidungsakteur im Unternehmen eine ausreichende Datengrundlage schaffen kann. Dieses Instrument bezeichnen wir als **Leistungsfähigkeits-Markt-Analyse**. Die Bezeichnung deutet die **fünf Analysefelder** an:

- die Leistungsfähigkeit der Funktion Dienstleistungsentwicklung,
- die Leistungsfähigkeit der Funktion Dienstleistungsvertrieb,

- die Leistungsfähigkeit der Funktion Dienstleistungserbringung,
- den Markt, auf dem die Produkte des Unternehmens angeboten werden und
- den Markt, auf dem die Dienstleistungen angeboten werden bzw. werden sollen.

Anders ausgedrückt: Die LM-Analyse unterscheidet einerseits die drei Funktionen, die zusammen das Dienstleistungsgeschäft bilden, und andererseits die beiden Absatzmärkte, auf denen das Unternehmen tätig ist.

2.2.2 Analyse der Leistungsfähigkeit der Dienstleistungsfunktionen

Beginnen wir mit der Analyse der Leistungsfähigkeit der drei Dienstleistungsfunktionen, die gemeinsam das Dienstleistungsgeschäft bilden. Grundlage für die Analyse der Unternehmensbereiche soll ein Raster sein, das wir im Folgenden einführen. Dieses Raster unterscheidet Ressourcen und Steuerungsinstrumente.

Die wesentlichen **Ressourcen** des Dienstleistungsgeschäfts sind die zur Verfügung stehenden Mitarbeiter des Unternehmens. Diese können quantitativ und qualitativ beurteilt werden. Im Zentrum der Analyse stehen folglich die Mitarbeiterkapazität und die Mitarbeiterqualifikation.

Neben internen Ressourcen kann ein Unternehmen sein Dienstleistungsgeschäft durch **externe Ressourcen** ergänzen, um Dienstleistungen zu erbringen. Andere Unternehmen übernehmen dann Teile der Dienstleistungsentwicklung, des Dienstleistungsvertriebs oder der Dienstleistungserbringung. Auch diese Ressourcen analysieren wir hinsichtlich ihrer Quantität und Qualität.

Neben den Ressourcen umfasst das Analyseraster ausgewählte **Steuerungsinstrumente**. Hier unterscheiden wir drei Instrumente:

- Kapazitätsgestaltung,
- Performance Measurement und Reporting sowie
- Anreizsysteme.

Die **Kapazitätsgestaltung** dient der vorausschauenden Disposition der notwendigen Mitarbeiter, sowohl hinsichtlich deren Anzahl als auch hinsichtlich deren Qualifikation. Die Qualität der Kapazitätsgestaltung ist umso höher, je besser der tatsächliche Ist-Bedarf antizipiert wird.

Die Aufgabe des **Performance Measurement** ist es, Informationen über die Leistung und die Kosten des Dienstleistungsgeschäfts bereit zu stellen. Die Übermittlung der Daten zu den Entscheidungsträgern, den Führungskräften des Dienstleistungsgeschäfts, obliegt dem **Reporting**. Die Qualität des Performance Measurement und Reportings ist umso höher, je vollständiger der Informationsbedarf der Entscheidungsträger gedeckt wird. Eine Überinformation senkt die Qualität allerdings wieder. Es gilt also nicht: Je mehr Informationen, desto besser.

Durch **Anreizsysteme** steuern Unternehmen das Verhalten aller Mitarbeiter ihres Dienstleistungsgeschäfts. Neben diesen internen Anreizen existieren auch externe Anreize, deren Zweck es ist, das Verhalten der Dienstleistungskunden zu steuern. Die Qualität beider Anreizsysteme ist umso höher, je mehr das Verhalten der eigenen Mitarbeiter und der Kunden dem erwünschten Verhalten entspricht.

Betrachten wir nun die Funktionsweise des Analyserasters an einigen Beispielen. Beginnen wir dazu mit einer **Analyse der Dienstleistungsentwicklung**. Eine wesentliche erste Frage ist: Wie hoch ist die Mitarbeiterkapazität in der Dienstleistungsentwicklung? Die Antwort auf diese Frage hat bereits einen starken Einfluss auf die Wahl der Dienstleistungsstrategie. Verfügt mein Unternehmen überhaupt über die notwendige Mitarbeiterkapazität, um eine Strategie zu realisieren, die auf die Ausweitung des Dienstleistungsportfolios abzielt?

Eng damit verbunden ist die Frage, welche Qualifikationen die Mitarbeiter aufweisen. Sind diese eher zur evolutionären Entwicklung oder zur revolutionären Neuentwicklung von Dienstleistungen fähig? Die Antwort auf diese Frage bestimmt, ob es dem Unternehmen möglich ist, Strategien umzusetzen, die auf eine Neuausrichtung des Dienstleistungsportfolios hin zu innovativen Dienstleistungen zielen.

Betrachten wir nun einige Beispiele für die **Analyse des Dienstleistungsvertriebs**. Eine erste Frage ist die nach der Qualität des Vertriebs. Diese Qualität hat viele Facetten. Kennt der Vertrieb bspw. das Potenzial des Kunden oder die Produkte, die bereits an diesen Kunden verkauft wurden? Die Antwort auf diese Frage beeinflusst, ob das Unternehmen Strategien verwirklichen kann, die darauf abzielen, das Nachfragepotenzial der Bestandskunden vollständig auszuschöpfen. Eine weitere Qualitätsfacette bezieht sich auf die Kompetenz des Vertriebs, während des Kundenkontakts systematisch Informationen über die Bedürfnisse des Kunden zu sammeln.

Weiterhin ist ein wichtiger Analysepunkt die Funktionsweise der Anreizsysteme im Vertrieb. Führen diese bspw. zur Kooperation mit einem separat existierenden Produktvertrieb? Dies ist wichtig für Strategien, bei denen eine Verknüpfung von Produkt und Dienstleistung zentral ist. Dazu gehört u. a. die Basisstrategie Quersubventionierung, die wir im Abschn. 2.3.4 kennen lernen.

Widmen wir uns abschließend beispielhaften Analysefragen zur **Dienstleistungserbringung**. Die erste fundamentale Frage ist die nach der Kapazität. Sind expansive Strategien überhaupt möglich oder ist die Auslastung bereits hoch? Eng damit verbunden ist die Frage nach der Qualität der Kapazitätsplanung. Im Falle von Strategien, die Kostenaspekte in den Vordergrund stellen, ist dies eine entscheidende Frage. Hierzu stellt sich auch die Frage, ob die Mitarbeiter in Zeit geringer Auslastung anderweitig eingesetzt werden.

Ein anderer Aspekt ist, ob die Mitarbeiter während der Erbringung der Dienstleistungen Informationen über die Nutzung des Produkts beim Kunden sammeln können, um Weiterentwicklungen zu induzieren? Dies ist für innovationsfokussierte Strategien, wie der Basisstrategie „Differenzierung" notwendig. Diese Dienstleistungsstrategie lernen wir in Abschn. 2.3.6 kennen.

In eine ähnliche Richtung zielt die Frage nach den Vertriebsfähigkeiten der Mitarbeiter der Dienstleistungserbringung. Sind Service-Techniker auch „Verkäufer"? Einige Strategien, wie die Basisstrategie „Verstetigung", die wir in Abschn. 2.3.3 kennen lernen, bedürfen dieser Eigenschaft.

2.2.3 Analyse der Absatzmärkte

Ein **Markt** ist definiert als jener Ort, an dem Angebot und Nachfrage aufeinander treffen. Die Grenzen eines Marktes können folglich angebotsseitig und nachfrageseitig definiert werden. Ein Beispiel für eine angebotsseitige Abgrenzung ist ein Markt für hochpreisige Papierschnitt-Maschinen. Dagegen ist eine nachfrageseitige Definition die Begrenzung auf kleine Unternehmen in Bayern als Zielkunden.

Auf dem **Produktmarkt** bietet das zu analysierende Unternehmen Produkte an, zu denen es in Ergänzung industrielle Dienstleistungen anbieten möchte. Je größer das Unternehmen ist, desto wahrscheinlicher ist ein differenziertes Produktprogramm. Das Unternehmen wird dann in der Regel auf verschiedenen Produktmärkten agieren. Die Analyseeinheit ist dann nicht mehr das Produktprogramm des gesamten Unternehmens, sondern das Geschäftsfeld.

Ein Markt hat eine Vielzahl von **Charakteristika**, wie bspw. die Anzahl der Wettbewerber. Wir wollen uns hier auf jene konzentrieren, die uns helfen, eine Dienstleistungsstrategie zu wählen. Die Charakteristika lauten:

- aktuelle Marge, sowie deren Determinanten,
- prognostizierte Veränderungsraten der Marge,
- aktueller Umsatz sowie dessen Determinanten,
- prognostizierte Veränderungsraten des Umsatzes.

Die **Höhe der Marge** im Produktgeschäft ist eine wesentliche Entscheidungsgrundlage für die Dienstleistungsstrategie. Oftmals ist eine niedrige Marge der Auslöser für den Aufbau des Dienstleistungsgeschäfts. Die Höhe der Marge ist durch vielerlei **Determinanten** begründet. Dazu gehören bspw. die Verhandlungsmacht der Kunden, die erreichte Phase im Produktlebenszyklus, ein technischer Vorteil des Produkts oder die Bedrohung durch Ersatzprodukte.

Die **Höhe des Umsatzes** wiederum hängt von Faktoren ab wie bspw. der Saisonalität des Produktmarkts. Im Rahmen der Analyse sind die wesentlichen Determinanten für die bisherige Höhe von Marge und Umsatz zu identifizieren.

Die aktuellen Werte von Marge und Umsatz im Produktgeschäft reichen allein für unsere Zwecke nicht aus. Vielmehr ist es notwendig, die **Veränderungsrate** beider Größen zu prognostizieren. Eine steigende Marge spricht bspw. für eine andere Dienstleistungsstrategie als eine steigende Marge. Vertieft besprechen wir diesen Zusammenhang im Rahmen der Einführung der Basisstrategien. Die Prognose der Veränderungsrate erfolgt in der Regel auf Basis von Szenarien. In der Regel werden das Beste (Best Case) und das Schlechteste (Worst Case) gegenübergestellt.

2.2 Leistungsfähigkeits-Markt-Analyse als Entscheidungsbasis

Die **Analyse des Dienstleistungsmarkts** gestaltet sich in der Regel aufwändiger. Insbesondere in dem Fall, in dem das Unternehmen den Markteintritt erst plant und noch kein Marktteilnehmer ist. Wesentliche Informationen über die Charakteristika des Marktes sind somit nur mit hohem Aufwand zu beschaffen.

Beginnen wir mit der **Abgrenzung des Marktes**. Nur eine sinnvolle Grenzsetzung erlaubt valide Aussagen zu dessen Charakteristika. Als Abgrenzungskriterium dient die Unterscheidung in Pre-Sales-Dienstleistungen, After-Sales-Dienstleistungen und Independent-Dienstleistungen, die wir in Abschn. 2.1 eingeführt haben. Betrachten wir nun relevante Charakteristika des Angebots und der Nachfrage auf dem Dienstleistungsmarkt.

Die **Charakteristika des Angebots** lassen sich unterteilen in Angebotsvolumen, Angebotsbreite und Angebotsqualität. Wesentliche Leitfragen zur Analyse sind:

- Wie viele Anbieter existieren und welche Dienstleistungen bieten diese an?
- Welchen Anteil am Markt haben die Anbieter mit welcher Dienstleistung? Gibt es einen oder mehrere dominante Anbieter?
- Wie ist die prognostizierte Veränderungsrate der Marktanteile und was sind die Gründe hierfür?

Ist das Unternehmen bereits selbst Marktteilnehmer, sind folgende Fragen zu ergänzen:

- Wie hoch ist der Marktanteil des eigenen Unternehmens?
- Was sind die Gründe für die Höhe des aktuellen Marktanteils?

Die zweite Frage ist von besonderer Relevanz. Die Antworten können sehr vielfältig sein und zielen im Kern auf den Wettbewerbsvorteil gegenüber den anderen Marktteilnehmern ab. Dazu gehören bspw. exklusive Zugänge zu bestimmten Vertriebskanälen, überlegene Qualität der Dienstleistungen oder Kostenvorteile.

Die **Charakteristika der Nachfrage** lassen sich in eine Komponente für Volumen und eine Komponenten für die Qualität der Nachfrage unterteilen:

- Wie viele Nachfrager gibt es und welches Volumen fragen diese in welcher Qualität nach?
- Welche Veränderungen des Volumens und der Qualität sind zu erwarten?
- Welche regelmäßigen Schwankungen in der Nachfrage gibt es?
- Wie ist die geografische Verteilung der Nachfrage?

Die dritte Frage stellt auf den wichtigen Gesichtspunkt der Saisonalität der Nachfrage ab. Diese ist in der Kapazitätsplanung von besonderer Relevanz.

Abschließend zeigt Abb. 2.3 die fünf Analysefelder der LM-Analyse nochmals in der Übersicht. Im folgenden Abschnitt erörtern wir die Basisstrategien des Dienstleistungsgeschäfts und stellen einen Bezug zu den jeweiligen Ergebnissen der LM-Analyse her.

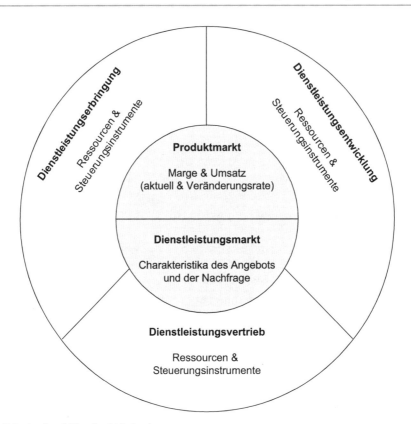

Abb. 2.3 Analysefelder der LM-Analyse

2.3 Basisstrategien für das Dienstleistungsgeschäft

Die Strategieforschung hat eine Vielzahl an Typologien grundsätzlicher Strategiealternativen hervorgebracht. Die Bekannteste ist der Vorschlag von Porter (vgl. Porter 1999, Kap. 2). Nach diesem verfolgen Unternehmen grundsätzlich eine von drei alternativen Strategien – zumindest wenn diese Unternehmen langfristig am Markt bestehen möchten.

Die erste Strategiealternative ist die umfassende Kostenführerschaft und zielt auf die Realisierung von Kostenvorteilen gegenüber den Konkurrenten ab. Die zweite Porter´sche Strategiealternative, die Differenzierung, beruht im Kern darauf, dass das Unternehmensangebot so gestaltet wird, dass potenzielle Kunden dieses als einzigartig wahrnehmen. Im Mittelpunkt stehen Alleinstellungsmerkmale, wie bspw. eine hohe Produktqualität. Als letzten Strategietyp führt Porter die Konzentration auf eine Nische ein, also auf eine bestimmte Kundengruppe oder einen bestimmten geografischen Raum.

Eine einfache Übertragung auf das Dienstleistungsgeschäft ist nicht aussagekräftig genug. Daher erarbeiten wir im Folgenden anstelle dessen eine **Typologie** von spezifischen **Strategien für das Dienstleistungsgeschäft**. Ein kurzes Beispiel illustriert die jeweilige Strategie.

2.3 Basisstrategien für das Dienstleistungsgeschäft

Diese Basisstrategien beruhen auf dem jeweils dominanten **Oberziel**, das mit dem Dienstleistungsgeschäft verfolgt wird. Auch hierbei ist wieder die Differenzierung in die drei Dienstleistungsgruppen Pre-Sales-Dienstleistungen, After-Sales-Dienstleistungen und Independent-Dienstleistungen wichtig. Ein Unternehmen kann in den drei Bereichen unterschiedliche Strategien verfolgen.

Die Strategiealternativen stellen **Idealtypen** dar. In der Praxis ist es daher möglich, dass zwei Strategien kombiniert werden. Dann ist allerdings zu klären, welche der beiden Priorität hat. Ansonsten kommt es in wesentlichen Fragen, wie bspw. der Kapazitätsplanung, zu Zielkonflikten zwischen den kombinierten Strategiealternativen.

2.3.1 Basisstrategie 1: Gesetzliche Verpflichtung

Mit dem Begriff „Gesetzliche Verpflichtung" bezeichnen wir die Strategie, die als oberstes Ziel verfolgt, die gesetzlich vorgeschriebenen Dienstleistungen **kostenminimal** zu erbringen. Hierzu gehören u. a. Dienstleistungen im Rahmen von Gewährleistungspflichten und in einigen Branchen bestimmte Entsorgungsdienstleistungen. In der Regel ist der Fokus daher auf After-Sales- und nur auf wenigen Pre-Sales-Dienstleistungen. Independent-Dienstleistungen bieten Unternehmen, welche diese Strategie verfolgen, nicht an.

Wir wollen hier die Frage stellen, welche Ergebnisse der LM-Analyse eine hohe Passung zu dieser Basisstrategie aufweisen. Im Einzelnen sind dies die folgenden Ergebnisse:

- **Analysefeld Produktmarkt:**
  - Stabile Marge im Produktgeschäft: Im Produktgeschäft muss eine stabile und ausreichend hohe Marge erzielt werden, so dass auf das Dienstleistungsgeschäft weitgehend verzichtet werden kann. Hierzu ist eine gute oder gar dominante Wettbewerbsstellung notwendig.
  - Kundenbegeisterung durch Produktgeschäft: Die dauerhafte Sicherung der guten Wettbewerbssituation muss bei Minimierung des Dienstleistungsgeschäfts durch Produktmerkmale erzeugt werden. Eine sehr gute Kenntnis der Kundenwünsche und hohe Innovationskraft sind für diese Basisstrategie daher unerlässlich.
- **Analysefeld Dienstleistungsmarkt:**
  - Unternehmen können diese Dienstleistungsstrategie nur dann dauerhaft verfolgen, wenn die Nachfrage der Kunden nach Dienstleistungen gering oder nicht vorhanden ist. Dieser Fall liegt vor, wenn Kunden die entsprechenden Leistungen selbst erbringen. Ein Beispiel hierfür ist, dass Wartungsdienstleistungen nicht nachgefragt werden, da die Befürchtungen einer Industriespionage zu hoch sind.

Was ist wichtig bei der Umsetzung dieser Strategie? Ein erster Punkt ist eine **Markt- und Wettbewerbsbeobachtung**. Dies ist notwendig, um einerseits

- Änderungen der Kundenanforderungen erkennen zu können und andererseits
- Änderungen bei Wettbewerbern hin zu aktivem Angebot eines größeren Dienstleistungsportfolios erkennen zu können.

Beide Änderungen müssen Analysen auslösen, ob die eigene Dienstleistungsstrategie weiter verfolgt werden kann.

Daneben sind Kostenoptimierungsprogramme ein wiederkehrendes Thema, wenn diese Strategie langfristig verfolgt werden soll. Nur dadurch kann verhindert werden, dass die Margen des Produktgeschäfts durch ineffiziente Dienstleistungserbringung zu stark verringert werden. Zum Abschluss ein Beispiel:

Beispiel

Die Kehrgeräte AG ist ein Hersteller von Reinigungsmaschinen für Böden von Fabrikhallen. Was würde passieren, wenn sie die Basisstrategie „Gesetzliche Verpflichtung" verfolgte? Konsequenterweise umfasste ihr Dienstleistungsportfolio nur solche Dienstleistungen, die gesetzlich vorgeschrieben sind. Dazu gehört bspw. der Ersatzteilservice im Rahmen der Gewährleistungspflichten.

2.3.2 Basisstrategie 2: Kundenorientierung

Mit dem Begriff „Kundenorientierung" bezeichnen wir die Strategie, mit der wir als oberstes Ziel verfolgen, eine Dienstleistung erst ab dem Zeitpunkt anzubieten, zu dem entweder Kunden diese Dienstleistung **aktiv nachfragen** oder die entsprechende Dienstleistung ein **Standard** in der betreffenden Branche geworden ist. In der Maschinenbaubranche ist ein solcher Marktstandard die Inbetriebnahme der betreffenden Maschine. Ohne das Angebot dieser Dienstleistung würde das Produktgeschäft beeinträchtigt.

Im Kern geht es in dieser Strategie darum, das **Dienstleistungsportfolio so zu begrenzen**, dass das Produktgeschäft nicht gefährdet wird. Die Analyse, welche Dienstleistungen hierzu angeboten werden müssen, ist allerdings nicht trivial.

Im Unterschied zu Basisstrategie „Gesetzliche Verpflichtung" ist das Dienstleistungsportfolio nicht auf After-Sales-Dienstleistungen fokussiert; genauso wichtig sind Pre-Sales-Dienstleistungen. Ein Beispiel sind Dienstleistungen im Rahmen von konstruktiven Anpassungen; vorausgesetzt sie stellen in der betrachteten Branche einen Marktstandard dar. Wiederum keine Rolle spielen dagegen bei dieser Basisstrategie die Independent-Dienstleistungen.

Welche Ergebnisse der LM-Analyse ergeben ein Muster, das Passung mit dieser Basisstrategie aufweist? Die Antwort hierfür orientiert sich an den diagnostizierten Schwachpunkten eines Unternehmens:

- **Analysefeld Dienstleistungsentwicklung:**
  Insbesondere Unternehmen, die als Schwäche ihre Dienstleistungsentwicklung identifiziert haben, weisen eine Passung zu dieser Strategie auf. Sie sind nicht in der Lage, eine

2.3 Basisstrategien für das Dienstleistungsgeschäft

Vorreiterrolle bei der Entwicklung innovativer Dienstleistungen einzunehmen, sondern darauf angewiesen, marktgängige Dienstleistungen zu übernehmen.

- **Analysefeld Dienstleistungsvertrieb:**
Die Strategie „Kundenorientierung" wird oftmals in jenen Unternehmen verfolgt, die nur eine geringe Kompetenz im Dienstleistungsvertrieb aufweisen. Sie profitieren von der reaktiven Vorgehensweise, da die angebotenen Dienstleistungen nicht erklärungsbedürftig sind und daher keine hohen Anforderungen an den Vertrieb stellen.

Was ist bei der Umsetzung diese Strategie von hoher Bedeutung? Zentral sind zwei Punkte:

- Die **Beherrschung der Komplexität** des Dienstleistungsportfolios und
- das **Sicherstellen der Rentabilität** des Dienstleistungsgeschäfts bzw. die Begrenzung des Defizits.

Ein zentrales Risiko dieser Strategie ist es, dass im Zeitablauf ein unstrukturiertes und damit zu komplexes Dienstleistungsportfolio entsteht. Treiber dieser Entwicklung sind die Kundenanfragen, die zur Erweiterung des bestehenden Dienstleistungsportfolios führen. Es ist daher wichtig, dass das Unternehmen vor der Erweiterung eine Prüfung vornimmt, ob diese Dienstleistung hohe zusätzliche Komplexität in der Organisation induziert. Dies ist bspw. dann der Fall, wenn neues Personal eingestellt werden müsste, welches nur für diese Dienstleistung aktiv ist, oder wenn neuartige Prozesse und Abteilungen geschaffen werden müssten.

Eng mit Komplexität verbunden ist das zweite Risiko: das kontinuierliche Sinken der Rentabilität des Dienstleistungsgeschäfts bis hin zu einer defizitären Situation. Der Grund für diese Entwicklung ist wiederum der reaktive Modus der Portfoliogestaltung. Dem Wunsch des Kunden verpflichtet, werden in der Praxis oftmals Dienstleistungen etabliert, die im Extremfall nur dieser eine Kunden nachfragt – und dies vielleicht nur sehr selten.

Den Kosten für Aufbau und Aufrechterhaltung der Leistungsbereitschaft stehen Erlöse in nicht adäquater Höhe gegenüber, da nicht alle Kosten auf diesen einen Kunden verrechnet werden können. In Verbindung mit einer mangelhaft ausgeprägten Kostenrechnung wird das Absinken der Rentabilität des Gesamtportfolios dann zu spät oder gar nicht erkannt. Zumindest wird der Grund oftmals nicht korrekt diagnostiziert. Abschließend wiederum ein Beispiel:

Beispiel

Die Kehrgeräte AG ist ein Hersteller von Reinigungsmaschinen für Böden von Fabrikhallen. Was würde passieren, wenn sie die Basisstrategie „Kundenorientierung" verfolgte? Das Dienstleistungsportfolio enthielte neben gesetzlich vorgeschriebenen Dienstleistungen weitere Dienstleistungen, die von Kunden aktiv nachgefragt wurden. Konkret ist dies eine Inbetriebnahme der Reinigungsmaschine beim Kunden durch Personal der Kehrgeräte AG.

2.3.3 Basisstrategie 3: Verstetigung

Mit dem Begriff „Verstetigung" bezeichnen wir die Strategie, die als oberstes Ziel verfolgt, den **Gesamtumsatz des Unternehmens** mit Hilfe des Dienstleistungsgeschäfts zu **verstetigen**. Hierzu muss das Unternehmen das Dienstleistungsangebot so gestalten, dass die damit generierten Umsätze einen kompensierenden Effekt für die Phasen eines schwachen Umsatzes im Produktgeschäft aufweisen. Dazu gehören Rezessionen und Phasen, in denen ein Generationswechsel im Produktgeschäft vollzogen wird.

Ein Beispiel für einen solch antizyklischen Zusammenhang bilden Produktionsmaschinen und zugehörige Retrofit-Dienstleistungen. Unter „Retrofit" verstehen wir die Modernisierung auf einen aktuellen Stand der Technik bspw. durch Ersetzen der Steuerungstechnik. In der Phase wirtschaftlichen Abschwungs sinkt in der Regel der Absatz von Neumaschinen, aber der Umsatz der Dienstleistung „Retrofit" steigt. Der Grund ist, dass Neuinvestitionen in die Zukunft verschoben werden und der bestehende Maschinenpark länger genutzt werden soll.

Die Kompensationswirkung der Dienstleistungen auf zentrale betriebswirtschaftliche Kenngrößen ist unterschiedlich groß. In vielen Branchen liegt die Umsatzrendite im Dienstleistungsgeschäft weit über der des Produktgeschäfts. In solchen Fällen wird in der Regel der Umsatz nur geringfügig kompensiert, aber der Gewinneinbruch deutlich abgemildert.

Im Gegensatz zu den ersten beiden Basisstrategien stehen für diese Basisstrategie vor allem After-Sales- und Independent-Dienstleistungen im Fokus. Pre-Sales-Dienstleistungen weisen keinen kompensatorischen Effekt auf und spielen somit eine untergeordnete Rolle.

Welche Ergebnisse der LM-Analyse weisen eine hohe Passung zu dieser Strategie auf? Die Analysefelder Produktmarkt, Dienstleistungsmarkt und Dienstleistungserbringung stehen im Mittelpunkt der Antwort auf diese Frage:

- **Analysefeld Produktmarkt:**
  Oftmals verfolgen Unternehmen diese Strategie, wenn das Produktgeschäft eine hohe Schwankungsanfälligkeit aufweist. Gründe können eine generelle Saisonalität sein, aber auch konjunkturelle Schwankungen. Der Vorteil der Saisonalität ist, dass diese zumindest nach einer gewissen Lernperiode ausreichend gut prognostiziert werden kann.
- **Analysefeld Dienstleistungserbringung:**
  Für die Wahl dieser Strategie ist es erforderlich, dass die vorgehaltene Kapazität des Dienstleistungsgeschäfts groß und schnell genug an den Bedarf angepasst werden kann. Nur dann kann das Dienstleistungsgeschäft die kompensatorische Wirkung entfalten.
- **Analysefeld Dienstleistungsmarkt:**
  Weiterhin ist es notwendig, dass das Unternehmen hinsichtlich der betreffenden Dienstleistungen eine hinreichend gute Wettbewerbsposition inne hat, damit die Kunden die Dienstleistungen nicht bei Konkurrenten beziehen.

2.3 Basisstrategien für das Dienstleistungsgeschäft

Von zentraler Bedeutung für die Umsetzung dieser Strategie ist, das Dienstleistungsportfolio auf solche Dienstleistungen zu begrenzen, die einen kompensatorischen Effekt aufweisen. Andere Dienstleistungen sind weitestgehend zu eliminieren. Ebenso notwendig ist es, den kompensatorischen Effekt zu überwachen. Hierzu sind entsprechende Indikatoren einzuführen.

Der Dienstleistungsvertrieb spielt bei der Umsetzung eine wichtige Rolle. Damit die Verstetigung erzielt wird, muss der Vertrieb seinen Arbeitsmodus der jeweiligen Phase anpassen. In Zeiten einer Rezession muss der Dienstleistungsvertrieb in den Vordergrund treten.

Schließlich ist bereits in der Produktentwicklung darauf zu achten, dass hohe Schranken für Drittanbieter der betreffenden Dienstleistungen etabliert werden. Dies kann bspw. durch spezifische Konstruktionen realisiert werden.

> **Beispiel**
>
> Die Kehrgeräte AG ist ein Hersteller von Reinigungsmaschinen für Böden von Fabrikhallen. Was würde passieren, wenn sie die Basisstrategie „Verstetigung" verfolgte? Das Dienstleistungsportfolio umfasste dann solche Dienstleistungen, die einen kompensierenden Effekt gegenüber Schwankungen des Produktgeschäfts aufweisen. Konkret gehört dazu die Dienstleistung „Retrofit". Mit dieser werden die Reinigungsmaschinen an einen neuen technischen Stand angepasst – eine Reinvestition in neue Maschinen ist somit später notwendig.

2.3.4 Basisstrategie 4: Quersubventionierung

Mit dem Begriff „Quersubventionierung" bezeichnen wir die Strategie, die als oberstes Ziel verfolgt, ein bewusst defizitär gestaltetes Produktgeschäft durch ein **profitables Dienstleistungsgeschäft** zu **kompensieren**. Wie bei der Basisstrategie „Verstetigung" nutzen Unternehmen den kompensierenden Effekt des Dienstleistungsgeschäfts. Allerdings ist die Art der Kompensation eine andere: nicht die Saisonalität wird ausgeglichen, sondern ein prinzipielles Defizit im Produktgeschäft.

Das Defizit baut sich oftmals über einen längeren Zeitraum auf. In der Regel ist der dahinterliegende Treiber dieser Situation ein stetig steigender, oft internationaler Wettbewerbsdruck. Betriebswirtschaftlichen Grundsätzen folgend, müsste das Produktgeschäft in einer solchen Situation eingestellt oder grundsätzlich neu ausgerichtet werden; zumindest mittelfristig. Diese Option ist aber in vielen Unternehmen mit dem Wegfall des traditionellen Stammgeschäfts verbunden. Viele Gründe sprechen gegen einen solchen Schritt. Dazu gehören der Wegfall von Erfahrungswerten, des Kundenstamms, aber auch emotionale Verbundenheit der Eigentümer.

Der Fokus liegt bei dieser Basisstrategie auf After-Sales-Dienstleistungen. Sie sind dem Produktgeschäft nachgelagert und sollen das Defizit im Zeitverlauf kontinuierlich abbauen bzw. überkompensieren. Pre-Sales-Dienstleistungen und Independent-Dienstleistungen spielen in der Regel keine Rolle.

Folgende Ergebnisse der LM-Analyse weisen eine hohe Passung zu dieser Strategie auf:

- **Analysefeld Produktmarkt:**
  Ausgangspunkt für diese Strategie ist eine erkannte Schwäche: Eine Differenzierung ist nicht mehr über die Produkte bzw. neuartige Produkteigenschaften möglich, da die Konkurrenz denselben Qualitätsstandard und zudem eine ähnliche Innovationsrate erreicht hat. In Verbindung mit hohen Arbeitskosten stellt sich in Folge dessen ein Defizit im Produktgeschäft ein.
- **Analysefeld Dienstleistungsvertrieb:**
  Damit die Strategie „Quersubventionierung" erfolgreich umgesetzt werden kann, ist es notwendig, dass der bestehende Vertrieb qualifiziert ist, die entsprechenden After-Sales-Dienstleistungen zu verkaufen. Ein nur auf Produktverkauf spezialisierter Vertrieb ist hierzu nicht im Stande.
- **Analysefeld Dienstleistungsmarkt:**
  Weiterhin ist es notwendig, dass die Wettbewerbsstellung im Dienstleistungsmarkt gefestigt ist. Ansonsten besteht eine hohe Gefahr, dass andere Unternehmen die Dienstleistung erbringen. In vielen Branchen ist diese Gefahr mittlerweile sehr hoch, da eine große Anzahl von Independent-Dienstleistungs-Anbietern existiert. Ein eindeutiger Wettbewerbsvorteil, wie bspw. ein exklusiver Vertriebskanal, ist folglich notwendig.

Die Umsetzung dieser Strategie erfordert es, dass das Unternehmen seine Pricing- und Rabattprozesse im Produktgeschäft und im Dienstleistungsgeschäft aufeinander abstimmt. Konkret bedeutet dies, dass eine Situation erreicht werden muss, in dem der Vertrieb zu jedem Zeitpunkt sicherstellt, dass der Gesamtpreis abzgl. aller Rabatte für das Produkt und zugehörige Dienstleistungen bekannt und wie geplant realisiert ist. Intransparenz und Abstimmungsprobleme in diesem Bereich führen ansonsten dazu, dass das Unternehmen den Kompensationseffekt nicht erreicht, weil bspw. im Dienstleistungsgeschäft nicht die geplanten Preise realisiert wurden.

Weiterhin ist notwendig, das Anreizsystem für den Produktvertrieb so zu gestalten, dass diesem aus der bewusst eingegangenen Defizitsituation kein Nachteil entsteht. Gehaltskomponenten dürfen daher nicht auf Gewinngrößen des Produktgeschäfts basieren, sondern auf Größen, die sich auf die Summe aus Produkt- und Dienstleistungsgeschäft beziehen. In der Regel werden die Berechnungsformeln für die Anreize dadurch komplexer, so dass diese dann mehrere Komponenten enthalten.

Hier sollten wir uns nochmals in Erinnerung rufen, dass es für die Umsetzung dieser Strategie absolut notwendig ist, dass das Unternehmen Maßnahmen ergreift, um Drittanbieter der Dienstleistungen abzuwehren. Verschiedene Ansatzpunkte liegen hierfür bereits vor. Dazu gehören u. a. Maßnahmen, die einem Drittanbieter die Erbringung von Dienstleistungen erschweren, da bspw. spezialisierte Ausrüstung für den Service-Techniker notwendig ist, welches nicht am Markt erhältlich und auch nicht einfach gefertigt werden kann.

2.3 Basisstrategien für das Dienstleistungsgeschäft

> **Beispiel**
>
> Die Kehrgeräte AG ist ein Hersteller von Reinigungsmaschinen für Böden von Fabrikhallen. Der Großteil der Reinigungsmaschinen wird verlustbringend verkauft. Was würde passieren, wenn sie daher die Basisstrategie „Quersubventionierung" verfolgte? Das Dienstleistungsportfolio umfasste dann solche Dienstleistungen, die dieses Defizit ausgleichen. Hierzu gehört bspw. die Dienstleistung „vorbeugende Wartung".

2.3.5 Basisstrategie 5: Cross-Selling

Mit dem Begriff „Cross-Selling" bezeichnen wir die Strategie, die als oberstes Ziel verfolgt, durch das Dienstleistungsgeschäft **Neuproduktgeschäft** zu **induzieren**. Zwei Effekte stehen dazu im Fokus:

- Von der Dienstleistung zum Neuproduktgeschäft und
- Informationsgewinnung durch Dienstleistungen für verbesserte Neuprodukte.

Der **erste Effekt** folgt dem Grundsatz „Der Vertrieb verkauft die erste Maschine, der Service jede weitere". Unternehmen betrachten Dienstleistungen in diesem Falle vorrangig als Vehikel des Neuproduktvertriebs. Im Fokus stehen folglich After-Sales-Dienstleistungen. Pre-Sales-Dienstleistungen und Independent-Dienstleistungen haben dagegen keinen erwünschten verkaufsfördernden Effekt für das Folgeprodukt-Geschäft.

Der **zweite Effekt** basiert auf einem grundlegenden Vorteil von Dienstleistungen gegenüber dem Produktgeschäft: die höhere Kontaktzeit und -intensität. Während der Erbringung von Dienstleistungen gewinnen die Mitarbeiter, wie bspw. Service-Techniker, tiefe Einblicke in die Nutzung der Produkte. Dies umfasst typische Fehler im Umgang aber auch Wünsche des Kunden für neue oder verbesserte Produkteigenschaften. Diese Informationen bilden einen idealen Ausgangspunkt für die Weiterentwicklung der Produkte und somit zur Steigerung der Wettbewerbsfähigkeit des Produktgeschäfts.

Folgende Ergebnisse der LM-Analyse weisen eine hohe Passung zu dieser Strategie auf:

- **Analysefeld Dienstleistungserbringung:**
  Die Mitarbeiter der Service-Erbringung müssen fähig sein, die Informationen, die sie beim Kunden erlangen, in sinnvoller Art und Weise zu verstehen und an die Entwicklungsabteilung und die Produktionsverantwortlichen weiterzuleiten.
- **Analysefeld Dienstleistungsmarkt:**
  Die bisher adressierten Kunden sind lediglich offen für Standarddienstleistungen für die sich bereits ein standardisierter Marktpreis gebildet hat. In einer solchen Situation können Unternehmen in der Regel mit dem Dienstleistungsgeschäft keine befriedigend hohe Margen erzielen, so dass sich die Strategie „Cross-Selling" anbietet.
- **Analysefeld Dienstleistungsvertrieb:**
  Eine weitere Stärke, die eine hohe Passung mit dieser Strategie aufweist, sind gute Vertriebsfähigkeiten der Mitarbeiter, die die Dienstleistung erbringen.

Was ist bei der Umsetzung dieser Strategie vorrangig zu beachten? Hier unterscheiden wir wieder die beiden Effekte. Für den ersten Effekt ist es notwendig, ein geeignetes Anreizsystem für die Mitarbeiter einzurichten, welche die Dienstleistungen erbringen. Sie müssen direkt daran partizipieren, wenn aufgrund einer Dienstleistungserbringung ihrerseits Neuproduktgeschäft induziert wird. Die Messung dieses Falls ist allerdings nicht immer leicht.

Ein weiterer Punkt setzt bei der Dienstleistungsentwicklung an. Bereits hier müssen Überlegungen dominieren, welche Dienstleistungen entwickelt werden. Der Grundsatz muss lauten: Nur solche Dienstleistungen werden entwickelt, die ein hohes Cross-Selling-Potenzial aufweisen. Auf Basis dieser Überlegung muss das Unternehmen sein Dienstleistungsportfolio gestalten.

Für den zweiten Effekt, die verbesserte Produktentwicklung, ist es von großer Bedeutung, den Informationsfluss von Service-Technikern zu Entwicklungsingenieuren zu organisieren. Wichtig sind sowohl Form und Inhalt wie auch Frequenz des Austauschs. Der Inhalt muss direkt umsetzbare Handlungsempfehlungen für die Dienstleistungsentwicklung umfassen. Die Form wiederum ist so zu gestalten, dass der Zugriff auf die Informationen einfach möglich ist. Die Frequenz ist schließlich zwischen dem Bedürfnis der schnellen Übermittlung einerseits und zu fragmentierten Übermittlung andererseits auszubalancieren.

> **Beispiel**
>
> Die Kehrgeräte AG ist ein Hersteller von Reinigungsmaschinen für Böden von Fabrikhallen. Was würde passieren, wenn sie die Basisstrategie „Cross-Selling" verfolgte? Das Dienstleistungsportfolio umfasste dann solche Dienstleistungen, die es erlauben, möglichst viele Informationen über Chancen für Neuproduktgeschäft zu sammeln. Hierzu gehört bspw. die Dienstleistung „Instandhaltung".

2.3.6 Basisstrategie 6: Differenzierung

Mit dem Begriff „Differenzierung" bezeichnen wir die Strategie, die als oberstes Ziel verfolgt, durch das Dienstleistungsgeschäft eine **Differenzierung vom Wettbewerb** zu erlangen und dadurch einen Wettbewerbsvorteil zu schaffen.

In vielen Branchen gilt, dass das Produktgeschäft mittlerweile kein differenzierender Faktor mehr ist. Einen Ausweg böte die fortwährende Produktinnovation. Problematisch sind allerdings solche Situationen, in denen die Wettbewerber Innovationsschritte schnell nivellieren bzw. Innovationen nur noch unter prohibitiv hohen Kosten möglich sind. Das Dienstleistungsgeschäft bietet eine Option, dass sich Unternehmen auch in solchen Situationen vom Wettbewerb differenzieren.

Zentrale Frage für die Umsetzung dieser Strategie ist: Mit welchen Dienstleistungen können Unternehmen einen solchen Effekt realisieren? Mit Standarddienstleistungen, bspw. ein Standard-Ersatzteilservice in der Maschinenbaubranche, ist eine Differenzierung nicht zu erreichen. Vielmehr müssen solche Dienstleistungen im Fokus stehen, die

2.3 Basisstrategien für das Dienstleistungsgeschäft

nur wenige Wettbewerber anbieten und die gleichzeitig einen hohen Kundennutzen stiften. Wenn solche Dienstleistungen nicht existieren, ist es zumindest erforderlich, Dienstleistungen in einer vom Kunden wahrgenommenen höheren Qualität zu erbringen.

Sowohl Pre-Sales-Dienstleistungen als auch After-Sales-Dienstleistungen können differenzierend wirken. Eine besondere Rolle spielen auch die Independent-Dienstleistungen. Mit Hilfe dieser kann ein Unternehmen sich deutlich als Lösungsanbieter positionieren. Hier kann das aus dem Einzelhandel bekannte Konzept des „One-Stop-Shoppings" übernommen werden.

Welche Ergebnisse der LM-Analyse weisen eine hohe Passung zu der Basisstrategie „Differenzierung" auf? Wichtig sind hier die Analysefelder Produktmarkt, Dienstleistungsentwicklung und Dienstleistungserbringung:

- **Analysefeld Produktmarkt:**
  Die Strategie „Differenzierung" ist vorranging dann von Nutzen, wenn eine Differenzierung auf dem Produktmarkt nicht mehr möglich ist. Welche Gründe vorliegen, weswegen die Differenzierung nicht gelingt, spielt dabei nur eine untergeordnete Rolle.
- **Analysefeld Dienstleistungsentwicklung:**
  Eine zentrale Rolle für diese Strategie kommt der Dienstleistungsentwicklung zu. Diesem Unternehmensbereich obliegt es, dass Dienstleistungsportfolio so weiterzuentwickeln, dass tatsächlich differenzierend wirkende Dienstleistungen verfügbar sind. Ein hoher Wissenstand über die Bedürfnisse der Kunden ist dazu der Schlüssel.
- **Analysefeld Dienstleistungsvertrieb:**
  Woher stammt das Wissen über die Bedürfnisse der Kunden? In der Regel vom Dienstleistungsvertrieb, da Kunden diesem ihre Wünsche darlegen. Es ist daher notwendig, dass der Vertrieb in der Wahrnehmung dieser Wünsche geschult wird und ein Informationskanal geschaffen wird, wie diese Informationen zu den Mitarbeitern der Dienstleistungsentwicklung gelangen.

Was ist bei der Umsetzung dieser Strategie nun besonders wichtig? In einem ersten Schritt müssen wir messen, ob die Dienstleistungen tatsächlich einen differenzierenden Effekt aufweisen. Nur so kann das Dienstleistungsportfolio ggf. frühzeitig angepasst werden.

Weiterhin ist es wichtig, dass der Kunde überhaupt vom neuartigen Dienstleistungsangebot und dessen Einzigartigkeit erfährt. Unternehmen müssen daher alle Möglichkeiten nutzen, um den Bekanntheitsgrad ihres Angebots zu erhöhen.

Beispiel

Die Kehrgeräte AG ist ein Hersteller von Reinigungsmaschinen für Böden von Fabrikhallen. Was würde passieren, wenn sie die Basisstrategie „Differenzierung" verfolgte? Das Dienstleistungsportfolio umfasste dann solche Dienstleistungen, die dazu dienen, sich von den Konkurrenten zu differenzieren. Eine solche Dienstleistung wäre ein „Rund-um-sorglos-Paket" aus Wartung, Reinigung und Ersatzmaschinenstellung. Vorausgesetzt, dass diese Dienstleistung nur wenige andere Unternehmen anbieten.

2.3.7 Basisstrategie 7: Eigenständiges Geschäftsfeld

Mit dem Begriff „Eigenständiges Geschäftsfeld" bezeichnen wir die Strategie, die als oberstes Ziel verfolgt, ein Dienstleistungsgeschäft aufzubauen, das **nicht in Verbindung mit den eigenen Produkten** steht. Im Fokus stehen folglich ausschließlich die Independent-Dienstleistungen.

Der Aufbau eines solchen Dienstleistungsgeschäfts folgt einer grundsätzlich anderen Logik als in den bisher diskutierten Fällen. Was aber sind diese Unterschiede? Zuerst fehlt das eigene Produkt als Ausgangspunkt aller Überlegungen für die Gestaltung eines Dienstleistungsportfolios. Ohne diese Kenntnisse ist eine Ableitung geeigneter Dienstleistungen allerdings erschwert. Ausgangspunkt ist vielmehr die, auf welchem Wege auch immer erlangte, Kenntnis, dass eine Dienstleistung von Kunden nachgefragt wird und man selbst in der Lage ist, diese profitabel anzubieten.

Dies leitet uns zur zweiten Besonderheit: Unternehmen, die diese Strategie verfolgen möchten, fehlt zumindest zu Beginn der direkte Kontakt zum Kunden. Informationen zur Nutzung des Produkts durch den Kunden sind daher schwerer zu erheben. Diese Informationen bilden aber eine wichtige Basis zur Entwicklung von Dienstleistungen sowie zur Steuerung der Kapazität des eigenen Dienstleistungsgeschäfts.

Betrachten wir die Strategie unter dem Gesichtspunkt der Wettbewerbsintensität, so können wir festhalten, dass diese beim Aufbau eines solchen Geschäftsfelds besonders hoch sein wird. Der Grund ist u. a., dass jene Unternehmen, die das zugrunde liegende Produkt produzieren, sich auch als natürliche Dienstleister sehen. Es ist daher eine hohe Motivation zur Abwehr eines unabhängigen Dienstleisters zu erwarten.

Folgende Ergebnisse der LM-Analyse weisen eine hohe Passung zu dieser Strategie auf:

- **Analysefeld Dienstleistungsmarkt:**
  Ausgangspunkt für diese Strategie ist die Feststellung, dass Dienstleistungen von Wettbewerbern profitabel angeboten werden. Dies allein ist allerdings nicht ausreichend. Weiterhin müssen Hinweise vorliegen, dass diese Wettbewerber Schwachpunkte aufweisen, die es ermöglichen, in den Markt einzutreten. Dies ist bspw. der Fall, wenn die Kundenbindung sehr gering ausgeprägt ist oder die Nachfrage der Kunden nicht vollständig bedient wird, bspw. aufgrund von Kapazitätsengpässen bisheriger Anbieter.
- **Analysefeld Dienstleistungserbringung:**
  Die Mitarbeiter, welche die Dienstleistung erbringen, können nicht alle Produktänderungen antizipieren, da das Unternehmen die Produkte nicht selbst herstellt. Dies kann zu Situationen führen, die eine flexible Anpassung der Dienstleistungserbringung notwendig macht. Notwendig ist daher ein entsprechend hohes Qualifikationsniveau der Service-Techniker.
- **Analysefeld Dienstleistungsvertrieb:**
  Der Vertrieb von Independent-Dienstleistungen erfolgt nach einem anderen Ansatz, als der Vertrieb von Pre-Sales-Dienstleistungen und After-Sales-Dienstleistungen. Der Produktverkauf scheidet als natürlicher Kontaktpunkt aus.

2.3 Basisstrategien für das Dienstleistungsgeschäft

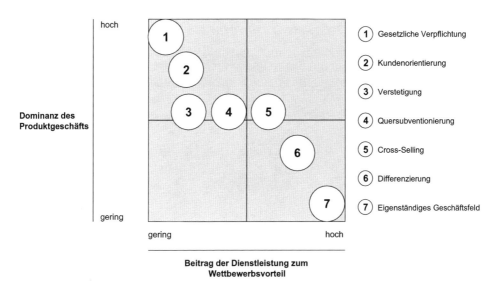

Abb. 2.4 Die sieben Basisstrategien des Dienstleistungsgeschäfts

Was ist bei der Umsetzung dieser Strategie wichtig? Die zentrale Herausforderung ist es, den grundsätzlichen Nachteil auszugleichen, der daraus entsteht, dass das Unternehmen eine Dienstleistung verkauft, aber nicht Hersteller des damit verbundenen Produkts ist. Ein weiterer Punkt ist die Organisationsstruktur. In der Praxis hat es sich als sinnvoll erwiesen, den Funktionen des Dienstleistungsgeschäfts eine separate Organisation zu geben, die keine Synergien mit etwaigem weiterem Dienstleistungsgeschäft aufweisen. Dies erhöht die Flexibilität dieser Funktionen in ihrem Bestreben, den oben beschriebenen Nachteil zu kompensieren.

> **Beispiel**
>
> Die Kehrgeräte AG ist ein Hersteller von Reinigungsmaschinen für Böden von Fabrikhallen. Was würde passieren, wenn sie die Basisstrategie „Eigenständiges Geschäftsfeld" verfolgte. Das Dienstleistungsportfolio umfasste dann solche Dienstleistungen, die nicht im Bezug zu den selbst hergestellten Reinigungsmaschinen stehen. Ein Beispiel wäre die Instandhaltung von Baumaschinen.

Abschließend zeigt Abb. 2.4 die **sieben Basisstrategien** in der Übersicht. Die Strategien sind dazu nach zwei Kriterien eingeordnet. Erstens nach dem Grad, zu dem das Produktgeschäft weiterhin im Fokus des Unternehmens steht. Zweitens nach der Höhe des Beitrags, die das Dienstleistungsgeschäft zum Wettbewerbsvorteil des Unternehmens beiträgt.

2.4 Praxisbeispiel: Die C. Josef Lamy GmbH

Das Unternehmen Weltweit gilt Lamy als Pionier unter den Herstellern von Markenschreibgeräten, da man sich am Firmensitz in Heidelberg konstant durch innovative Ideen, höchsten Qualitätsanspruch und modernes Design auszeichnet. Alle Produkte aus dem Hause Lamy sind Qualitätsschreibgeräte mit einer klaren Designausrichtung. Sie werden zu einhundert Prozent am Standort Deutschland produziert.

Aktuell produziert die C. Josef Lamy GmbH jährlich über sechs Millionen funktionale Qualitätsschreibgeräte und ist mit ihren Produkten in über 65 Ländern weltweit vertreten. Das Familienunternehmen führt ein rund 200 Modelle umfassendes Schreibgeräte-Sortiment. Im Geschäftsjahr 2011 konnten die Heidelberger ihren Umsatz um 5,2 % auf 53,6 Mio. Euro steigern.

Die starke Markenstellung der C. Josef Lamy GmbH in Westeuropa wird durch ein deutliches Wachstum in den osteuropäischen Ländern, wie bspw. Polen und der Türkei, ausgeweitet. Vor allem aber konnten die Geschäfte in Asien erfolgreich ausgebaut werden. Vorreiter ist China mit 60 eigenen LAMY-Boutiquen. Dabei überzeugt neben dem Design das Qualitätsmerkmal „Made in Germany" die ausländischen Käufer.

Die C. Josef Lamy GmbH ist heute nicht nur Marktführer im eigenen Land, sondern gehört auch zu den deutschen Designmarken, deren Produkte weltweit eine Sonderstellung einnehmen. In der bundesweiten Standortinitiative „Deutschland – Land der Ideen", wurde die C. Josef Lamy GmbH im Jahr 2006 als einer der ersten 365 Innovationsträger Deutschlands ausgewählt.

Die Dienstleistungsstrategie Legen wir die erörterten Basisstrategien zu Grunde, verfolgt die C. Josef Lamy GmbH die Basisstrategie „Kundenorientierung". Warum aber hat Lamy diese Dienstleistungsstrategie gewählt? Grund dafür ist die Überzeugung, dass diese Dienstleistungsstrategie die höchste Passung mit den Ansprüchen aufweist, die der Kunde an einen Premiumanbieter stellt.

Lamy bietet folglich solche Dienstleistungen an, die notwendig sind, um das hohe Qualitätsversprechen einzulösen. Oberstes Ziel ist es, die Kundenbindung zu erhalten bzw. weiter zu erhöhen.

Die Dienstleistungen gruppieren sich rund um das zentrale Ziel des Erhalts der Verwendungsfähigkeit der Schreibgeräte. Pro Jahr werden ca. 34.000 Schreibgeräte technisch überholt, ersetzt oder repariert. Ein typischer Service-Fall ist der Austausch einer Feder. In 80 % der Fälle erfolgt die Reparatur ohne Fakturierung der Reparaturkosten an den Kunden. Ausnahmen sind eindeutige Fremdeinwirkung oder die Nutzung von Fremdtinte.

Eine weitere Dienstleistung ist die Versorgung der Kunden mit Ersatzteilen auch noch Jahrzehnte nach dem Erwerb des Schreibgeräts. Die Distribution erfolgt in der Regel über die jeweiligen Händler. Der Kunde kann den Einbau dann oftmals selbst bewerkstelligen.

Keine Rolle bei dieser Dienstleistungsstrategie spielen zusätzlicher Umsatz bzw. Gewinn durch das Dienstleistungsgeschäft. Vielmehr ist es für die Strategie „Kundenorientierung" kennzeichnend, dass Rentabilität des Dienstleistungsgeschäfts nicht erreicht wird.

Dies nimmt Lamy bewusst in Kauf, um das gegebene Qualitäts- und Service-Versprechen über den gesamten Lebenszyklus des Schreibgeräts aufrecht zu erhalten.

Im Gegensatz zu Wettbewerbern lagert die C. Josef Lamy GmbH die angeführten Dienstleistungen daher auch nicht an andere Unternehmen aus, da dies nicht dem Qualitätsverständnis der C. Josef Lamy GmbH entspräche.

Die Informationen, welche die C. Josef Lamy GmbH bei der Erbringung der Reparatur- und Ersatzteildienstleistungen über die Nutzung der Schreibgeräte durch den Kunden erhält, dienen als Basis für die Weiterentwicklung der Produkte. Ein wichtiges Bindeglied zwischen Dienstleistungsgeschäft und Produktentwicklung ist der Qualitätsausschuss.

Prüfung der Strategieumsetzung Eine erfolgreiche Strategieumsetzung erfordert es, dass Unternehmen messen, inwieweit sie die Strategie bereits umgesetzt haben.

Die C. Josef Lamy GmbH nutzt hierzu u. a. das Instrument Kundenbefragung. In Abständen von acht Jahren (zuletzt 2008), werden die Kunden, die sich direkt an das hauseigene Reparaturcenter gewandt hatten, schriftlich befragt. Im Rahmen der letzten Befragung wurden mehrere hundert Fragebögen versandt.

Der Fragenkatalog umfasst folgende Fragen rund um den Beschwerdeprozess:

- Wie zufrieden sind Sie mit dem Umgang des Fachhandels mit Kundenbeschwerden?
- Wie zufrieden sind Sie mit den Kosten der Beschwerdeabwicklung?
- Wie zufrieden sind Sie mit der Lösung Ihres Problems?
- Wie zufrieden sind Sie mit der Schnelligkeit der gesamten Beschwerdeabwicklung?
- Wie zufrieden sind Sie mit der Hilfestellung im Problemfall?

Als Antwortmöglichkeiten wird dem Kunden eine fünfstufige Skala angeboten, die von „sehr zufrieden" bis „sehr unzufrieden" reicht. Darüber hinaus wird der Kunde nach seiner Meinung über Lamy vor Auftritt des Problems, nach Auftritt des Problems und nach Abschluss des Beschwerdefalls befragt.

Mit Hilfe der Antworten der Kunden auf die Fragen überarbeitet Lamy die angebotenen Dienstleistungen, so dass den Kundenwünschen besser entsprochen wird. Dies entspricht einem typischen Vorgehen für Unternehmen, welche die Basisstrategie „Kundenorientierung" verfolgen.

Literatur

Porter, M. E. (1999), Wettbewerbsstrategie – Methoden zur Analyse von Branchen und Konkurrenten, 10. Auflage, Frankfurt a. M. und New York.

Handlungsfeld 2: Dienstleistungsportfolio – Welche Dienstleistungen bieten wir an und welche nicht?

3.1 Lernziele

Die zentrale Frage in diesem Handlungsfeld ist, **welche Dienstleistungen** wir **anbieten** wollen und welche wir bewusst nicht anbieten wollen. In der Praxis wird diese Frage oftmals nicht aktiv, sondern reaktiv beantwortet. Unternehmen bieten Dienstleistungen ungeachtet ihrer Passung zum bisherigen Dienstleistungsportfolio und ungeachtet ihres Ertragspotenzials an, weil Konkurrenten dies auch tun, weil eine Dienstleistung im Moment modern erscheint oder weil ein wichtiger Kunde eine bestimmte Dienstleistung nachfragt – auch wenn er dies als Einziger und nur wenige Male oder gar nur einmal tut. Diese Beispiele zeigen, wie wichtig der Teil der obigen Frage ist, welche Dienstleistungen Sie bewusst nicht anbieten sollten.

Zu Beginn wollen wir definieren, was wir unter einem Dienstleistungsportfolio verstehen. Danach betrachten wir, welche Optionen existieren, ein Dienstleistungsportfolio zu gestalten und welche Herausforderungen damit einhergehen.

▶ Unter einem **Dienstleistungsportfolio** wollen wir die Gesamtheit aller industriellen Dienstleistungen verstehen, die wir zu einem bestimmten Zeitpunkt anbieten. Anbieten bedeutet, dass wir unmittelbar leistungsbereit sind.

In der Regel existiert in jedem Unternehmen bereits ein Dienstleistungsportfolio, das mehrere industrielle Dienstleistungen umfasst. Dieses spiegelt allerdings oftmals nicht die gewählte Dienstleistungsstrategie wieder, sondern ist „historisch gewachsen". Welche Gestaltungsmöglichkeiten haben wir, wenn wir das Portfolio strategiekonform ausrichten möchten?

Wir unterscheiden **drei Gestaltungsmöglichkeiten**:

- Hinzunahme von Dienstleistungen, die wir bisher nicht angeboten haben,
- Entfernen von Dienstleistungen, die wir bisher angeboten haben und
- Veränderung der Dienstleistungen, die wir bereits angeboten haben.

Betrachten wir zuerst die **Gestaltungsmöglichkeit „Hinzunahme"**. Diese Option bedeutet, dass wir eine neue Dienstleistung in unser Dienstleistungsportfolio aufnehmen. Eine strategiekonforme Gestaltung des Dienstleistungsportfolios erfordert, dass nur solche Dienstleistungen aufgenommen werden, die einen Beitrag zur Umsetzung der gewählten Dienstleistungsstrategie leisten.

Die **Gestaltungsmöglichkeit „Entfernen"** ist der ersten Option entgegengesetzt. Ziel ist es, jene Dienstleistungen aus dem Dienstleistungsportfolio zu entfernen, die keinen oder einen zu geringen Beitrag zur Umsetzung der Dienstleistungsstrategie leisten. Anders als die Hinzunahme ist dies mit der Herausforderung verbunden, jene Ressourcen anderweitig zuzuordnen, die für die betreffenden Dienstleistungen vorgehalten wurden. Dabei treten regelmäßig Probleme auf, wenn die Qualifikation der entsprechenden Mitarbeiter eng auf die Dienstleistung zugeschnitten war. Analog stellt sich die Frage für spezifische Ausrüstungen, wie bspw. Testgeräte.

Die dritte **Gestaltungsoption** ist die **Veränderung** der angebotenen Dienstleistungen. Diese Option ist sinnvoll, wenn eine bisher bereits erbrachte Dienstleistung keinen ausreichend hohen Beitrag zur Umsetzung der Dienstleistungsstrategie beiträgt, aber das Potenzial dazu besitzt. Die Veränderung muss so vorgenommen werden, dass dieses Potenzial gehoben wird. Als Ansatzpunkte kommen sämtliche Charakteristika der Dienstleistung in Frage wie bspw. die Kosten, der Innovationsgrad oder der Nutzen für den Kunden. In der Literatur oftmals angeführte Varianten, Dienstleistungen zu verändern, sind das Standardisieren oder das Differenzieren der Dienstleistung, bspw. hinsichtlich bestimmter Kundengruppen (vgl. bspw. Luczak und Hoeck 2004, S. 80 f.).

Im Abschn. 3.2 befassen wir uns zuerst mit der Option „Hinzunahme". Dazu lernen wir Suchraster kennen, die es uns ermöglichen Dienstleistungen zu identifizieren, die sich prinzipiell für eine Hinzunahme eignen. Anschließend erarbeiten wir in Abschn. 3.3 strategiespezifische Formen der Portfolioanalyse. Diese unterstützen uns bei der Entscheidung, welche der identifizierten Dienstleistungen tatsächlich in das Dienstleistungsportfolio aufgenommen werden sollten.

Die Portfolioanalyse unterstützt aber auch bei den beiden anderen Optionen „Entfernen" und „Veränderung". Sie hilft uns, jene Dienstleistungen unseres bestehenden Dienstleistungsportfolios zu identifizieren, die entfernt werden müssen und solche, die wir verändern müssen, damit sie einen angemessenen Beitrag zur Strategieumsetzung leisten. Abschließend vertiefen wir das Erlernte anhand eines Praxisbeispiels in Abschn. 3.4. Abb. 3.1 zeigt den Aufbau des Kapitels im Gesamtzusammenhang.

3.2 Suchraster zur Identifikation möglicher Dienstleistungen

Drei **Suchraster** sollen uns helfen, systematisch industrielle Dienstleistungen zu identifizieren, die wir noch nicht anbieten. Jedes Suchraster bezieht sich auf eine bestimmte Gruppe von industriellen Dienstleistungen: Pre-Sales-Dienstleistungen, After-Sales-Dienstleistungen und Independent-Dienstleistungen.

3.2 Suchraster zur Identifikation möglicher Dienstleistungen

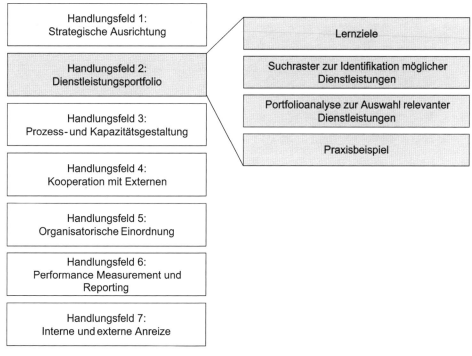

Abb. 3.1 Aufbau des Kapitels

Das Suchraster für die **Pre-Sales-Dienstleistungen** befasst sich mit der Frage, welche Dienstleistungen die Nutzung des Produkts ermöglichen. Das Suchraster für die **After-Sales-Dienstleistungen** befasst sich mit der Identifikation von Dienstleistungen, welche die Nutzung des Produkts verbessern. Das dritte Suchraster fokussiert auf Dienstleistungen für Produkte, die das Unternehmen nicht selbst herstellt: die **Independent-Dienstleistungen**.

3.2.1 Pre-Sales-Dienstleistungen

Die Bezeichnung Pre-Sales-Dienstleistungen leitet sich vom klassischen Modell des Verkaufsprozesses ab. Allerdings existieren mittlerweile viele alternative Formen, bei denen ein „Verkaufszeitpunkt" nicht einfach definiert werden kann. Denken wir bspw. an moderne Preismodelle wie Pay-per-Use im Maschinenbau, bei dem der Hersteller je produzierter Einheit im Nachgang bezahlt wird.

Grenzen wir daher Pre-Sales-Dienstleistungen als jene Dienstleistungen ab, die ein Unternehmen in der zeitlichen Phase erbringt, die **vom ersten Kontakt** mit dem Kunden **bis zur erstmaligen Nutzung** des Kunden reicht.

Wir wollen nun ein Suchraster erarbeiten, das es uns ermöglicht, Dienstleistungen für diese Phase zu identifizieren. Hierzu müssen wir die Frage beantworten, was geschehen muss, dass der Kunde zu einer **erstmaligen Nutzung befähigt** wird? Wir unterscheiden in diesem Zusammenhang

- das Einräumen des Nutzungsrechts,
- das Herstellen der Nutzungsmöglichkeit und
- das Herstellen der Nutzungsfähigkeit.

Einräumen des Nutzungsrechts Das Einräumen des Nutzungsrechts ist notwendig, damit der Kunde überhaupt Interesse am Produkt hat. Ein Recht wird in der Regel gegen eine **Kompensation** eingeräumt. Ein Beispiel dafür ist die Zahlung eines Kaufpreises für den Übergang des Eigentums. Eine erste Gruppe von Dienstleistungen kann in diesem Zusammenhang identifiziert werden. Ein gängiges Beispiel ist die Dienstleistung „Finanzierung". In der Möbelindustrie ist das Angebot von Finanzierungdienstleistungen in Form von Krediten mittlerweile Standard.

Finanzierung ist allerdings nur eine Ausprägung dieser Dienstleistungsgruppe. Weitere Ausprägungen weisen ein erhöhtes Risiko für den Verkäufer auf, da das Nutzungsrecht eingeräumt wird, **ohne** dass ein **Eigentumsübergang** erfolgt. Hierzu gehören Dienstleistungen auf Basis von Pricing-Modellen wie Pay-per-Use und Pay-per-Performance. Im ersten Fall wird eine Zahlung fällig pro Nutzung, im zweiten Fall wird die Zahlung erst fällig, wenn der Kunde mit dem Produkt eine bestimmte Nutzungsqualität erreicht hat.

Eine dritte Form weist eine weit höhere Komplexität auf. Als Gegenleistung für das Nutzungsrecht müssen andere Dienstleistungen bezogen werden. Eine extreme Form stellen die sog. Betreibermodelle dar. In einem solchen Fall wird eine Maschine bereitgestellt, finanziert und durch Mitarbeiter des Maschinenbauers betrieben. Die Pre-Sales-Dienstleistungen werden in diesem Fall durch After-Sales-Dienstleistungen ergänzt.

Herstellen der Nutzungsmöglichkeit Betrachten wir im Folgenden Dienstleistungen für die Phase vom ersten Kundenkontakt bis zur erstmaligen Nutzungsfähigkeit des Produkts. Das Suchraster muss die Frage beantworten, welche Dienstleistungen in dieser Phase für den Kunden nutzen stiften können. Wir unterscheiden dazu

- Dienstleistungen im Zusammenhang **Einsatzberatung und Anpassung** des Produkts,
- Dienstleistungen in Zusammenhang mit dem **Transport** des Produkts,
- Dienstleistungen im Zusammenhang mit der **Integration** des Produkts in die Prozesse und Strukturen des Kunden und
- Dienstleistungen im Zusammenhang mit der **Inbetriebnahme** des Produkts bei Kunden.

Die erste Gruppe umfasst Dienstleistungen, mit teilweise sehr hohen Umsatzvolumina. Sie werden oft als „Engineering-Dienstleistungen" bezeichnet. Dabei handelt es sich um **kundenspezifische Anpassungen** des Produkts an die jeweiligen Einsatzanforderungen.

Solche Anpassungen betreffen u. a. die Form und die Funktionen des Produkts. Die Erfassung dieser Kundenanforderung erfolgt zumeist im Rahmen einer Einsatzberatung.

Betrachten wir nun einige beispielhafte Dienstleistungen der zweiten Gruppe: Hierzu gehören alle Arten von **Logistikdienstleistungen**. Vom einfachen Transport über Versicherungsleistungen bis hin zum detaillierten Tracking und Tracing.

Dienstleistungen der dritten Gruppe sind solche, die das Produkt in die Prozesse des Kunden **integrieren**. Betrachten wir das Beispiel einer Produktionsmaschine, die in den Produktionsprozess eines Kunden integriert wird. Die Integration umfasst u. a. Einrichtung von Materialzufluss und -abfluss, Integration in die Automatisierungstechnik und Anpassung an die Taktzeit.

In der vierten Gruppe geht es um die erstmalige **Inbetriebnahme** des Produkts. Hierzu gehören u. a. Dienstleistungen wie die Erstbefüllung mit Betriebsstoffen und Tests im Hinblick auf die Funktionsfähigkeit. Ein Beispiel ist der erstmalige Test einer installierten Heizungsanlage in einem Privathaushalt. Ein anderes Beispiel ist die Verträglichkeitsprüfung einer Maschine mit den Umgebungsbedingungen in einer bestimmten Fabrikhalle.

Herstellen der Nutzungsfähigkeit Neben der prinzipiellen Nutzungsmöglichkeit ist es notwendig, dass der Kunde auch über entsprechende Nutzungsfähigkeiten verfügt. Mögliche Dienstleistungen beziehen sich auf folgende Fähigkeiten:

- Fähigkeit zur **Veränderung der Integration** des Produkts: Eine beispielhafte Dienstleistung ist die Schulung des Kundenpersonals, wie es eine Maschine ideal in ein verändertes Fabriklayout integrieren kann.
- Fähigkeit zur **Nutzung des Produkts**: Ein Beispiel hierfür ist eine Schulung von Maschinenbedienern.
- Fähigkeit zur **Aufrechterhaltung der Nutzungsmöglichkeit** des Produkts: In Bezug zu dieser Fähigkeit steht bspw. die Schulung zur Wartung einer Produktionsmaschine.

Abbildung 3.2 zeigt zusammenfassend das Suchraster, das wir erarbeitet haben, um Pre-Sales-Dienstleistungen zu identifizieren.

3.2.2 After-Sales-Dienstleistungen

Beginnen wir diesen Abschnitt mit einer abstrakten Überlegung, was Dienstleistungen sind. Wir haben diese Frage bereits in Abschn. 1.1 erörtert. Hier wollen wir uns einen speziellen Aspekt bewusst machen. Im Kern ist eine Dienstleistung eine **Übernahme von Wertschöpfung des Kunden** durch den Dienstleister. Es handelt sich somit um Tätigkeiten, die der Kunde selbst durchführen könnte. Allerdings ist er aus verschiedenen Gründen bereit, diese Wertschöpfung einen Anbieter industrieller Dienstleistungen durchführen zu lassen. Im Vordergrund stehen oftmals Kostenvorteile, sowohl der Höhe nach, als auch hinsichtlich der Flexibilität.

Begründen des Nutzungsrechts	Herstellen der Nutzungsmöglichkeit	Herstellen der Nutzungsfähigkeit
Einräumen des Nutzungsrechts • mit Eigentumsübertrag, • ohne Eigentumsübertrag, • in Kombination mit weiteren Dienstleistungen.	• Einsatzberatung und Produktanpassung. • Transport des Produkts. • Integration des Produkts. • Inbetriebnahme des Produkts.	Fähigkeit zur • Veränderung der Produktintegration, • Nutzung des Produkts, • Aufrechterhaltung der Nutzungsmöglichkeit.

Abb. 3.2 Suchraster für Pre-Sales-Dienstleistungen

Wir können festhalten, dass eine Dienstleistung nur dann nachgefragt wird, wenn der Nachfrager einen **Nettonutzen** von dieser Beziehung erwartet. Dies ist unsere Leitlinie für das Suchraster für After-Sales-Dienstleistungen. Wir betrachten solche Dienstleistungen, die in der Phase ab der ersten Nutzung des Produkts durch den Kunden angeboten werden. Das Suchraster bezieht sich auf Dienstleistungen, um

- die Nutzungsmöglichkeit des Produkts zu erhalten,
- die Nutzung des Produkts zu verbessern,
- die Nutzung des Produkts auszuweiten und
- die Nutzung des Produkts zu beenden.

Die erste Gruppe von After-Sales-Dienstleistungen bezieht sich auf den **Erhalt der Nutzungsmöglichkeit** des Produkts. Zu dieser großen Gruppe von Dienstleistungen zählen Instandhaltungsmaßnahmen und Reparaturen Zwar sind die Begriffe der Dienstleistungen in vielen Unternehmen ähnlich, in der Praxis verbergen sich allerdings unterschiedliche Dienstleistungen dahinter. Es ist daher wichtig, dass der Dienstleister den genauen Inhalt der Dienstleistung definiert.

Die zweite Gruppe von After-Sales-Dienstleistungen bezieht sich auf die **Verbesserung der Produktnutzung**. Die Verbesserung bezieht sich auf die grundsätzlichen Zielgrößen Kosten, Zeit und Qualität. Bei einer Maschine zielen die Dienstleistungen somit bspw. auf die Verringerung von Rüstkosten, die Senkung der Durchlaufzeit und die Senkung der Fehlerrate ab.

Wenn ein Dienstleister neue Dienstleistungen in dieser Gruppe identifizieren möchte, ist es notwendig, das Produkt in einzelne **Module** zu zerlegen, die dann separat nach möglichen Ansätzen für Dienstleistungen untersucht werden. Hierzu ein Beispiel: Eine Maschine zur Produktion von Zahnrädern kann gedanklich unterteilt werden in die Module

3.2 Suchraster zur Identifikation möglicher Dienstleistungen

- Zu- und Abführungseinrichtungen,
- Werkzeug,
- Materialführung in der Maschine,
- Sicherheitseinrichtungen,
- Messinstrumente und
- Steuerungssoftware.

Es stellt sich nun die Frage, welche Dienstleistungen dazu beitragen, die **Nutzung** der einzelnen Module zu **verbessern**. Betrachten wir zunächst die Zu- und Abführeinrichtungen. Hier kann eine Beratung Nutzen schaffen, die aufzeigt, wie diese Einrichtungen ideal mit neu gelieferten vor- bzw. nachgeschalteten Maschinen verknüpft werden kann. Hinsichtlich des Werkzeugs kann eine Schulung erfolgen, wie dessen Lebenszeit durch verändertes Nutzerverhalten verlängert werden kann. Für die Maschine als Ganzes können Dienstleistungen wie Reinigung oder Personalbereitstellung angeboten werden.

Die dritte Gruppe von After-Sales-Dienstleistungen bezieht sich auf die **Ausweitung der Produktnutzung**. Wir unterscheiden hier zwischen zeitlicher und funktionaler Ausweitung:

Eine **zeitliche Ausweitung** bezieht sich auf die Verlängerung der Nutzungsmöglichkeit des Produkts. Betrachten wir eine Produktionsmaschine, sind solche Dienstleistungen Updates der Steuerungssoftware, Einbau von aktueller Steuerungstechnik sowie der Austausch von Verschleißteilen. Wiederum ist es sinnvoll, die Maschine gedanklich in Module zu unterteilen und separat nach Dienstleistungen zu suchen.

Eine **funktionale Ausweitung** liegt dann vor, wenn das Produkt nach Durchführung der Dienstleistung über Funktionen verfügt, die vorher nicht vorhanden waren. Betrachten wir hierzu eine Maschine zum Sortieren von Gestein. Eine entsprechende Dienstleistung ist der Umbau der Maschine, so dass die Maschine dann auch Metallanteile entfernen kann. Ein anderes Beispiel ist der Umbau einer Papierherstellungsmaschine, die nach dem Umbau größere Papierdicken herstellen kann. In der Praxis werden solche Dienstleistungen oftmals unter der Bezeichnung „Retrofit" und „Upgrade" geführt.

Die dritte Gruppe von After-Sales-Dienstleistungen bezieht sich auf die Phase, in der die **Nutzung** des Produkts durch den Nutzer aufgrund eigener Überlegungen **beendet wird**. Diese Gruppe kann als Umkehrung der Pre-Sales-Dienstleistungen zum Herstellen der Nutzungsmöglichkeit interpretiert werden. Im Einzelnen sind dies Dienstleistungen im Zusammenhang

- mit der Außerbetriebnahme des Produkts bei Kunden,
- mit der Desintegration des Produkts aus den Prozessen und Strukturen des Kunden und
- mit dem Abtransport und der Entsorgung des Produkts.

Speziell Dienstleistungen rund um das Thema Entsorgung gewinnen an Relevanz. Die Gründe dafür sind einerseits erhöhte Umweltschutzanforderungen sowie andere gesetzliche Vorgaben und andererseits Recyclingnotwendigkeiten aufgrund von Rohstoffknapp-

Abb. 3.3 Suchraster für After-Sales-Dienstleistungen

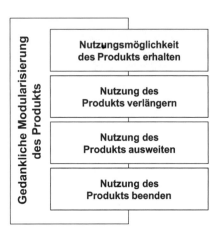

heit. Abb. 3.3 zeigt zusammenfassend das Suchraster, das wir erarbeitet haben, um After-Sales-Dienstleistungen zu identifizieren.

3.2.3 Independent-Dienstleistungen

Die zentrale Frage, die dem Suchraster für Independent-Dienstleistungen zugrunde liegt ist: Wie funktioniert die **Wertschöpfung des Kunden**? Dies ist eine grundsätzlich andere Perspektive als die der Suchraster für Pre-Sales-Dienstleistungen und After-Sales-Dienstleistungen, bei denen das eigens hergestellte Produkt im Fokus steht.

Drei Schritte sind notwendig, um geeignete Independent-Dienstleistungen zu identifizieren:

- Abgrenzen einer ausreichend homogenen Kundengruppe,
- Ermittlung der Nutzungsprozesse dieser Kundengruppe und
- Auffinden von Ansatzpunkten für Dienstleistungen im Rahmen dieser Nutzungsprozesse.

Als erstes müssen wir eine **Kundengruppe abgrenzen**, die hinreichend homogen ist. Der Grund dafür ist, dass wir eine gewisse Mindestanzahl an Kunden benötigen, um das Geschäft mit Independent-Dienstleistung profitabel zu gestalten. Wann aber ist eine Gruppe homogen? Zur Beantwortung dieser Frage müssen wir klären, welche Art von Homogenität wir suchen.

Bereits am Anfang dieses Buches haben wir festgestellt, dass industrielle Dienstleistungen immer einen direkten Bezug zu einem Produkt aufweisen. Dabei sind zwei Beziehungen zu unterscheiden: eine erste Gruppe von Dienstleistungen ermöglicht erst den Einsatz von den Produkten und eine zweite Gruppe verbessert den Nutzen des Produkts. Dies hilft uns herzuleiten, was wir unter Homogenität verstehen wollen.

3.2 Suchraster zur Identifikation möglicher Dienstleistungen

Ressourcen \ Prozess der Kundengruppe	Prozess A	Prozess B	Prozess C	Prozess D	...
Gegenwärtige Ressourcen Ressource A					
Ressource B					
Ressource C		Dienstleistungspotenzial			
Aufbaubare Ressourcen Ressource D					
Ressource E			Dienstleistungspotenzial		
Ressource F					

Abb. 3.4 Suchraster für Independent-Dienstleistungen

Eine Gruppe von Kunden ist dann **homogen**, wenn sie vergleichbare Produkte in einem ähnlichen Nutzungsprozess verwenden. Sprich: Wir grenzen eine Gruppe danach ab, ob ihre Mitglieder hinreichend **ähnliche Produkte** in einem hinreichend **ähnlichen Nutzungsprozess** anwenden. Eine solche Gruppe sind bspw. Unternehmen, die eine bestimmte Klasse von Drehmaschinen anwenden, um Zahnräder in einer bestimmten Größenklasse zu fertigen.

Im ersten Schritt erfolgt eine grobe Annäherung an die Nutzungsprozesse des Kunden. Im zweiten Schritt müssen wir diese **Prozesse** möglichst präzise **ermitteln**. Die Informationsquellen dafür sind vielfältig. Hierzu gehören Betriebsanleitungen entsprechender Produkte, Schulungsveranstaltungen der Produkthersteller, Werksbesichtigungen bei Produktnutzern bis hin zum Testbetrieb der Produkte im eigenen Unternehmen.

Ziel ist es, dass wir ein Prozessschaubild entwerfen, das die wesentlichen Nutzungsprozesse im Zusammenhang mit dem Produkt abbildet. Dieses muss möglichst viele zeitliche und qualitative Parameter der Prozesse enthalten. Sprich: Wie lange dauern die einzelnen Prozesse, welche Materialien und welche Personen, jeweils sowohl quantitativ als auch qualitativ, kommen in diesen Prozessen zum Einsatz, welche Fehler treten in den Prozessen oftmals auf?

Das Prozessschaubild und die zugehörigen Prozessparameter sind die Basis für den dritten Schritt: das konkrete **Auffinden von Ansatzpunkten** für Independent-Dienstleistungen. Die zugehörige Frage lautet: Welche der Prozesse oder welche Teile davon kann ein Dienstleister zu besseren oder zumindest gleichen Parametern, in Bezug auf Zeit, Kosten und Qualität, für Kunden übernehmen. Als Nebenbedingung müssen wir berücksichtigen, dass Kunden manche Prozesse aus grundsätzlichen Überlegungen, wie bspw. Geheimhaltung, nicht vergeben.

Hierzu stellen wir die Prozesse den Ressourcen, und damit die Fähigkeiten, des Dienstleistungsanbieters gegenüber. In diesem Verfahren müssen allerdings nicht nur die gegenwärtigen Ressourcen betrachtet werden, sondern **Szenarien** gebildet werden, welche Dienstleistungen realistisch möglich wären, wenn wir zusätzliche Ressourcen erwerben würden. Abb. 3.4 zeigt das Suchraster mit beispielhaft eingetragenen Dienstleistungspotenzialen.

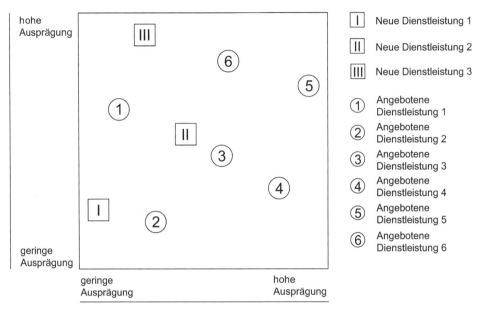

Abb. 3.5 Prinzipieller Aufbau des Analyseinstruments zur Portfolioanalyse

3.3 Portfolioanalyse zur Auswahl relevanter Dienstleistungen

Mit Hilfe der erörterten Suchraster bestimmt ein Unternehmen die Menge prinzipiell sinnvoller industrieller Dienstleistungen. Daran schließt sich direkt die Frage an: Welche der identifizierten möglichen Dienstleistungen nimmt ein Unternehmen in sein bestehendes Portfolio auf? In der Praxis ist es selten der Fall, dass vor der Analyse keine Dienstleistungen angeboten wurden. Daher schließt sich direkt eine zweite Frage an: Bietet ein Unternehmen noch alle seine bisherigen Dienstleistungen in der bisherigen Form an?

Die Antworten auf beide Fragen sind nicht trivial und die Lösung nimmt ihren Anfang bei der gewählten Dienstleistungsstrategie. Da im Mittelpunkt der Analyse das Dienstleistungsportfolio steht, nennen wir diese Analyse „**Portfolioanalyse**". Wie ist das zugehörige Analyseinstrument aufgebaut?

Alle bereits angebotenen und neu mit dem obigen Suchraster identifizierten Dienstleistungen werden in einem **zweiachsigen rechtwinkligen Koordinatensystem** angeordnet. Abb. 3.5 zeigt ein solches Koordinatensystem. Die Kreise stellen die bereits angebotenen Dienstleistungen dar und die Quadrate die mit den Suchrastern neu identifizierten Dienstleitungen.

Auf den Achsen tragen wir die **Kriterien**, nach denen wir Dienstleistungen in das Koordinatensystem einordnen. Aber welche sind dies und wie bestimmen wir diese? Diese Frage können wir nur in Abhängigkeit von der gewählten Dienstleistungsstrategie beantworten.

3.3 Portfolioanalyse zur Auswahl relevanter Dienstleistungen 53

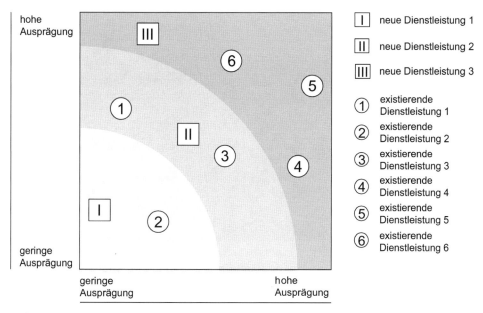

Abb. 3.6 Analyseinstrument mit Arealen

Wie wir in Abschn. 2.3 erörtert haben, existieren sieben grundlegende Dienstleistungsstrategien. Die Strategien können nur dann erfolgreich umgesetzt werden, wenn die angebotenen Dienstleistungen dazu einen Beitrag leisten. Dies prüfen wir mit den Kriterien, die wir auf den Achsen abtragen.

Bevor wir nun die Kriterien für die verschiedenen Dienstleistungsportfolios erarbeiten, einige grundsätzliche Vorbemerkungen: Auf den Achsen eines Koordinatensystems werden in der Regel quantitative Größen abgetragen. Beispiele sind Größenmaße wie Meter oder Wertmaße wie Euro. Wie wir im Folgenden sehen werden, sind einige Achsenbeschriftungen aber keine quantitativen Größen. Wie können wir diese dann in einem Koordinatensystem anwenden?

Diese Frage kann dadurch beantwortet werden, dass wir uns den weiteren Fortgang der Portfolioanalyse klar machen. Nachdem wir die bisherigen Dienstleistungen und die potenziell zu erbringenden Dienstleistungen in das Koordinatensystem eingetragen haben, führen wir im Koordinatensystem verschiedene Areale ein. Diese Areale zeigen an, wo eine Dienstleistung eingeordnet werden müsste, damit sie die Anforderungen erfüllt, die die jeweilige Dienstleistungsstrategie vorgibt. Abb. 3.6 zeigt diese Areale. Dabei wurden drei Areale eingeführt. Je dunkler der Grauton, desto vorteilhafter ist das Areal.

Nun folgt eine einfache **Handlungsanweisung**: Dienstleistungen im vorteilhaftesten Areal bleiben erhalten, die im unvorteilhaftesten werden nicht mehr angeboten und die im mittleren Areal werden näher analysiert, ob diese durch Veränderung in das vorteilhafte Areal entwickelt werden können. Hier zeigt sich nochmals der Zusammenhang zu den oben erörterten drei Gestaltungsmöglichkeiten zur Ausrichtung des Dienstleistungsportfolios.

Wir erkennen das „Holzschnittartige" der Handlungsanweisung. Und dies bringt uns zur Antwort auf oben gestellte Frage: Wie gehen wir mit nicht quantifizierbaren Achsenbeschriftungen um? Sie werden in grobe Intervalle unterteilt. Die Grenzwerte müssen nicht exakt bestimmt werden, um das vorgestellte Vorgehen durchführen zu können. Vielmehr entsteht durch solche eine Fixierung auf einen „exakten" Grenzwert eine **Scheingenauigkeit**, sowohl bei der Einordnung der Dienstleistung als auch bei der Bestimmung der Grenzen der Areale.

Wir wollen die vorgestellte Analyse als Heuristik verstehen, d. h. als Analysemethode, die nicht zu exakten Ergebnissen führt, sondern nur zu **hinreichend genauen**. Dies senkt aber den Aufwand in der Datenbeschaffung. Exakte Daten sind nicht notwendig und in der Praxis auch nicht für alle Kriterien zu erhalten.

Der Sinn der Portfolioanalyse ist, dass alle Beteiligten ein **einheitliches „Sprachsystem"** verwenden. Die Argumentation verläuft in Begriffen des Koordinatensystems. Die Gefahr von Missverständnissen der Mitwirkenden ist dadurch minimiert. Die Diskussion fokussiert sich auf Maßnahmen und nicht auf den Streit um die Genauigkeit und Zuverlässigkeit der Daten.

Im Folgenden erarbeiten wir die Achsenbeschriftungen für die Basisstrategien. Dabei gibt es eine Ausnahme: die Basisstrategie „Gesetzliche Verpflichtung". Hier hat das Unternehmen keine Wahl, es muss die Dienstleistungen anbieten, für die eine gesetzliche Vorgabe vorliegt. Beginnen wir daher mit der zweiten Basisstrategie „Kundenorientierung".

3.3.1 Portfolioanalyse für die Basisstrategie „Kundenorientierung"

Oberstes Ziel der **Basisstrategie „Kundenorientierung"** ist es, nur solche Dienstleistungen anzubieten die Bestandskunden aktiv nachfragen oder die ein Standard in der betreffenden Branche geworden sind. Im Kern geht es in dieser Strategie darum, das Dienstleistungsportfolio auf das Minimum zu begrenzen, das vertretbar ist, um das Produktgeschäft nicht zu gefährden.

Für die Umsetzung der Strategie ist es von hoher Bedeutung, die Komplexität des Dienstleistungsportfolios zu begrenzen und die Rentabilität des Dienstleistungsgeschäfts sicherzustellen. Hohe Komplexität entsteht aus der Tendenz, vorschnell auf Kundenanfragen zu reagieren und neue Dienstleistungen einzuführen. Damit einher geht oftmals ein Sinken der Rentabilität des Dienstleistungsgeschäfts.

Aus diesen Überlegungen leiten wir das erste Kriterium für die Portfolioanalyse ab: die **Intensität der Nachfrage**. Diese setzt sich aus zwei Komponenten zusammen. Einerseits aus der Intensität der Nachfrage der Bestandskunden nach einer speziellen Dienstleistung. Andererseits aus dem Grad, zu dem die entsprechende Dienstleistung bereits von den Konkurrenten angeboten wird. Aus diesen beiden Komponenten konstruieren wir das

3.3 Portfolioanalyse zur Auswahl relevanter Dienstleistungen

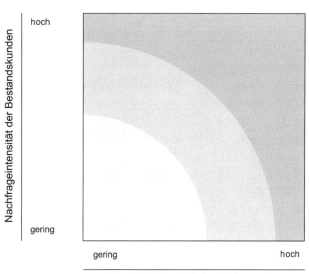

Abb. 3.7 Bestimmung der Intensität der Nachfrage

erste Portfolio. Abb. 3.7 zeigt das Portfolio mit entsprechenden Arealen. Je dunkler die Areale, desto höher die Intensität der Nachfrage.

Die Nachfrageintensität der Bestandskunden und der Verbreitungsgrad in der Branche ist nicht allgemein operationalisierbar. Vielmehr müssen wir den jeweiligen Einzelfall betrachten. Sind bspw. alle Konkurrenten bekannt, kann der Prozentsatz der Konkurrenten herangezogen werden, welche die betreffende Dienstleistung anbieten.

Dieses erste Portfolio reicht allerdings nicht für die Entscheidung aus. Ein zweites muss ergänzt werden. Mit diesem bestimmen wir die **Komplexität**, die durch Aufnahme einer neuen Dienstleistung einhergeht. Wieder unterscheiden wir zwei Komponenten. Einerseits, ob die Dienstleistungen mit der vorhanden Kapazität entsprechend qualifizierter Mitarbeiter durchführbar ist. Je weniger dies der Fall ist, desto mehr Mitarbeiter müssen eingestellt oder qualifiziert werden. Andererseits, ob Synergien der neuen Dienstleistungen mit bereits bestehenden Dienstleistungen bestehen. Eine höhere Synergie wirkt komplexitätsmindernd. Abb. 3.8 zeigt das Portfolio.

Wiederum müssen Unternehmen für ihren speziellen Kontext eigene Operationalisierungen für die Achsenbeschriftungen finden. Ein Maß für die Synergie ist bspw. die Anzahl der Arbeitsschritte der neuen Dienstleistung, die mit Werkzeugen bewerkstelligt werden kann, die bereits für andere Dienstleistungen beschafft wurden.

Beide Analyseinstrumente führen wir zu einem zusammen. Dazu tragen wir die Areale der beiden erarbeiten Sub-Portfolios auf die Achsen des zusammengeführten Portfolios ab. Abb. 3.9 zeigt die **Synthese der Sub-Portfolios.**

Wie interpretieren wir dieses Portfolio? Das betrachtete Unternehmen bietet zum Zeitpunkt der Analyse die beiden Dienstleistungen 1 und 2 an (gekennzeichnet durch einen Kreis mit der jeweiligen Ziffer). Weiterhin hat das Unternehmen zwei zusätzliche Dienst-

Abb. 3.8 Bestimmung der Komplexität von Dienstleistungen

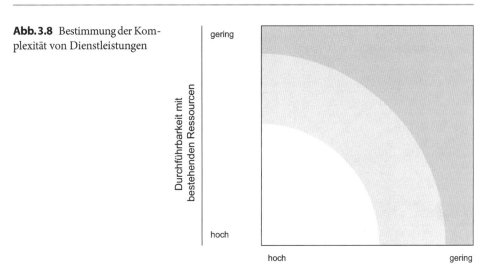

leistungen identifiziert, die es zusätzlich anbieten könnte (gekennzeichnet durch die Quadrate mit den römischen Ziffern I und II).

Am Beispiel von Dienstleistung 1 wollen wir uns klar machen, wie die Einordnung in die Analyseinstrumente vorgenommen wird. Aufgrund einer mittleren Nachfrageintensität der Bestandskunden und einer ebenfalls mittleren Angebotsintensität der Kunden, ist die Intensität der Nachfrage auf mittlerem Niveau. Hinsichtlich der Komplexität können wir feststellen, dass Dienstleistungen, die wir bereits anbieten, keine zusätzliche Komplexität aufweisen und daher grundsätzlich mit geringer Komplexität bewertet werden. Die ermittelten Werte der beiden Analyseinstrumente werden nun zusammengeführt. Insgesamt ist das Ergebnis, dass das Unternehmen die Dienstleistung weiter anbieten sollte, da diese in einem dunkelgrauen Areal liegt. Dies bedeutet, dass die Dienstleistung einen ausreichenden Beitrag zur Strategieumsetzung aufweist.

3.3.2 Portfolioanalyse für die Basisstrategie „Verstetigung"

Oberstes Ziel der **Basisstrategie „Verstetigung"** ist es, den Gesamtumsatz des Unternehmens mit Hilfe des Dienstleistungsgeschäfts zu verstetigen. Das Unternehmen muss sein Dienstleistungsportfolio so gestalten, dass die damit generierten Umsätze einen kompensierenden Effekt für die Phasen eines schwachen Umsatzes im Produktgeschäft haben. Im Kern geht es darum, solche Dienstleistungen anzubieten, die einen kompensatorischen Effekt aufweisen.

Wie sieht ein hierzu geeignetes Analyseinstrument aus? Zuerst unterteilen wir den **kompensatorischen Effekt**, den die Dienstleistungen aufweisen sollen, in die Dimensionen Höhe und Wirkungsgeschwindigkeit. Warum diese Dimensionen? Die erste Dimension

3.3 Portfolioanalyse zur Auswahl relevanter Dienstleistungen

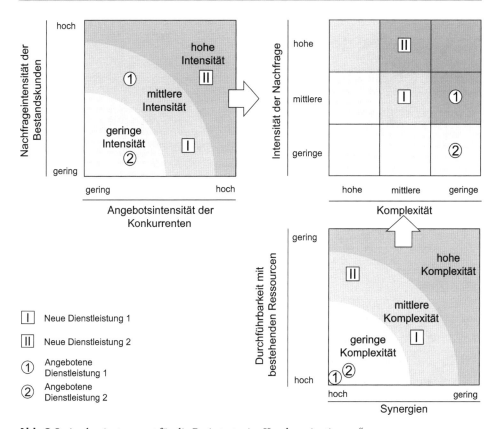

Abb. 3.9 Analyseinstrument für die Basisstrategie „Kundenorientierung"

zeigt, inwieweit eine Dienstleistung dazu beitragen kann, einen Umsatzrückgang im Produktgeschäft zu kompensieren. Die zweite Dimension zeigt dagegen an, wann dieser Effekt eintritt. Es gibt hier eine große Bandbreite. Manche Dienstleistungen entfalten diesen Effekt sofort, während andere zeitverzögert wirken. Abb. 3.10 zeigt ein beispielhaftes Portfolio.

Wiederum wollen wir die Frage erörtern, wie wir die Dimensionen operationalisieren können. Betrachten wir zuerst die Dimension Höhe der Kompensationswirkung. Eine Möglichkeit besteht darin, einen Quotienten zu bilden, aus dem maximal zu erzielenden Umsatz mit einer Dienstleistung und dem Gesamtumsatz der Produktgruppe, der die Dienstleistung zugeordnet ist. Der maximal zu erzielende Umsatz ist wiederum als Produkt aus erreichbarem Marktanteil und Marktvolumen abzuleiten.

Eine mögliche Operationalisierung für die Dimension Wirkungsgeschwindigkeit sind Zeitintervalle. Möglich ist eine monatliche Einteilung. Also: Eintritt der Wirkung einen Monat nach Rückgang des Produktumsatzes, zwei Monate nach Rückgang usw.

Betrachten wir zum Abschluss dieses Abschnitts nochmals das Beispiel in Abb. 3.10. Welche Schlussfolgerungen können wir daraus ziehen? Wir sehen, dass die drei Dienstleistungen, die bereits angeboten werden, in den drei unterschiedlichen Arealen liegen.

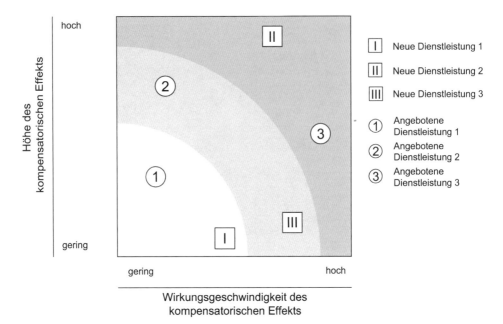

Abb. 3.10 Analyseinstrument für die Basisstrategie „Verstetigung"

Dienstleistung 1 eignet sich am wenigsten dazu, eine Verstetigung des Umsatzes zu unterstützen. Weder Höhe noch Wirkungsgeschwindigkeit kommen über ein niedriges Niveau hinaus. Eine wesentlich bessere Möglichkeit ist die Einführung der neuen Dienstleistung II. Eine ideale Konstellation wäre es, wenn die Ressourcen, die bisher von Dienstleistung 1 gebunden wurde, großteils für die neue Dienstleistung II genutzt werden könnten.

3.3.3 Portfolioanalyse für die Basisstrategie „Quersubventionierung"

Oberstes Ziel der **Basisstrategie „Quersubventionierung"** ist es, ein bewusst akzeptiertes defizitäres Produktgeschäft durch ein profitables Dienstleistungsgeschäft zu kompensieren. Im Unterschied zur Basisstrategie „Verstetigung" wird nicht die Saisonalität ausgeglichen, sondern ein prinzipielles Defizit im Produktgeschäft.

Zwei Faktoren sind von besonderer Bedeutung für die Umsetzung dieser Basisstrategie. Einerseits ist sicherzustellen, dass der Kunde nicht nur das Produkt kauft, aber dann die Dienstleistung bei einem anderen Anbieter bezieht. Andererseits akzeptiert das Unternehmen das defizitäre Produktgeschäft und muss daher sicherstellen, dass der kompensierende Effekt der Dienstleistung dauerhaft erhalten bleibt. Im Mittelpunkt der Betrachtung steht folglich die Stabilität des Gewinns, der mit der Dienstleistung erzielt wird.

Diese beiden Faktoren sind der Ausgangspunkt für die Konstruktion des Analyseinstruments für die Basisstrategie „Quersubventionierung". Abb. 3.11 zeigt ein Portfolio mit

3.3 Portfolioanalyse zur Auswahl relevanter Dienstleistungen

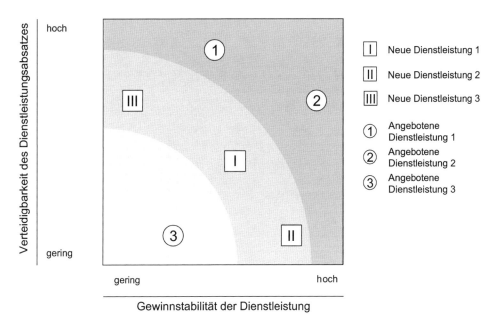

Abb. 3.11 Analyseinstrument für die Basisstrategie „Quersubventionierung"

den beiden Achsen „**Verteidigbarkeit des Dienstleistungsabsatzes**" und „**Gewinnstabilität der Dienstleistung**".

Betrachten wir Möglichkeiten, wie wir die beiden Dimensionen operationalisieren können. Viele Faktoren bestimmen, wie gut der eigene Dienstleistungsabsatz gegen Konkurrenten verteidigt werden kann. Dazu gehören die Qualifikation des Vertriebs, der exklusive Zugang zu wichtigen Vertriebskanälen und diverse Elemente der Kundenbindung. Es existiert kein allgemeingültiges Messinstrument für Verteidigbarkeit. Vielmehr ist es notwendig, dass Unternehmen für ihren speziellen Kontext eine passende Operationalisierung wählen. Die genannten Faktoren sind Ansatzpunkte.

Betrachten wir nun die zweite Dimension. Die Gewinnstabilität setzt sich zusammen aus der Stabilität der drei Faktoren Absatzmenge, Absatzpreis und Kosten der Dienstleistung. Jedes Unternehmen muss für seinen speziellen Kontext entscheiden, ob alle drei Faktoren oder weniger zur Operationalisierung dienen. Eine Reduktion hat den Vorteil der vereinfachten Prognose, erfordert aber die Prämisse, dass die anderen Faktoren relativ stabil sind.

3.3.4 Portfolioanalyse für die Basisstrategie „Cross-Selling"

Oberstes Ziel der **Basisstrategie „Cross-Selling"** ist es, durch das Dienstleistungsgeschäft Neuproduktgeschäft zu induzieren. Folglich darf das Dienstleistungsportfolio nur solche Dienstleistungen umfassen, die diesen Effekt aufweisen.

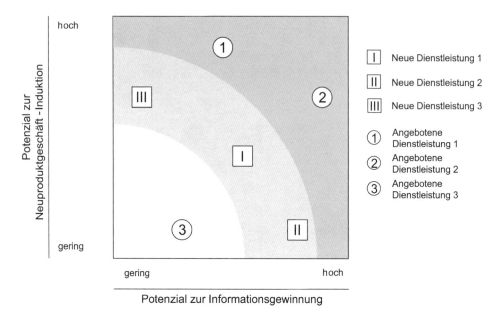

Abb. 3.12 Analyseinstrument für die Basisstrategie „Cross-Selling"

Die erste Dimension des Analyseinstruments bezieht sich direkt auf den beschriebenen Effekt. Wir tragen die Dienstleistungen gemäß ihrer gegenwärtigen **Fähigkeit** ein, **Neuproduktgeschäft zu induzieren**. Allerdings ist dies nur eine gegenwartsbezogene Betrachtung.

Eine weitere Dimension bezieht sich auf den grundlegenden Vorteil von Dienstleistungen gegenüber dem Produktgeschäft: die längere Kontaktzeit und höhere -intensität. Typische Fehler im Umgang mit der Maschine, Wünsche des Kunden für neue oder verbesserte Produkteigenschaften sowie typische Mängel können direkt erfasst werden. Diese **Informationen** sind der Ausgangspunkt für die Weiterentwicklung der Produkte.

In Abb. 3.12 werden die beiden Dimensionen **„Potenzial zur Neuproduktgeschäft-Induktion"** und **„Potenzial zur Informationsgewinnung"** gegenübergestellt und die bestehenden sowie die geplanten Dienstleistungen eines Unternehmens eingeordnet.

Wie können die beiden Dimensionen operationalisiert werden? Das Potenzial zur Neuproduktgeschäft-Induktion kann als das Umsatzvolumen verstanden werden, das mit solchen Produkten erzielt werden kann, mit denen die Dienstleistung in Zusammenhang steht. Betrachten wir ein Beispiel: Handelt es sich bei der Dienstleistung um die Wartung eines Dialyseapparats, dann ist deren Potenzial der unter realistischen Bedingungen erzielbare Umsatz mit weiteren Dialyseapparaten im Kreis der Bestandskunden.

Die Dimension „Potenzial zur Informationsgewinnung" kann auf unterschiedliche Weise messbar gemacht werden. Basis sind Informationskategorien, die das Unternehmen für die Weiterentwicklung seiner Produkte als wichtig erachtet. Beispiele für solche Kategorien sind Informationen zum Nutzungsverhalten, Informationen über typische Feh-

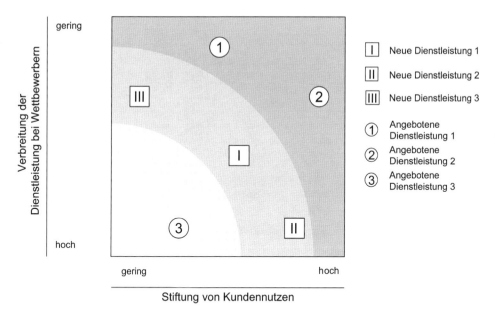

Abb. 3.13 Bestimmung des differenzierenden Effekts von Dienstleistungen

lerquellen, Informationen zu Weiterentwicklungsmöglichkeiten. Hierzu können wir ein Punktesystem entwerfen, welches das Potenzial zur Informationsgewinnung in jeder Kategorie von 1–10 bewertet. Die Summe aus allen Kategorien ist dann der gesuchte Wert; bei fünf Kategorien wäre der Maximalwert folglich 50 Punkte.

3.3.5 Portfolioanalyse für die Basisstrategie „Differenzierung"

Oberstes Ziel der **Basisstrategie „Differenzierung"** ist es, durch das Dienstleistungsgeschäft eine Differenzierung vom Wettbewerb zu erlangen und dadurch einen Wettbewerbsvorteil zu schaffen. Die Dienstleistung übernimmt folglich die Differenzierung vom Wettbewerb, die durch neue Produkteigenschaften nicht mehr erreicht werden kann.

Das Dienstleistungsportfolio darf für die Umsetzung dieser Strategie nur solche Dienstleistungen umfassen, die eine differenzierende Wirkung aufweisen. Wann ist dies der Fall? Zwei Bedingungen müssen erfüllt sein: die **Verbreitung der Dienstleistung bei Wettbewerbern** muss möglichst gering sein. Dies allein reicht allerdings nicht aus; vielmehr muss die Dienstleistung auch einen **Kundennutzen** stiften. Anders gesprochen: Nur wenig verbreitete Dienstleistungen wirken differenzierend, aber auch nur, wenn diese für den Kunden nützlich sind. Abb. 3.13 zeigt das zugehörige Analyseinstrument.

Die Entscheidung darüber, ob ein Unternehmen, das diese Strategie verfolgt, eine bestimmte Dienstleistung anbietet, hängt nicht allein von deren differenzierenden Effekt ab. Ebenso notwendig ist die **Bekanntheit der Dienstleistung** im Kundenkreis und bei poten-

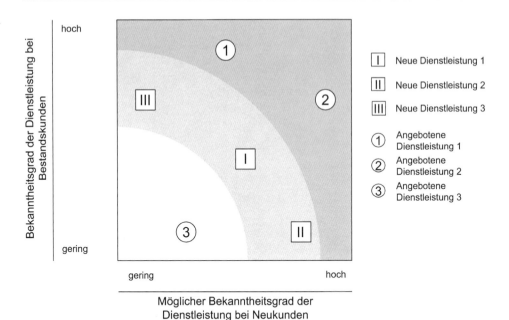

Abb. 3.14 Bestimmung des Bekanntheitsgrads

ziellen Neukunden. Daher ist ein zweites Analyseinstrument notwendig, welches sich aus zwei Dimensionen aufbaut. Zum einen den Bekanntheitsgrad einer Dienstleistung bei **Bestandskunden**. Zum anderen die Möglichkeit einen hohen Bekanntheitsgrad einer Dienstleistung bei **Neukunden** zu erreichen. Abb. 3.14 zeigt das Analyseinstrument beispielhaft.

Beide Analyseinstrumente führen wir nun zu einem zusammen. Dazu tragen wir die Areale der beiden erarbeiten Sub-Portfolios auf die Achsen des zusammengeführten Portfolios ab. Abb. 3.15 zeigt die **Synthese der Sub-Portfolios**.

Das Beispiel zeigt folgende Situation: Die beiden bereits angebotenen Dienstleistungen 1 und 2 weisen beide nur ein geringes Potenzial zur Differenzierung auf. Zudem ist deren Bekanntheitsgrad sowohl bei Bestands- als auch bei Neukunden gering bis mittel ausgeprägt. Es scheint daher sinnvoll, wenn das Unternehmen die beiden Dienstleistungen mittelfristig nicht mehr anbietet und die neue Dienstleistung II einführt. Diese weist einen hohen Bekanntheitsgrad auf und zumindest ein mittleres Potenzial zur Differenzierung vom Wettbewerb.

3.3.6 Portfolioanalyse für die Basisstrategie „Eigenständiges Geschäftsfeld"

Oberstes Ziel der **Basisstrategie „Eigenständiges Geschäftsfeld"** ist es, ein Dienstleistungsgeschäft aufzubauen, das nicht in Verbindung mit den eigenen Produkten steht. Im Fokus dieser Strategie stehen folglich ausschließlich die Independent-Dienstleistungen.

3.3 Portfolioanalyse zur Auswahl relevanter Dienstleistungen

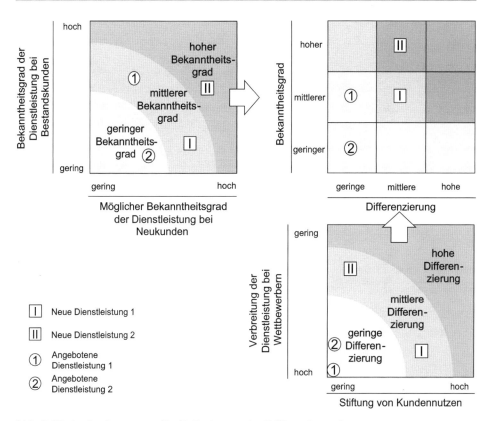

Abb. 3.15 Analyseinstrument für die Basisstrategie „Differenzierung"

Die Gestaltung eines Dienstleistungsportfolios von Independent-Dienstleistungen folgt einer grundsätzlich anderen Logik als in den bisher diskutierten Fällen. Was aber sind diese Unterschiede?

Zuerst können wir festhalten, dass das eigene Produkt als Ausgangspunkt aller Überlegungen für die Gestaltung eines Dienstleistungsportfolios fehlt. Ohne diese Kenntnisse ist eine Ableitung geeigneter Dienstleistungen erschwert. Ausgangspunkt sind daher die beiden derivativen Kriterien **Kompetenz**, die Dienstleistung anzubieten, und **Profitabilität** des daraus entstehenden Dienstleistungsgeschäfts.

Die Kompetenz eines Unternehmens, eine Dienstleistung anzubieten, ist nicht nur hinsichtlich der gegenwärtigen Kompetenz zu betrachten. Vielmehr sollten wir solche Dienstleistungen vorrangig in das Portfolio aufnehmen, bei denen die realistische Möglichkeit besteht, die Kompetenz auszubauen. Nur dadurch können Unternehmen auf diesem wettbewerbsintensiven Markt langfristig bestehen. Abb. 3.16 zeigt das Analyseinstrument.

Kompetenz reicht allein nicht aus, vielmehr müssen wir sicherstellen, dass die ausgewählten Dienstleistungen auch profitabel sind. Zwei Faktoren sind entscheidend: **Zahlungsbereitschaft** und **Kosten**. Die Zahlungsbereitschaft ist die Preisobergrenze und somit eine Begrenzung für den Umsatz bei gegebener Absatzmenge.

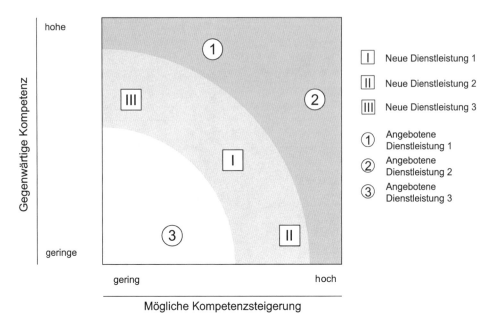

Abb. 3.16 Bestimmung der Kompetenz zur Dienstleistungserbringung

Unter Kosten wollen wir hier alle Kosten von der Entwicklung bis zum Erbringen der Dienstleistung verstehen. Auf der Achse des Analyseinstruments tragen wir diese als **Stückkosten pro erbrachter Dienstleistung** ein. Wir müssen folglich eine Schätzung des Absatzvolumens zu Grunde legen. Abb. 3.17 zeigt das Analyseinstrument beispielhaft.

Beide Analyseinstrumente führen wir nun zu einem zusammen. Dazu tragen wir die Areale der beiden erarbeiten Sub-Portfolios auf die Achsen des zusammengeführten Portfolios ab. Abb. 3.18 zeigt die **Synthese der Sub-Portfolios**.

Die gegenwärtige Situation können wir wie folgt interpretieren: Das Dienstleistungsportfolio kann weiter gestärkt werden durch die Neuaufnahme von Dienstleistung I. Grund dafür ist, dass diese eine hohe Profitabilität aufweist und das Unternehmen über eine hohe Kompetenz hinsichtlich der Dienstleistungserbringung verfügt. Zu diskutieren wäre, ob es sinnvoll ist, Dienstleistung 1 in Zukunft nicht mehr anzubieten. Hierzu müssen allerdings detaillierte Analysen erfolgen, die Portfolioanalyse gibt hier nur einen ersten Anhaltspunkt.

3.4 Praxisbeispiel: Die WAFIOS AG

Das Unternehmen Die WAFIOS AG versteht sich als das weltweit führende Unternehmen für Maschinen der Draht- und Rohrverarbeitung mit bedeutenden Aktivitäten in der Kaltmassivumformung (insbesondere Herstellung von Pressen). Durch eine hohe Innovationskraft prägt das Unternehmen den Markt seit seiner Gründung 1893. Die WAFIOS AG zeichnet sich durch ein sehr umfassendes Maschinenprogramm für Draht- und Rohrpro-

3.4 Praxisbeispiel: Die WAFIOS AG

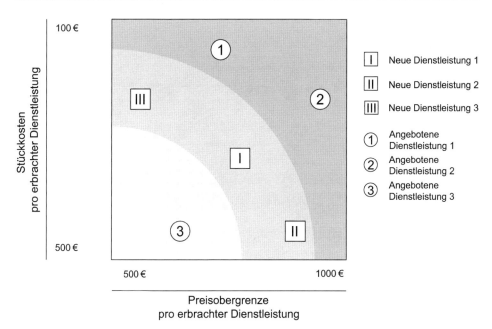

Abb. 3.17 Bestimmung der Stückkosten der Dienstleistungen

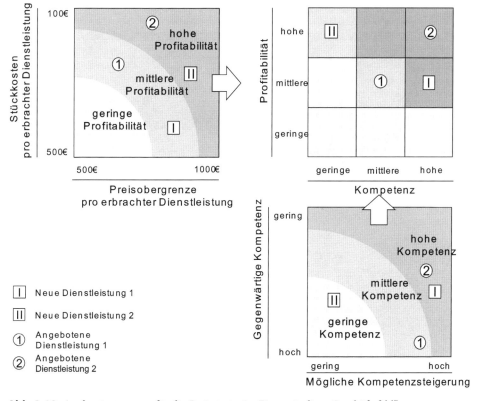

Abb. 3.18 Analyseinstrument für die Basisstrategie „Eigenständiges Geschäftsfeld"

dukte aus. Über 200 Maschinentypen bieten für die Bearbeitung von Drähten und Rohren maßgeschneiderte Lösungen. Durch die ausgeprägte Fertigungstiefe können hohe Qualitätsstandards garantiert werden. Dazu tragen auch die Ausbildung junger Mitarbeiter (Ausbildungsquote ca. 10 %) und die ständige Weiterbildung der ca. 800 Mitarbeiter bei. Das Produktprogramm der WAFIOS AG umfasst im Einzelnen:

- Draht- und Rohrbiegemaschinen,
- Federwindemaschinen,
- Winde-, Wickel- und Biegezentren,
- Kettenmaschinen,
- Maschinen zur Herstellung von Geflechten und Formteilen,
- Drahtstiftmaschinen,
- Richt-, Abschneide- und Endenbearbeitungsmaschinen sowie
- Metallschlauchmaschinen.

Mit einer Exportquote von ca. 65 % und Vertretungen in über 70 Ländern wird die globale Marktausrichtung dokumentiert. Eine konsequente Diversifikationspolititk hat zu einer breiten Maschinenpalette und damit einer Unabhängigkeit von einzelnen Absatzbranchen, regionalen Märkten, Lieferanten und Kunden geführt. Dank des breiten Produktspektrums kann vielen Kunden eine Komplettlösung aus einer Hand angeboten werden. Dies spiegelt sich im Umsatz von 100 Mio. Euro im Jahr 2011 wider.

Das Portfolio industrieller Dienstleistungen Die WAFIOS AG versteht sich als Partner ihrer Kunden über den gesamten Lebenszyklus einer Maschine. Diesem Anspruch folgend umfasst das Produktportfolio Dienstleistungen von der Vorverkaufs- bis zur Nutzungsphase:

- Mit der Anwendungsberatung soll für den Kunden eine optimale Fertigungslösung ausgearbeitet werden. Im Zuge dessen werden die Bedarfe des Kunden erhoben und ggf. Partnerunternehmen der WAFIOS AG einbezogen, um eine ideale Kundenlösung anzubieten.
- Die Finanzdienstleistungen umfassen das Leasing- und Finanzierungsgeschäft. Mit deren Hilfe wird die Rentabilität der Komplettlösung gesteigert.
- Durch die Inbetriebnahme wird garantiert, dass die Maschine reibungslos und ressourcenschonend in das Produktionssystem der Kunden integriert wird.
- Die After-Sales-Services der WAFIOS AG reichen von Dienstleistungen der telefonbasierten Ferndiagnose über die Wartung und Instandsetzung bis hin zu Software-Support sowie zukunftssicheren Steuerungsupdates („Retrofit"). Durch diese Dienstleistungen werden Produktivität, Verfügbarkeit und Werterhalt der WAFIOS-Maschinen sichergestellt.

Neben den genannten Dienstleistungen für das Maschinenprogramm ist die WAFIOS AG der ideale Partner seiner Kunden in Sachen Werkzeuge, die zur Nutzung der Maschinen von maßgeblicher Bedeutung sind. Das sog. „Tool Center", ein Kompetenzzentrum im Bereich der Werkzeugentwicklung und Anwendungsberatung, bietet Dienstleistungen an, die zur Erhöhung der Werkzeug-Standzeiten und Erweiterung der Prozessgrenzen und damit zur Maximierung der Produktionsleistung beitragen.

Gestaltung des Dienstleistungsportfolios Das Jahr 2007 kennzeichnet einen Wendepunkt im Dienstleistungsportfolio der WAFIOS AG. Davor wurden überwiegend Basis-Serviceleistungen erbracht. Die im Service aktiven Mitarbeiter waren überdies über unterschiedliche Abteilungen verteilt. Die Gestaltung des Dienstleistungsportfolios war bis dahin eher reaktiv, also ausgelöst durch Kundenanfragen.

Mit der Gründung der Organisationseinheit „Customer Service" wurde dem Dienstleistungsgeschäft innerhalb der internen Organisation ein deutlich höherer Stellenwert zuteil. Die Schlagkraft, Effizienz und der Teamgedanke wurden durch die räumliche Konzentration im „Customer-Service-Center" deutlich forciert.

Die Gestaltung des Dienstleistungsportfolios erfolgt bei der WAFIOS AG auf zwei unterschiedliche Arten: Eigenanalyse und externer Impuls.

Auf dem Wege der Eigenanalyse hat die WAFIOS AG das Dienstleistungspotenzial pro Maschinentyp identifiziert. Dieses wurde bisher nicht vollständig ausgeschöpft. Das Produktspektrum und die Vertriebsaktivitäten wurden daraufhin erweitert, um dieses Potenzial zu heben. Ein Beispiel hierfür sind die Dienstleistungen für Werkzeuge und Schulungen. Wesentliches Kriterium für die Ausschöpfung dieser Potenziale sind die „im Feld" installierten ca. 18.000 Maschinen der WAFIOS AG.

Daneben nimmt die WAFIOS AG auch weiterhin externe Impulse auf, sowohl von Kunden als auch von befreundeten Unternehmen oder Spezialberatern. So ist bspw. die Dienstleistung „Retrofit" aufgrund starker Kundennachfragen neu eingeführt worden. Mit dieser Produktinnovation erfüllt die WAFIOS AG nunmehr auch die Nachfragen der Kunden nach diesen Bedarfen. Motive hierfür liegen in der Kundenabsicht, die Nutzungszeit bestehender Maschinen zu verlängern oder in Budgetgründen, d. h. wenn die Kunden keine Mittel verfügbar haben, um die hohen Anschaffungskosten für eine Neumaschine zu bestreiten. Im Ergebnis hat die WAFIOS AG damit eine stärkere Kundenbindung erreicht, da die WAFIOS AG sich an den Bedarfen des Kunden orientiert und sich nicht ausschließlich auf den Verkauf von Neumaschinen konzentriert.

Für beide Arten der Gestaltung des Dienstleistungsportfolios gilt eine Gemeinsamkeit hinsichtlich der Voraussetzungen für die Leistungserfüllung. Die WAFIOS AG benötigt einerseits gut ausgebildete und motivierte Mitarbeiter und andererseits ausreichend Umsatzpotenziale, um kostendeckend agieren zu können.

Zusammenfassende Bewertung Dank der aktiven Gestaltung und dem gezielten Ausbau des Dienstleistungsportfolios hat die WAFIOS AG ihr Geschäftsmodell erfolgreich weiter-

entwickelt. Damit vollzog die WAFIOS AG den Schritt weg vom reinen Produktions- hin zu einem kombinierten Herstellungs- und Dienstleistungsunternehmen.
Mit der strategischen Neuausrichtung

- baute die WAFIOS AG die Kundenbindung aus,
- steigerte die Chancen für den Verkauf von Neumaschinen und
- erhöhte aufgrund der dem Dienstleistungsgeschäft inhärenten Profitabilität die Rentabilität des Unternehmens.

Darüber hinaus ist die WAFIOS AG nun krisenresistenter.

Literatur

Luczak, H.; Hoeck, H. (2004), Planung von Dienstleistungsprogrammen anhand des Produktlebenszyklus, in: Bruhn, M.; Stauss, B. (Hrsg.), Dienstleistungsinnovationen, Wiesbaden 2004, S. 73–96.

Handlungsfeld 3: Prozess- und Kapazitätsgestaltung – Wie gestalten wir die Prozesse und Kapazitäten des Dienstleistungsgeschäfts?

4.1 Lernziele

In diesem Handlungsfeld widmen wir uns zwei Fragen, die eng miteinander verbunden sind. Die erste lautet: Wie gestalten wir die **Prozesse des Dienstleistungsgeschäfts?** Die Antwort auf diese Frage ist die Grundlage für die weiteren Handlungsfelder. Erst dann kann ein Unternehmen fundiert entscheiden,

- welche Prozesse es selbst durchführt,
- welche Prozesse in Kooperation mit anderen Unternehmen erbracht werden,
- wie deren organisatorische Einordnung erfolgt und
- wie die Leistung seines Dienstleistungsgeschäfts gemessen werden kann.

Für die folgenden Ausführungen legen wir das Prozessverständnis der ISO zu Grunde:

▶ Ein **Prozess** ist ein „Satz von in Wechselbeziehung oder Wechselwirkung stehenden Tätigkeiten, der Eingaben in Ergebnisse umwandelt." (ISO (2005) 9000:2005, S. 23). Wir wollen die Tätigkeiten im Prozess als Dienstleistungsaktivitäten bezeichnen.

Diese abstrakte Definition konkretisieren wir durch ausgewählte Charakteristika eines Prozesses. Einen Prozess können wir wie folgt beschreiben (vgl. Fischermanns und Liebelt (2000), S. 23):

- Ein Prozess hat mindestens einen definierten **Input**, der den Prozess auslöst, sowie mindestens einen definierten **Output**, der am Ende des Prozesses steht.

- Ein Prozess hat mindestens einen **Kunden**, der den Output abnimmt, um seine Bedürfnisse zu befriedigen.
- Ein Prozess besteht aus **Aktivitäten** mit logischen Folgeverknüpfungen, die vorgeben was, woran und von wem getan werden soll.

Die Gestaltung von Prozessen erfordert die Erfassung eines bestehenden Ist-Zustands; falls es nicht ein neu einzurichtender Prozess ist. Gestaltung bedeutet dann die Überführung in einen Soll-Zustand. In der Literatur existieren hierzu verschiedene Instrumente. Wir wollen uns einige Ideen der Wertstromanalyse zu eigen machen (vgl. Rother und Shook (2004)). Dieses Instrument ist zur Optimierung von Produktionsprozessen vielfach erprobt.

Die zweite Frage in diesem Handlungsfeld lautet: Wie gestalten wir die zugehörigen **Kapazitäten in den Dienstleistungsaktivitäten**. Zuerst wollen wir klären, was wir unter dem Begriff „Kapazität" verstehen:

▶ Unter **Kapazität** verstehen wir das maximale Leistungsvermögen einer Ressource (Personal, Material, Ausrüstung, Flächen) in einer bestimmten Periode.

Welche Kapazitäten müssen wir für die Dienstleistungsaktivitäten vorhalten? Ein Zuwenig an Kapazität führt dazu, dass wir Dienstleistungen nicht erbringen können. Ein Zuviel an Kapazität führt zu mangelnder Wirtschaftlichkeit. Dieses Spannungsfeld müssen wir für die Kapazitätsarten Personal, Material, Ausrüstung und Flächen optimieren.

Im Abschn. 4.2 erarbeiten wir eine vereinfachte Form der **Wertstromanalyse** als Grundlage zur Prozessgestaltung. Aufbauend darauf diskutieren wir in Abschn. 4.3 die **Kapazitätsgestaltung**. Diese umfasst die drei Schritte **Risikoanalyse, Grobgestaltung** und **Feinsteuerung**. Abschließend vertiefen wir das Erlernte anhand eines Praxisbeispiels in Abschn. 4.4. Abbildung. 4.1 zeigt den Aufbau des Kapitels im Gesamtzusammenhang.

4.2 Prozessgestaltung

An dieser Stelle sei eine kurze Wiederholung erlaubt, damit wir die Frage nach der Prozessgestaltung im Gesamtzusammenhang einordnen können. Bis jetzt haben wir eine Strategie für Ihr Dienstleistungsgeschäft ausgewählt. Damit die darin verankerten Oberziele erreicht werden, haben wir im Rahmen der Portfolioanalyse und -gestaltung die industriellen Dienstleistungen ausgewählt, die geeignet sind, einen Beitrag zur Erreichung dieser Oberziele zu leisten. Jetzt stellt sich die Frage: Wie gestalten wir die Prozesse des Dienstleistungsgeschäfts? Die Antwort lautet: So, dass die Prozesse dazu geeignet sind, die Dienstleistungen in der **vereinbarten Form** zu erbringen. Dies reicht allerdings nicht aus. Vielmehr ist es aufgrund des Wirtschaftlichkeitsgebots notwendig, dass die Dienstleistungsprozesse **effizient** durchgeführt werden.

4.2 Prozessgestaltung

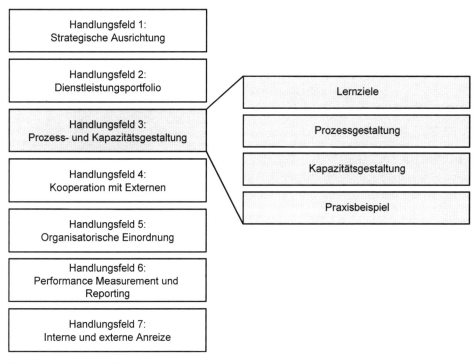

Abb. 4.1 Aufbau des Kapitels

Wann aber sind Prozesse effizient? Ein Prozess ist dann **effizient**, wenn alle Leistungen, die in den Prozess eingehen, also der Prozessinput, minimiert werden, aber das vereinbarte Prozessziel trotzdem erreicht wird. Messen können wir den Grad der Effizienz als Quotient aus den Leistungen, die durch den Prozess erbracht werden, und den Kosten, die der Prozess verursacht. Dazu gehören Personalkosten sowie Kosten für Ausrüstung, Material und Flächen.

Wie aber erreichen wir effiziente Prozesse? Unternehmen haben hierfür vielfältige Antworten gefunden. Einige sind unter dem Begriff „Lean Management" bekannt geworden. Dazu zählt, **unnötige Schleifen** im Prozessablauf zu **vermeiden** und Bestände zu minimieren, indem die Prozesse zeitlich aufeinander abgestimmt werden.

Kommen wir nun zu dem Instrument, dass uns dabei helfen soll, effiziente Prozesse im Dienstleistungsgeschäft zu etablieren: der **Wertstromanalyse**. Hierzu zuerst eine Erklärung des Begriffs „Wertstrom":

▶ Unter einem **Wertstrom** verstehen wir die Gesamtheit aller Dienstleistungsaktivitäten, die in einem Dienstleistungsprozess vollzogen werden.

Wir erkennen, dass in dieser Definition der Begriff „Effizienz" fehlt. Der Wertstrom enthält folglich auch solche Dienstleistungsaktivitäten, die ineffizient sind. Anders ausgedrückt: auch **nicht wertschöpfende Dienstleistungsaktivitäten** sind Teil des Wertstroms. Die Wertstromanalyse hilft uns, Effizienz herzustellen.

Die Wertstromanalyse ist für klassische Produktionsprozesse entwickelt worden. Und obwohl viele Bücher zur Wertstromanalyse betonen, diese eigne sich auch für Dienstleistungen, bieten diese Bücher beinahe ausschließlich Produktionsbeispiele. Dies liegt daran, dass die Wertstromanalyse für Dienstleistungsprozesse angepasst werden muss. Hierzu ein Beispiel:

In der klassischen Form der Wertstromanalyse ist nicht vorgesehen, dass der Kunde in den laufenden Produktionsprozess eingreift. Er ist als passiver Empfänger konzipiert. Dies können wir für Dienstleistungsprozesse nicht unterstellen. Der Grund ist, dass der **Kunde aktiv** in die Dienstleistungsprozesse **eingreift**. Wir haben dies ausführlich in Abschn. 1.1 erörtert.

Nicht unerwähnt bleiben soll an dieser Stelle, dass in der Literatur weitere Methoden zur Prozessgestaltung und -optimierung vorgeschlagen werden. Ein weit verbreitetes Instrument ist das sog. „**Service-Blueprinting**" (vgl. bspw. Engelhardt und Reckenfelderbäumer (2006), S. 287 f.). Auch aus diesen Verfahren integrieren wir ausgewählte Elemente.

Im Folgenden erschließen wir die Vorgehensweise für die Wertstromanalyse anhand eines konkreten Beispiels. Hierzu greifen wir das **Beispiel „Kehrgeräte AG"** wieder auf, das wir bereits im Abschn. 2.3 kennen gelernt haben.

Die Kehrgeräte AG ist ein Hersteller von Reinigungsmaschinen für Böden von Fabrikhallen. Wir wollen hier die Dienstleistung „Ersatzteilservice" näher betrachten. Als erste Annäherung, welche Aktivitäten diese Dienstleistung umfasst, dient das an den Kunden dieser Dienstleistung gegebene Service_Versprechen: Käufer einer Reinigungsmaschine, die die Dienstleistung „Ersatzteilservice" beziehen, erhalten im Falle eines Ausfalls die notwendigen Ersatzteile direkt an den Ort geliefert, an dem sich das Kehrgerät befindet. Die Dienstleistung umfasst überdies den Austausch der Ersatzteile. Ist eine Reparatur vor Ort nicht möglich, wird die Maschine in die Werkstatt der Kehrgeräte AG überführt und dort eine Reparatur vollzogen. In der Zwischenzeit erhält der Kunde ein Ersatzgerät.

Befassen wir uns nun damit, die Dienstleistungserbringung zu modellieren. Hierzu benötigen wir einige Basisinformationen. Zuerst bestimmen wir den **Start- und den Endpunkt** des Wertstroms. Grundsätzlich können wir festhalten, dass ein Wertstrom beim Kunden beginnt und auch dort endet. Wir sollten die Frage beantworten: Wann beginnt und endet der Dienstleistungsprozess aus **Sicht des Kunden**? In diesem Fall ist der Beginn des Wertstroms die Meldung eines Ausfalls durch den Kunden und der Endpunkt die Einholung eines Kundenfeedbacks.

Eine zweite Basisinformation bezieht sich auf die **beteiligten Mitarbeitergruppen**. Im vorliegenden Beispiel sind dies drei: Mitarbeiter des Teams Customer Service, Service-Techniker und Service-Techniker in der unternehmenseigenen Werkstatt. Aufbauend auf diesen Informationen zeigt Abb. 4.2 den stark vereinfachten Wertstrom der Beispieldienstleistung.

Der Wertstrom beginnt mit der Aufnahme des Schadensfalls durch einen Mitarbeiter des Teams Customer Service. Die Aufnahme erfolgt in der Regel im Zuge eines Anrufs

4.2 Prozessgestaltung

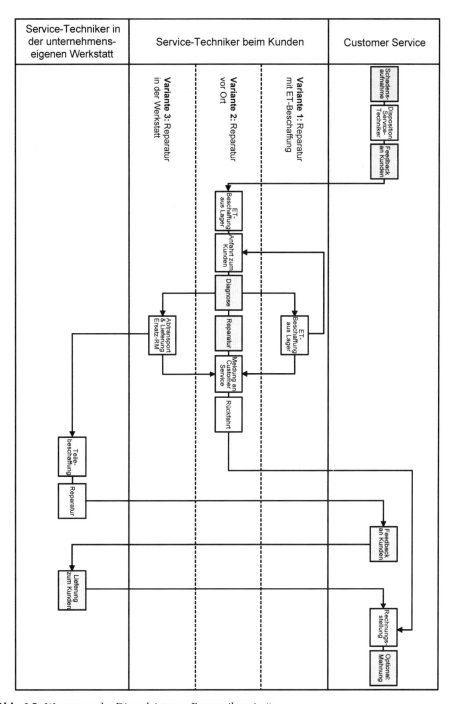

Abb. 4.2 Wertstrom der Dienstleistung „Ersatzteilservice"

des Kunden. Jeder Schadensfall wird in ein IT-System eingegeben. Mit Hilfe dieses IT-Systems disponiert ein weiterer Mitarbeiter die Service-Techniker, die den Schadensfall beheben sollen. Das Ergebnis der Disposition ist einerseits ein konkreter Auftrag an einen bestimmten Service-Techniker und andererseits eine Information an den Kunden, wann der Service-Techniker eintreffen wird. Diese Information wird dem Kunden übermittelt.

Die nächsten Dienstleistungsaktivitäten vollzieht der Service-Techniker, der den Schadensfall vor Ort beheben soll. Hierzu beschafft sich dieser auf Basis der Schadensinformationen die wahrscheinlich benötigten Ersatzteile aus dem unternehmenseigenen Ersatzteillager. Aufgrund der beschränkten Diagnosefähigkeit des Kunden hat der Service-Techniker allerdings keine absolute Sicherheit, welche Ersatzteile er tatsächlich benötigen wird, um den Schaden zu beheben.

Die Anfahrt zum Kunden ist die nächste Aktivität. Im hier aufgezeigten Beispiel kehrt der Service-Techniker nach jedem Schadensfall wieder an seinen Standort zurück. Er fährt also jeweils nur einen Kunden an. Vor Ort nimmt der Service-Techniker eine Diagnose des Schadensfalls vor. Auf Basis des Diagnoseergebnisses entscheidet sich der Service-Techniker für eine von **drei Varianten:**

- Variante 1: Reparatur vor Ort, allerdings mit der Notwendigkeit weitere Ersatzteile zu beschaffen.
- Variante 2: Reparatur vor Ort mit den bereits vorhandenen Ersatzteilen.
- Variante 3: Reparatur in der Werkstatt mit Stellung einer Ersatz-Reinigungsmaschine.

Die **erste Variante** wählt der Service-Techniker, wenn er den Schaden vor Ort beheben kann, aber dazu Ersatzteile benötigt, die er nicht in der Erstbeschaffung berücksichtigt hat. In der Abbildung zeigt der rückwärts gerichtete Pfeil, dass eine Fahrt zum Standort notwendig ist und damit auch eine weitere Anfahrt zum Kunden. Zur Vereinfachung haben wir hier angenommen, dass das fehlende Ersatzteil im Ersatzteillager vorhanden ist. Der Wertstrom würde wesentlich komplexer, wenn ein entsprechendes Ersatzteil bei einem anderen Unternehmen beschafft oder selbst gefertigt werden müsste.

Die **zweite Variante** ist der Idealfall: Der Service-Techniker hat die notwendigen Ersatzteile auf Basis der Schadensmeldung korrekt prognostiziert und kann die Reparatur vor Ort vornehmen. Im Gegensatz dazu ist die **dritte Variante** der schlechteste Fall: Der Service-Techniker kann eine Reparatur prinzipiell nicht vor Ort vornehmen. In diesem Fall transportiert er die Reinigungsmaschine in die unternehmenseigene Werkstatt und liefert dem Kunden eine Ersatz-Reinigungsmaschine.

In allen drei Varianten endet der jeweilige Teil des Wertstroms, den der Service-Techniker vor Ort vollzieht, mit einer Meldung der getätigten Arbeiten an den entsprechenden Mitarbeiter des Teams Customer Service. Daraufhin kehrt der Service-Techniker an seinen Standort zurück.

Betrachten wir nun den Teil des Wertstroms, der von den Service-Technikern in der unternehmenseigenen Werkstatt vollzogen wird. Voraussetzung ist, dass der Service-Techniker vor Ort sich für die dritte Variante entscheidet. In der Werkstatt beschaffen die dortigen Mitarbeiter zuerst die notwendigen Teile. Teilweise können diese selbst gefertigt

4.2 Prozessgestaltung

werden, bestimmte Teile müssen allerdings von Zulieferern beschafft werden. Daraufhin erfolgt die Reparatur auf Basis der Diagnose, die der Service-Techniker vor Ort erstellt hat. Der Abschluss der Reparatur wird dem Mitarbeiter des Teams Customer Service mitgeteilt. Dieser vereinbart mit dem Kunden einen Liefertermin. Abschließend erfolgt die Lieferung an den Kunden durch einen Service-Techniker des Werkstattteams.

Der Wertstrom endet mit der Rechnungsstellung durch einen Mitarbeiter des Teams Customer Service. Optional wird ein Mahnungsprozess angestoßen, falls die Rechnung nicht fristgerecht beglichen wird. Auch diese wird von Mitarbeitern des Teams Customer Service durchgeführt, da diese einen engen Kontakt zum jeweiligen Kunden unterhalten.

Wir sollten uns an dieser Stelle vor Augen führen, dass in der Praxis immer auch Abweichungen vom geplanten Wertstrom vorkommen können. Es werden also Aktivitäten durchgeführt, die gar nicht vorgesehen waren oder einzelne Aktivitäten entfallen. Dies kann uns bei der Erstellung des Wertstroms Schwierigkeiten bereiten, wenn wir alle Eventualitäten mit abbilden möchten. Daher sollten wir akzeptieren, dass wir nicht jeglichen Sonderfall antizipieren können und deshalb den wahrscheinlichsten Fall modellieren.

In Abb. 4.2 unterscheiden wir **zwei Arten von Dienstleistungsaktivitäten**. Auf die erste Art hat der Kunde keinen direkten Einfluss. Auf die zweite Art hat der Kunde einen direkten Einfluss – er wirkt in diesen Aktivitäten aktiv mit. Diese in der Abbildung grau gefärbten Aktivitäten sind für die Erbringung von Dienstleistungen charakteristisch. Es sind die Stellen, in denen der **externe Faktor** in den Wertstrom integriert ist. Für die Kapazitätsplanung sind diese Aktivitäten von besonderer Relevanz. Der Grund dafür ist, dass das Verhalten des Kunden **nicht perfekt antizipiert** werden kann, so dass wir keine präzisen Soll-Zeiten für die Durchführung vorgeben können. Hierzu ein Beispiel: Die Diagnose kann durch den Kunden stark beeinflusst werden. Der Kunde kann bspw. durch einen eigenen Reparaturversuch die Diagnose erschweren. Die Diagnosezeit kann dadurch wesentlich verlängert werden.

Wenden wir uns nun der **Prozessgestaltung**. Hierzu müssen wir zunächst zwei Varianten unterscheiden:

- den Ist-Wertstrom einer angebotenen Dienstleistung und
- den Soll-Wertstrom einer angebotenen oder neu einzuführenden Dienstleistung.

Der Unterschied besteht darin, dass der Ist-Wertstrom noch nicht effizient ist, während ein Soll-Wertstrom den effizienten Fall darstellt.

Wie gelangen wir aber zu effizienten Prozessen? Oder grundlegender gefragt: Wann ist ein Wertstrom effizient? Für die Definition von absoluter Effizienz bauen wir auf einem Kernkonzept des Lean Managements auf; den **Arten der Verschwendung**. Wir halten fest:

▷ Ein Wertstrom ist dann effizient, wenn er **keine Verschwendungen** enthält.

Die verschiedenen Arten der Verschwendungen sind für die Herstellung von Produkten erarbeitet worden. Für die Erbringung von Dienstleistungen müssen wir diese anpassen. Wir unterscheiden folgende **fünf Verschwendungen**:

- überschüssige Kapazität,
- unnötige Transporte,
- unnötige Wartezeiten,
- unnötige Rückfragen und
- Ausführungsfehler.

Überschüssig sind Kapazitäten dann, wenn wir diese nicht für die Leistungserstellung benötigen. Wir betrachten die Kapazitäten der wesentlichen Ressourcenarten Personal, Verbrauchsmaterial und Flächen. In vielen Fällen müssen wir zudem die Ausrüstung betrachten, insbesondere wenn diese hohe Anschaffungswerte aufweisen; bspw. spezialisierte Diagnosewerkzeuge für Service-Techniker oder Service-Ffahrzeuge.

Wir wollen hier zwei Fälle **überschüssiger Kapazitäten** unterscheiden. Ein erster Fall ist darauf zurückzuführen, dass wir nicht exakt prognostizieren können, wann und wie viele Kunden Dienstleistungen nachfragen. In Abhängigkeit von den Kosten, die durch Über- bzw. Unterkapazität entstehen, gestalten wir die Kapazität. Diesen Fall behandeln wir gesondert in Abschn. 4.3. Wir unterscheiden insbesondere von dem Fall von Überkapazität, die wir nicht bewusst aufgebaut haben.

Ein typischer Fall sind Zwischenlager für Ersatzteile, die nur notwendig werden, weil die Dienstleistungsprozesse nicht zeitlich aufeinander abgestimmt sind. Hierin liegt bereits der Ansatzpunkt, den wir nutzen können, um diese Verschwendungsart zu beseitigen. Wir müssen die einzelnen Prozessschritte zeitlich derart harmonisieren, dass Zwischenlager nicht notwendig sind. Konkret müssen dazu einige Prozesse beschleunigt oder verlangsamt werden. Ein weiteres Beispiel ist ein zu großer Fuhrpark für Service-Techniker, der durch verbesserte Routenplanung verkleinert werden könnte.

Als zweite Verschwendungsart wollen wir uns den **unnötigen Transporten** zuwenden. Während wir bei den überschüssigen Ressourcen den Fokus auf die eigenen Ressourcen gelegt haben, müssen wir diesen nun um den externen Faktor erweitern. Der externe Faktor ist im Falle von industriellen Dienstleistungen der Gegenstand des Kunden, an dem die Dienstleistung erbracht wird. In unserem Beispiel ist es die Reinigungsmaschine. Ein unnötiger Transport läge vor, wenn die Reinigungsmaschine längere Wege als notwendig transportiert würde. Ebenfalls ein unnötiger Transport ist jeglicher Umweg des Service-Technikers auf dem Weg zum Kunden. Der gesamte Wertstrom ist auf unnötige Transportwege hin zu untersuchen. Neben einer Vielzahl von Instrumenten zur Routenplanung ist ein möglicher Ansatzpunkt, die Reihenfolge der Aktivitäten zu verändern, dass „Schleifen" vermieden werden können.

Die dritte Verschwendungsart bezieht sich auf das eigene Personal und auf das Personal des Kunden. **Unnötige Wartezeiten** stellen für beide Gruppen eine Verschwendung dar. Unnötig ist eine Wartezeit dann, wenn diese nicht aus für die Erbringung der Dienstleistungen notwendigen Gründen herrührt und daher im Vorfeld genau festgelegt wird. Unnötige Wartezeiten zeichnen sich insbesondere dadurch aus, dass sowohl eigenes Personal, als auch der Kunde in Bereitschaft sein müssen und sich daher nicht anderen Tätigkeiten zuwenden können.

Ein Beispiel ist die vertraglich vereinbarte maximale Wartezeit des Kunden auf ein neues Ersatzteil. Diese setzt sich in der Regel zusammen aus der Zeit für die Anfahrt des Service-Technikers und für alle vorbereitenden Tätigkeiten. Eine Form der unnötigen Wartezeit ist es, wenn der Service-Techniker eine Maschine nicht warten kann, weil die Maschine zum vereinbarten Zeitpunkt noch in Betrieb ist und erst abgeschaltet werden muss. Dieses Fehlverhalten des Kunden kann durch die Gestaltung von entsprechenden Anreizen minimiert werden (siehe dazu Abschn. 8.3). Ein weiterer Ansatzpunkt ist die Beschleunigung von Prozessen oder die Parallelisierung mehrerer Aktivitäten.

Neben den bereits erörterten Verschwendungsarten, müssen wir den Wertstrom auf **unnötige Rückfragen** der einzelnen Akteure im Wertstrom untersuchen. In unserem Beispiel läge eine solche Verschwendung vor, wenn ein Mitarbeiter des Customer Service den Kunden mehrfach kontaktieren würde, um Informationen zu erfragen, obwohl dies auch in einem einzelnen Gespräch möglich gewesen wäre. Aber auch Rückfragen zwischen den verschiedenen internen Akteuren zählen dazu, wie bspw. die mehrfache Abstimmung zwischen Service-Technikern und Mitarbeitern in der Werkstatt, weil Kommunikationsfehler unterlaufen sind.

Abschließend müssen wir **Ausführungsfehler** eliminieren. Hierzu betrachten wir jede Aktivität im Wertstrom separat. Der Grund dafür ist, dass in jeder Aktivität andere Fehler und Fehlerquellen betrachtet werden müssen. Bei der Beschaffung des Ersatzteils kann der Service-Techniker bspw. das falsche Ersatzteil anfordern. Eine besondere Herausforderung sind jene Aktivitäten, in denen einer unserer Mitarbeiter mit dem Kunden direkt interagiert. In solchen Fällen stellt das Verhalten der Kunden eine Fehlerquelle dar, die wir nur unzureichend prognostizieren können. Ausführungsfehler können in solchen Aktivitäten in der Regel nur im Laufe der Zeit eliminiert werden, wenn alle wahrscheinlichen Formen des Kundenverhaltens bekannt sind.

Hierzu ein Beispiel: Der Kunde kann bei der Schadensmeldung eine Eigendiagnose des Problems angegeben haben. Vertrauen wir dieser und die Diagnose stellt sich falsch heraus, ist dieser Fehler nicht dem Service-Techniker anzulasten. Mit dieser Erfahrung müssen wir den Dienstleistungsprozess folglich so verändern, dass wir die Diagnoseinformation des Kunden nicht verwenden bzw. Formen der Verifizierung etablieren.

Wir haben bis hierher erörtert, wie wir mit Hilfe einer vereinfachten Wertstromanalyse einen Dienstleistungsprozess gestalten. Ergänzend dazu haben wir ein Maß eingeführt, das uns erlaubt zu beurteilen, ob der modellierte Dienstleistungsprozess effizient ist: die Verschwendung. Unser Ziel ist es, den Prozess so zu gestalten, dass die Verschwendungen weitgehend eliminiert werden. Der verschwendungsfreie Wertstrom bildet dann die Grundlage für die Kapazitätsgestaltung.

4.3 Kapazitätsgestaltung

Mit der Kapazitätsgestaltung legen wir das **maximale Leistungsvermögen** unseres Dienstleistungsgeschäfts für einen bestimmten Zeitraum fest. Dabei müssen wir ein grundlegendes Problem lösen: Ein Zuwenig an Kapazität führt dazu, dass wir Dienstleistungen

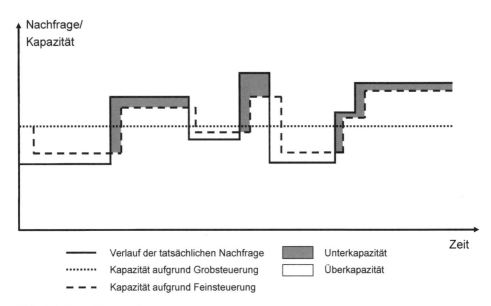

Abb. 4.3 Kapazitätsgestaltung

nicht erbringen können. Die Folgen sind entgangener Umsatz oder Verlust des Kunden. Ein Zuviel an Kapazität führt zu mangelnder Wirtschaftlichkeit, da Leerkosten entstehen.

Unser Ziel muss es sein, der **Nachfrage** nach unseren Dienstleistungen **genau zu entsprechen**. Allerdings ist dies im Fall von industriellen Dienstleistungen nicht vollständig möglich, da wir das Verhalten des Kunden nicht vollständig vorhersehen können. Die Lösung dieses Problems umfasst drei Schritte:

Im ersten Schritt ermitteln wir, welche Folgen **Überkapazität** und welche Folgen **Unterkapazität** haben. Mit dieser Basisinformation können wir die Grobgestaltung der Kapazität vollziehen (siehe Abschn. 4.3.2). In der Grobplanung legen wir die Kapazität auf eine vermutete Kundenanfrage hin aus unter spezieller Berücksichtigung der ermittelten Schäden einer Über- bzw. Unterkapazität. Die kurzfristige Anpassung an die tatsächliche Nachfrage führen wir im Rahmen der Feinsteuerung durch (siehe Abschn. 4.3.3).

Abbildung 4.3 verdeutlicht unser Vorgehen: Einer für uns **im Voraus unbekannten Dienstleistungsnachfrage** nähern wir uns mit einer Grobgestaltung der Dienstleistung und passen diese dann im Rahmen der Feinsteuerung kurzfristig an. Wir erkennen, dass unser Vorgehen keine perfekte Übereinstimmung von Angebot und Nachfrage mit sich bringt, allerdings eine hinreichende **Annäherung**.

4.3.1 Risikoanalyse

Widmen wir uns nun der **Risikoanalyse**. Ein Risiko ist die **Abweichung** von einem geplanten Zustand. Diese Abweichung kann in unserem Fall zweierlei sein: Überkapazität und Unterkapazität. Betrachten wir zuerst die Überkapazität. **Überkapazität** ist jene Kapazität, die nicht zur Erfüllung der Dienstleistungsnachfrage in einer bestimmten Periode, bspw. eines Geschäftsjahrs, genutzt wird. Wird eine Kapazität nicht genutzt, steht den Kosten, die uns für die Bereithaltung entstehen, kein Erlös gegenüber.

Im Rahmen der Risikoanalyse wollen wir bestimmen, welche Kosten uns entstehen, wenn wir die Kapazität bereitstellen, die für die einmalige Ausführung der Dienstleistung notwendig ist. Dieser Wert, wir wollen ihn als **Kapazitätskosten** bezeichnen, dient als Maß für das Risiko. Durch Multiplikation mit der von uns vermuteten Abweichung zwischen tatsächlicher Dienstleistungsnachfrage und bereitgestellter Kapazität können wir das Schadenausmaß quantifizieren.

Die einmalige Erbringung einer Dienstleistung erfordert eine spezielle Kombination verschiedener Ressourcen. Dazu gehören Personal, Material, Ausrüstung und Flächen. Der **Wertstrom** erlaubt uns, die **Ressourcennotwendigkeiten** zu bestimmen. Konkret bestimmen wir dazu die Ressourcen für jede Dienstleistungsaktivität, die im Wertstrom verzeichnet ist. Weist der Wertstrom **Varianten** auf, müssen wir eine Schätzung vornehmen, welche Variante wir wie häufig erwarten.

Nachdem wir die Ressourcen für die Erbringung einer Dienstleistung bestimmt haben, werden diese im nächsten Schritt bewertet. Dazu ermitteln wir die **Kosten pro Ressourceneinheit**:

- **Personal**: Die Kosten können wir dem Arbeitsvertrag der jeweils eingesetzten Mitarbeiter entnehmen. In Fällen, in denen das Personal nicht selbst vorgehalten wird, ist der Vertrag mit dem jeweiligen Personaldienstleister die Informationsquelle.
- **Material und Ausrüstung**: Hier müssen wir unterscheiden, ob wir das Material bzw. die Ausrüstung kurzfristig beziehen können oder ob wir Lagerhaltung betreiben müssen. Im ersten Fall setzen sich die Kosten aus dem Beschaffungspreis und den Transaktionskosten zusammen. Im zweiten Fall müssen wir zusätzlich Kapitalbindungskosten und etwaige Verschrottungskosten bzw. ein Wiederverkaufswert berücksichtigen.
- **Flächen**: Analog zu Material und Ausrüstung unterscheiden wir hier Miete und Besitz der Flächen. Im Falle des Besitzes setzen wir kalkulatorische Kosten an.

Bei der Berechnung treffen wir auf mehrere Grundproblem der Kostenrechnung u. a. auf die Schlüsselung von **Gemeinkosten**. Hierzu ein Beispiel: Wir beschaffen ein Diagnosewerkzeug nicht für eine einmalige Erbringung einer Dienstleistungen, sondern für mehrmalige. Folglich müssen wir die Kosten für Anschaffung und Bereitstellung des Diagnosewerkzeugs auf die einmalige Anwendung herunterbrechen. Dazu benötigen wir weitere Annahmen, wie bspw. wie lange wir das Diagnosewerkzeug nutzen können. An dieser Stelle sei auf vertiefende Literatur zum Umgang mit Gemeinkosten verwiesen (vgl. bspw. Horváth (2011), Kap. 3).

Wenden wir uns nun dem zweiten Risiko zu: der **Unterkapazität**. Unterkapazität ist jene Kapazität, die fehlt, um die Dienstleistungsnachfrage in einer bestimmten Periode, bspw. eines Geschäftsjahrs, zu befriedigen. Fehlt Kapazität, entstehen Kosten aus Vertragsstrafen und Opportunitätskosten für nicht realisierte Erlöse.

Im Unterschied zum Fall der Überkapazität wollen wir keine Kapazitätskosten berechnen, sondern welche Kosten entstehen, wenn wir die Nachfrage eines bestimmten Kunden nicht befriedigen. **Bezugsobjekt** ist folglich nicht die Durchführung der Dienstleistung, sondern der **Kunde**. Der Grund dafür ist, dass jeder Kunde einen individuellen Fall darstellen kann. Mit jedem können andere Vertragsstrafen vereinbart sein.

Neben dem entgangenen Erlös der konkreten Nachfrage müssen wir auch alle **zukünftigen Nachfragen des Kunden** berücksichtigen, da es möglich ist, dass der Kunden keine weiteren Anfragen mehr stellt, wenn wir eine nicht berücksichtigen konnten. Speziell in unserem Fall der industriellen Dienstleistungen müssen wir zudem beachten, dass der Verlust eines Kunden gleichzeitig einen **Verlust von zukünftigen Produkterlösen** nach sich ziehen kann. Ein im Rahmen einer Wartung enttäuschter Kunde wird u. U. zukünftig Reinigungsgeräte bei einem anderen Hersteller beziehen.

Die Feststellung von vereinbarten **Vertragsstrafen** ist trivial, weshalb wir uns direkt damit befassen, wie wir die Opportunitätskosten bestimmen. Die **Opportunitätskosten** sind die Summe aus

- den **entgangenen Erlösen** der konkreten Nachfrage und
- dem **Wert des Kunden** unter Berücksichtigung der gewählten Dienstleistungsstrategie.

Letzteres bildet den möglichen Verlust des Kunden ab. In der Literatur werden verschieden Varianten zur Berechnung des Kundenwerts vorgestellt (vgl. Krafft und Rutsatz (2006)). Dabei bleibt allerdings oftmals unberücksichtigt, dass ein Kundenwert nur sinnvoll in Verbindung mit der gewählten **Unternehmensstrategie** beurteilt werden kann. Konkret bedeutet dies, dass ein und derselbe Kunde im Falle unterschiedlicher Dienstleistungsstrategien einen unterschiedlichen Wert hat. Gehen wir hierauf näher ein, indem wir unsere sieben Basisstrategien separat betrachten:

- **Basisstrategie „Gesetzliche Verpflichtung"**: Oberstes Ziel dieser Strategie ist es, die gesetzlich vorgeschriebenen Dienstleistungen kostenminimal zu erbringen. Die zukünftige Nachfrage nach Dienstleistungen durch einen verlorenen Kunden ist somit nicht von hoher Relevanz – allerdings der Verlust von Produktumsätzen. Diese Strategie wird von Unternehmen verfolgt, die Kundenbegeisterung vorrangig über überragende Produkte erzeugen. Dies bedeutet, dass die Wahrscheinlichkeit wegen Fehlern im Dienstleistungsgeschäft relativ gering ist.
- **Basisstrategie „Kundenorientierung"**: Oberstes Ziel dieser Strategie ist es, Dienstleistungen erst ab dem Zeitpunkt anzubieten, zu dem entweder Kunden aktiv nachfragen oder die entsprechende industrielle Dienstleistung ein Standard in der betreffenden Branche geworden ist. Im Kern geht es in dieser Strategie darum, das Dienstleistungsportfolio auf das Minimum zu begrenzen, das vertretbar ist, um das Produktgeschäft nicht zu gefährden. Dies bedeutet, dass bei der Berechnung des Kundenwerts entgange-

ne Produktumsätze, die auf mangelhaftes Dienstleistungsgeschäft zurückzuführen sind, eine hohe Relevanz aufweisen.
- **Basisstrategie „Verstetigung"**: Oberstes Ziel dieser Strategie ist es, den Gesamtumsatz des Unternehmens mit Hilfe des Dienstleistungsgeschäfts zu verstetigen. Im Dienstleistungsportfolio bieten wir daher vorrangig Dienstleistungen mit einem kompensierenden Effekt an. Aber: Nicht alle Dienstleistungen haben einen gleich starken Effekt. Der Kundenwert hängt somit maßgeblich von der jeweils bezogenen Dienstleistung ab. Je stärker der Kompensationseffekt der bezogenen Dienstleistung, desto höher der Kundenwert.
- **Basisstrategie „Quersubventionierung"**: Oberstes Ziel dieser Strategie ist es, das bewusst defizitär gestaltete Produktgeschäft durch ein profitables Dienstleistungsgeschäft zu kompensieren. Der Kundenwert wird folglich maßgeblich von dessen potenzieller Nachfrage nach Dienstleistungen bestimmt. Je höher dieser ist, und damit die Überkompensation, desto höher ist der Kundenwert. Der Verlust des Kunden für zukünftiges Produktgeschäft spielt hingegen eine relativ geringe Rolle.
- **Basisstrategie „Cross-Selling"**: Oberstes Ziel dieser Strategie ist es, durch das Dienstleistungsgeschäft Neuproduktgeschäft zu induzieren. Dies soll auf zwei Arten erreicht werden: direktes Cross-Selling und indirektes Cross-Selling durch Informationsgewinnung durch Dienstleistungen für verbesserte Neuprodukte. Der erste Effekt folgt dem Grundsatz „Der Vertrieb verkauft die erste Maschine, der Service jede weitere". Kunden sind damit umso wertvoller je mehr sie Dienstleistungen nachfragen, welche einen hohen direkten Cross-Selling-Effekt aufweisen. Der indirekte Cross-Selling-Effekt basiert auf einem grundlegenden Vorteil von Dienstleistungen gegenüber dem Produktgeschäft: die höhere Kontaktzeit und -intensität. Während der Erbringung von Dienstleistungen gewinnen die Mitarbeiter, wie bspw. Service-Techniker, tiefe Einblicke in die Nutzung der Produkte. Diese Informationen bilden einen idealen Ausgangspunkt für die Weiterentwicklung der Produkte und somit zur Steigerung der Wettbewerbsfähigkeit des Produktgeschäfts. Kunden mit einem höheren Potenzial zur Informationsgewinnung sind als wertvoller einzustufen.
- **Basisstrategie „Differenzierung"**: Oberstes Ziel dieser Strategie ist es, durch das Dienstleistungsgeschäft eine Differenzierung vom Wettbewerb zu erlangen und dadurch einen Wettbewerbsvorteil zu schaffen. Im Falle dieser Strategie sind alle Komponenten des Kundenwerts von gleicher Relevanz. Entgangene Erlöse im Dienstleistungsgeschäft und Produktgeschäft folglich gleich zu werten. Ein besonderes Problem wirft die Unterkapazität dann aus, wenn durch sie der differenzierende Effekt des Dienstleistungsangebots verloren ginge. Dies hängt allerdings von der individuellen Wahrnehmung jedes einzelnen Kunden ab und ist folglich schwer quantifizierbar.
- **Basisstrategie „Eigenständiges Geschäftsfeld"**: Oberster Ziel dieser Strategie ist es, ein Dienstleistungsgeschäft aufzubauen, dass nicht in Verbindung mit den eigenen Produkten steht. Im Fokus stehen ausschließlich die Independent-Dienstleistungen. Folglich spielen bei der Bestimmung des Kundenwerts potenzielle Produktumsätze keine

Rolle. Im Mittelpunkt steht vielmehr das Erlöspotenzial das der Kunde hinsichtlich der Dienstleistungen darstellt.

Wir können an dieser Stelle feststellen, dass es **keine einheitliche Formel** zur Bestimmung der Opportunitätskosten gibt, sondern vielmehr mehrere **strategieabhängige Varianten**. Zur Bestimmung von Umsatzpotenzialen liegt in der Literatur eine Vielzahl von Vorschlägen vor (vgl. bspw. Günther und Helm (2006)). Eine wichtige Eingangsvariable ist dabei die Dauer des Kundenlebenszyklus; also die Zeit, die ein Kunde unserem Unternehmen erhalten bleibt. Weiterhin existieren verschiedene Ansätze, um zu bestimmen, wie viel die Kunden in diesem Lebenszyklus nachfragen. In der Regel wird dazu auf Vergangenheitsdaten zurückgegriffen und diese dann in die Zukunft fortgeschrieben.

Wie verwenden wir die gewonnenen Informationen über Kapazitätskosten und Opportunitätskosten? Durch die **Gegenüberstellung** beider Größen können wir nun abschätzen, welche **Folgen** Über- und Unterkapazität hätten. Dies ist eine zentrale Rahmenbedingung für die Grobgestaltung der Kapazität. In Abhängigkeit unserer maximalen Risikobereitschaft können wir nun festlegen, welche Kapazität wir in den Dienstleistungsprozessen benötigen. Dem genauen Ablauf der Grobgestaltung wenden wir uns im folgenden Kapitel zu.

4.3.2 Grobgestaltung

Die Grobgestaltung der Kapazität umfasst zwei Schritte. In einem **ersten Schritt** prognostizieren wir die **durchschnittliche Nachfrage** nach den angebotenen Dienstleistungen mit Hilfe von geeigneten Heuristiken. Mit Hilfe der bereits bestimmten **Sollkapazität** der einmaligen Erbringung der Dienstleistungen bestimmten wir die Sollkapazität, die für die verschiedenen Dienstleistungen vorgesehen werden sollte.

In einem **zweiten Schritt** korrigieren wir diese Sollkapazitäten auf Basis der Ergebnisse der **Risikoanalyse**. Im Kern geht es um die Frage, inwieweit Über- oder Unterkapazität zulassen wollen. Die korrigierten Kapazitäten aggregieren wir zur Kapazität des Dienstleistungsgeschäfts als Ganzes.

Erörtern wir zuerst die **Prognose** der durchschnittlichen Nachfrage. In der Literatur liegen für eine Vielzahl von Dienstleistungen Vorschläge für Prognoseverfahren vor. Großteils benötigen diese als Basis Informationen, die in der Praxis schwer verfügbar sind. Hilfsweise werden die komplexen Verfahren mit Schätzwerten, statt exakten Werten durchgeführt. Die Ergebnisse stellen dann ebenfalls Schätzwerte dar. Wir können uns die Frage stellen, ob wir nicht von Beginn an einen unrealistischen Anspruch an die Exaktheit der Prognose senken. In diesem Fall eröffnet sich eine neue Klasse von Prognoseverfahren für unsere Zwecke: die Heuristiken.

Als **Heuristiken** werden solche Verfahren bezeichnet, mit denen wir mit beschränktem Aufwand zufriedenstellende Lösungen ermitteln können. Im Vordergrund steht das Aufwand-Nutzen-Verhältnis und nicht die Prognosegenauigkeit. Den Kern von Heuristiken stel-

4.3 Kapazitätsgestaltung

Abb. 4.4 Beispielhafte Wirkungskette auf den Ersatzteilbedarf

len **Entscheidungsregeln** dar, die auf Erfahrungen oder beobachteten Zusammenhängen basieren. Verdeutlichen wir uns dies am Beispiel einer Heuristik zur Prognose von Ersatzteilbedarfen (das Beispiel ist in leicht abgewandelter Form entnommen aus Rosentritt et al. (2012)).

Notwendig zur Konstruktion einer Heuristik ist es, dass wir die **wesentlichen Einflussfaktoren** auf den Ersatzteilbedarf und deren Wechselwirkungen identifizieren. Hierzu eine einfache Wirkungskette: Die Reproduzierbarkeit eines Ersatzteils beeinflusst die Attraktivität für potenzielle Wettbewerber. Ist die Attraktivität des Produkts für Wettbewerber wiederum entsprechend hoch, erhöht dies den Anreiz der Nachfertigung.

Letztendlich wirkt sich die Anzahl der Wettbewerber, welche dieses Produkt anbieten, auf den Anteil der Primärprodukte aus, welche vom Hersteller selbst versorgt werden. Diese Größe wiederum determiniert den Ersatzteilbedarf, der vom Hersteller zu versorgen ist. Abbildung. 4.4 zeigt diese Wirkungskette in grafischer Form.

Die hier dargestellte beispielhafte Wirkungskette verdeutlicht, dass es eine starke Vereinfachung wäre, wenn wir uns lediglich auf Standardeinflussfaktoren bezögen, wie die sog. Installed Base, also die Maschinen, die in der Nutzungsphase sind oder die früheren Ersatzteilbedarfe. In der Heuristik sind weitere Einflussfaktoren zu berücksichtigen. Beispiele hierfür können sein:

- die Kosten des Ersatzteils,
- der Grad zum dem ein Ersatzteil funktionskritisch für das Primärprodukt ist,
- die typische Frequenz der Instandhaltung der Primärprodukte,
- die Lebenszyklusphase, in der sich das Primärprodukt befindet sowie
- die typische Einsatzart des Primärprodukts.

Neben den hier genannten Einflussfaktoren existiert eine Vielzahl weiterer. Welche **Einflussfaktoren** relevant sind, kann nur am konkreten Fall ermittelt werden. Nehmen wir dazu den Fall des Bedarfs eines Motors als Ersatzteil einer Produktionsmaschine. Dieser lässt sich als Verschleißteil charakterisieren, die Nachfragemengen nach dem Motor aus der Vergangenheit sind bekannt:

Zur Erstellung einer kurzfristigen Prognose lässt sich der historische Bedarf als Grundlage heranziehen, welcher allerdings um bestimmte Einflussfaktoren zu korrigieren ist. Konkret können der Einfluss der Produktionsdauer berücksichtigt werden, sowie abnehmende Stückzahlen aufgrund der Tatsache, dass das Primärprodukt bereits länger verkauft wird und schrittweise aus dem Markt geht. Es ergibt sich damit ein geschätzter Bedarf für die Folgeperiode aus

> **Beispiel**
> Ersatzteilbedarf der letzten Periode (2000 Stück)
> + Korrekturfaktor 1: Produktionsdauer (Erhöhung um 15 %)
> − Korrekturfaktor 2: Lebenszyklus des Primärprodukts (Senkung um 20 %)
> = prognostizierter Gesamtbedarf für die nächste Periode (1900 Stück).

Die Konstruktion von Heuristiken muss individuell für die verschiedenen Ressourcen, die für die Erbringung der jeweiligen Dienstleistung notwendig sind. In der Regel werden die Heuristiken im Zeitverlauf verfeinert. Der Ansatzpunkt ist die regelmäßige Prüfung der **Prognosegenauigkeit**. Grundsätzlich beginnen wir mit einer einfachen Heuristik, also einer solchen, die wenige Einflussfaktoren berücksichtigt. Stellt sich dann durch den Vergleich von Prognose und tatsächlichem Bedarf eine zu große Abweichung heraus, nehmen wir eine Verfeinerung vor, indem wir weitere Einflussfaktoren hinzunehmen. Auf diese Weise halten wir die Balance zwischen Prognosegenauigkeit und **Prognoseaufwand**.

Wenden wir uns nun dem **zweiten Schritt** der Grobplanung zu: der **Korrektur der Sollkapazität** auf Basis der Ergebnisse der Risikoanalyse. Die Korrektur führen wir für jede Dienstleistung separat durch. Dazu wägen wir die Kosten der Überkapazität mittels der ermittelten Kapazitätskosten und die Kosten der Unterkapazität mittels der Opportunitätskosten gegeneinander ab. Abb. 4.5 verdeutlicht, wie wir zu einer Entscheidung wir gelangen.

Im Falle hoher Opportunitätskosten und gleichzeitig niedrigen Kapazitätskosten orientieren wir uns in der Regel an der **erwarteten Maximalnachfrage**. Je niedriger die Kapazitätskosten, desto näher sollten wir in Richtung Maximalnachfrage korrigieren.

Eine vergleichsweise **geringe Korrektur** nehmen wir vor, wenn geringe Opportunitätskosten vorliegen und gleichzeitig geringe Kapazitätskosten. Grund dafür ist, dass die Unterkapazität keinen großen Effekt aufweist, aber auch der Einspareffekt relativ gering ist. Analoges gilt für den umgekehrten Fall: Hohe Opportunitätskosten sprächen für eine deutliche Korrektur nach oben, aber die hohen Kapazitätskosten dagegen.

4.3.3 Feinsteuerung

Nachdem wir die Grobgestaltung der Kapazität vorgenommen haben, befassen wir uns nun mit der **kurzfristigen Anpassung** an die tatsächliche Nachfrage. Die Feinsteuerung ist notwendig, da die tatsächliche Nachfrage in der Periode um den von uns prognostizierten Wert schwankt.

Feinsteuerung können wir über verschiedene Maßnahmen vollziehen, die sich einer der beiden folgenden Kategorien zuordnen lassen:

- **Beeinflussung der Nachfrage** zur Abmilderung von Überkapazität oder
- **Nutzung von Flexibilitätsspielräumen** zur Abmilderung von Unterkapazität.

4.3 Kapazitätsgestaltung

Abb. 4.5 Entscheidungsbasis zur Korrektur der prognostizierten Durchschnittsnachfrage

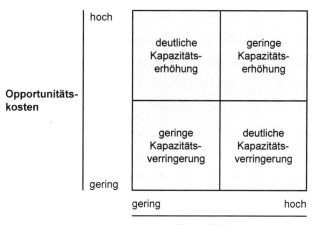

Im Falle der Überkapazität kann die Nachfrage der Kunden in gewissem Rahmen beeinflusst werden, ohne dass dies dazu führt, dass die Oberziele der verfolgten Dienstleistungsstrategie verfehlt werden. Dazu ist es notwendig, dass die Maßnahmen von den jeweiligen Kunden nicht als Zwang wahrgenommen werden. Vielmehr sollte der Kunde die Maßnahmen als Anreize verstehen, denen er nicht zwingend folgen muss. Wir wollen hier **drei Kategorien** von Anreizen unterscheiden (in Anlehnung an Fließ (2009), S. 256):

- **Kommunikationspolitische Anreize:** Hierzu zählen Maßnahmen, mit denen wir Kunden darauf aufmerksam machen, dass aus unserer Sicht gerade eine besonders gute Gelegenheit wäre, die Dienstleistung zu beziehen.
- **Preispolitische Anreize:** Hierzu zählen Maßnahmen, mit denen wir Kunden in Zeiten von Überkapazität preisliche Nachlässe einräumen. Dies kann bspw. dazu führen, dass einzelne Kunden eine absehbare Wartung vorziehen.
- **Leistungspolitische Anreize:** Hierzu zählen Maßnahmen, mit denen wir Kunden eine Dienstleistung anbieten, deren Qualität höher als normalerweise ist. Im gewissen Sinne ist dies die Umkehrung der preispolitischen Anreize: der Kunde erhält eine höhere Qualität bei gleichem Preis.

Die dargestellten Maßnahmen zielen darauf ab, in Zeiten von Überkapazität **zusätzliche Nachfrage** zu generieren. Der umgekehrte Fall kann im Rahmen von Dienstleistungen über Anreize erfolgen. Dies würde das vereinbarte Verfügbarkeitsversprechen, dass den meisten industriellen Dienstleistungen inne wohnt brechen.

Der geeignete Ansatzpunkt zur Abmilderung der Unterkapazität ist die **Nutzung von Flexibilitätsspielräumen**. Hier unterscheiden wir zwei Maßnahmenarten:

- **Verschiebung** von Kapazität und
- **kurzfristige Ausweitung** von Kapazität.

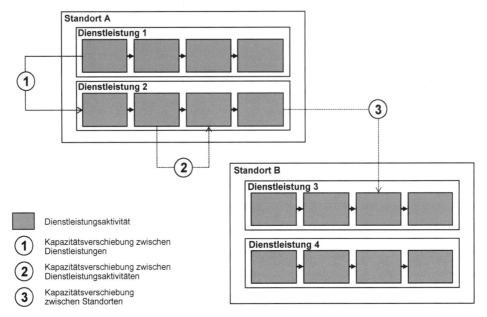

Abb. 4.6 Arten der Kapazitätsverschiebung

Die **Verschiebung** von Kapazität kann auf verschiedene Arten erfolgen. Eine erste Möglichkeit ist die Verschiebung von Kapazität zwischen den einzelnen **Dienstleistungsaktivitäten** innerhalb einer Dienstleistung. Die zweite Möglichkeit ist die Verschiebung von Kapazitäten zwischen den einzelnen **Dienstleistungen**. Eine dritte Möglichkeit ist die **geografische Verschiebung** von Kapazitäten. Abbildung 4.6 zeigt diese Ansatzpunkte in grafischer Form.

Voraussetzung für alle drei Arten der Verschiebung ist allerdings, dass die Kapazität am neuen Punkt nutzbar ist. Hinsichtlich des Personals bedeutet dies, dass es fähig ist, mehrere Aktivitäten zu leisten. Hochspezialisierte Mitarbeiter sind einer Verschiebung nur sehr eingeschränkt zugänglich. Im Fall von Ausrüstungsgegenständen geht eine erhöhte Einsatzflexibilität in der Regel mit erhöhten Anschaffungskosten einher. Auch im Fall von Material, wie bspw. Ersatzteilen kann eine Kompatibilität zu mehreren Einsatzarten erreicht werden.

Ein weiterer Flexibilitätsspielraum ist die **kurzfristige Ausweitung** der Kapazität. Dazu gehört das Nutzen von Überstundenregelungen oder Verschiebungen von Urlaub. Allerdings sind diese Maßnahmen im Vergleich zur regulären Kapazität mit höheren Kosten verbunden und somit nur begrenzt sinnvoll.

In wenigen Fällen kann es auch sinnvoll sein, zusätzliche Personalkapazität zu leihen oder gar ganze Dienstleistungen durch Dritte durchführen zu lassen. Auch mit dieser Möglichkeit sind verschiedene Probleme verbunden; vor allem hinsichtlich der Dienstleistungsqualität. Fraglich ist zudem Folgendes: Wenn wir es akzeptieren, dass Dritte unsere Dienstleistungen erbringen, warum gehen wir nicht dauerhaft eine solche **Kooperation** ein? Dies diskutieren wir vertieft im Kap. 5.

4.4 Praxisbeispiel: Die Behr GmbH & Co. KG

Das Unternehmen Die Behr GmbH & Co. KG aus Stuttgart ist Systempartner der internationalen Automobilindustrie. Die Unternehmensgruppe ist spezialisiert auf Fahrzeugklimatisierung und Motorkühlung und zählt weltweit zu den führenden Erstausrüstern bei Pkw und Nutzfahrzeugen. Der Umsatz betrug im Geschäftsjahr 2011 3,7 Mrd. €. Behr beschäftigt in 36 Produktionsstandorten und 17 Forschungs- und Entwicklungszentren weltweit ca. 17.400 Mitarbeiter.

Seit der Gründung im Jahr 1905 hat sich die Behr-Gruppe vom kleinen Familienbetrieb zu einem weltweit tätigen Automobilzulieferer entwickelt. Behr baut seine Position als ein weltweit führender Erstausrüster für Fahrzeugklimatisierung und Motorkühlung bei Pkw und Nutzfahrzeugen kontinuierlich aus. Ziel der Behr-Gruppe ist es, ihre Position als Innovationsführer international auszubauen und auch im Bereich Kundenservice weltweit die Nummer eins zu werden.

Ein Netzwerk aus Entwicklungsstandorten, Produktionswerken und Beteiligungsgesellschaften in allen Schlüsselmärkten der Automobilindustrie garantiert Kundennähe. Als globaler Entwicklungs- und Systempartner ihrer Kunden baut die Behr-Gruppe dieses Netzwerk kontinuierlich aus.

Die Erstausrüstung ist das Kerngeschäft von Behr. In beiden Geschäftsfeldern, Fahrzeugklimatisierung und Motorkühlung, ist Behr auf allen Stufen der Wertschöpfungskette tätig: Komponenten, Module, Gesamtsysteme und Großmodule wie Frontend und Cockpit.

Das Ersatzteilgeschäft der Behr-Gruppe Behr Service beliefert weltweit Automobilhersteller und ihre Vertriebszentren mit Ersatzteilen für Fahrzeugklimatisierung und Motorkühlung sowie mit Klimawartungsgeräten. Abbildung Abb. 4.7 zeigt die Einordnung des Ersatzteilgeschäfts der Behr-Gruppe.

Der Erfolg des Ersatzteilgeschäftes wird bei Behr Service gemessen an der Erreichung der Unternehmensziele. Hierzu gehört die Erreichung der

- finanzwirtschaftlichen Ziele (u. a. Einhaltung der Kostenziele, Beitrag zu den Umsatzzielen, Beitrag zu Reduzierung des eingesetzten Kapitals),
- markt- und kundenorientierten Ziele (u. a. Beitrag zur Kundenzufriedenheit durch Einhaltung der Kundenanforderungen im Bereich Lieferservicegrad und Service-Qualität) sowie der
- mitarbeiterorientierten Ziele (Mitarbeiterorientierung und Mitarbeiterentwicklung).

Behr-Service-Logistik betreibt weltweit rund 8 Standorte mit nennenswerten Logistikprozessen: 4 Standorte in Europa, 1 in China und 3 in USA. Andere Behr-Service-Lokationen sind in den Werkstrukturen und lokalen Gesellschaften eingebunden (Brasilien, Südafrika). Vor Ort finden Auftragsabwicklung sowie die Lagerprozesse statt. In Summe sind rund 200 interne und externe Mitarbeiter weltweit in diesen Prozessen tätig.

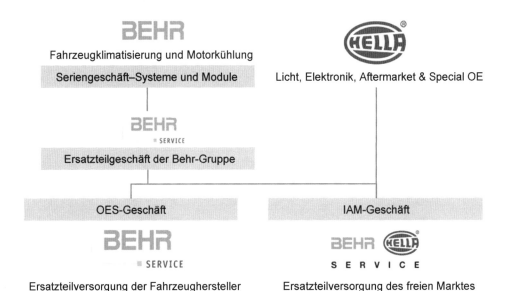

Abb. 4.7 Einordnung des Ersatzteilgeschäfts der Behr-Gruppe

Prozessgestaltung im Ersatzteilgeschäft der Behr-Gruppe Rahmenbedingungen für die Gestaltung der Prozesse im Ersatzteilgeschäft sind einerseits die Einbindung in die Serienproduktion und andererseits die jeweils optimale Belieferung der unterschiedlichen Märkte.

Aus Sicht der Behr-Werke stellen die Ersatzteilumfänge von Behr Service in der Regel nicht mehr als 5 bis 10% von ihrem Gesamtumsatz dar. Abbildung 4.8 zeigt diesen Zusammenhang in grafischer Form.

Wie in Abbildung Abb. 4.8 dargestellt, lassen sich drei Prozessstränge in der Ersatzteilversorgung unterscheiden:

Der erste Prozessstrang ist das sog. „OES-Geschäft („Original Equipment Spare Parts") in Strecke". Im Rahmen dessen liefert Behr Ersatzteile vom Behr-Werk direkt an die Kunden, die Hersteller von Automobilen, die diese dann wiederum an ihre Kunden vermarkten. Dieser Prozessstrang wird vor allem für Schnelldreher verwendet (seriengleich und seriennahe Teile).

Im zweiten Prozessstrang „OES via Behr Service Lager" werden die Ersatzteile bei der Behr Service GmbH vorgehalten und im Bedarfsfall über die Automobilhersteller an den Kunden geliefert. Der wesentliche Unterschied zum ersten Fall ist die Notwendigkeit zur Lagerung, da die wirtschaftlichen Herstellungsmengen sowie die Lieferzeit nicht mit der tatsächlichen Bedarfsmenge und der Lieferzeitanforderung der Kunden vereinbar ist.

Die größte Herausforderung in diesem Prozessstrang ist die Flexibilität und Lieferzeit. Hierzu ergreift Behr Service folgende Maßnahmen:

- Einsatz eines optimierten Bestandsmanagements, das unter Berücksichtigung von relevanten Parametern (vereinbarte Lieferservicegrade, Lebenszyklus, Saisonalität, Liefer-

4.4 Praxisbeispiel: Die Behr GmbH & Co. KG

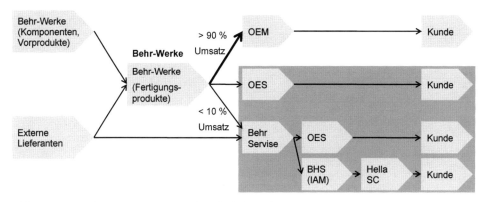

Abb. 4.8 Logistikprozesse im Ersatzteilgeschäft der Behr-Gruppe

kettenänderungen usw.) einen guten Kompromiss zwischen Bestandskosten und Lieferflexibilität in einem volatilen Marktumfeld erarbeitet.
- Je nach Ersatzteilvolumen des Lieferwerkes reichen die Maßnahmen im Lieferantenmanagement vom Abschluss von Lieferantenverträgen bis hin zum Aufbau von ersatzteilspezifischen Fraktalen, welches die Priorisierung und Abstimmung im Tagesgeschäft zur besseren kundenorientierten Lieferung ermöglicht; dies wirkt auch auf die anderen Prozessstränge.
- Enge Zusammenarbeit mit externen Dienstleistern im eigenen Distributionszentrum zur Bewältigung von Kapazitätsspitzen.
- Einsatz eines Bedarfsmanagements, das für die Lieferkette d. h. für das eigene Lager als auch für die produzierenden Werke eine Glättung der volatilen Bedarfe bewirkt; dies wirkt auch auf die anderen Prozessstränge.
- Verbesserung der Effizienz und Kundenorientierung durch eine permanente Optimierung der bestehende Lagerstrukturen mit Hilfe von Lean-Warehousing-Methoden.

Der dritte Prozessstrang bedient den Independent After Market (IAM). Im Unterschied zu den zwei ersten Prozessstrangen wird der Endkunde nicht über den Automobilhersteller versorgt, sondern über Behr-eigene Gesellschaften. Im konkreten Fall über das Joint Venture „Behr Hella Service". Hier übernimmt Hella mit ihrer Distributionsorganisation die Aufgabe, den Großhandel mit einem vollumfänglichen Sortiment und hoher Verfügbarkeit im Bereich Thermomanagement zu versorgen. Kennzeichen dieses Marktes ist der harte Preiswettbewerb bedingt auch durch die zunehmende Konkurrenz asiatischer Hersteller.

Die Bündelung der Bedarfe und physische Umschlag über Behr Service ermöglicht die Schöpfung von Synergien in den Lieferketten und bewirkt eine deutliche Komplexitätsreduzierung.

Ergänzend muss erläutert werden, dass für alle Prozessstränge Basisprozesse wie Grunddatenmanagement, Vertrieb, Produktmanagement, Verpackungsmanagement sowie zugeordnete Unterstützungsprozesse wie bspw. IT, HR, Controlling implementiert sein müssen, damit eine Ersatzteilorganisation funktionsfähig ist. Im IAM-Strang sind hierbei maßgebliche Teile der Basisprozesse bei Behr Hella Service angesiedelt.

Abschließend lässt sich feststellen, dass sich der Wettbewerb im Ersatzteilgeschäft der Automobilindustrie in den letzten Jahren deutlich verschärft hat. Das Management muss verstärkt vor diesen Hintergrund Strukturen, Prozesse sowie Service-Leistungen hinsichtlich ihrer ökonomischen Berechtigung hinterfragen, sowie bereit sein, sich neu auszurichten. Daher wurden bei Behr Service diese Schritte zur Neuausrichtung eingeleitet.

Literatur

Engelhardt, W. H./Reckenfelderbäumer, M. (2006), Industrielles Service-Management, in: Kleinaltenkamp, M./Plinke, W./Jacob, F./Söllner, A. (Hrsg.), Markt- und Produktmanagement – Die Instrumente des Business-to-Business-Marketing, 2. Auflage, Berlin u. a.
Fischermanns, G./Liebelt, W. (2000) Grundlagen der Prozessorganisation, 5. Auflage, Gießen.
Günther, B./Helm S. (Hrsg., 2006), Kundenwert – Grundlagen – Innovative Konzepte – Praktische Umsetzungen, 3. Auflage, Wiesbaden.
Horváth, P. (2011), Controlling, 12. Auflage, München.
ISO (2005), ISO 9000:2005 Qualitätsmanagementsysteme – Grundlagen und Begriffe.
Krafft, M./Rutsatz, U. (2006), Konzepte zur Messung des ökonomischen Kundenwerts, in: Günther, B./Helm S. (Hrsg.), Kundenwert – Grundlagen – Innovative Konzepte – Praktische Umsetzungen, 3. Auflage, S. 269–291, Wiesbaden.
Rosentritt, C./Seiter, M./Kuffer, F./Gartner, M. (2012), Heuristikbasierte Ersatzteilbedarfsprognosen – Ansätze zur Überwindung eines Datenverfügbarkeitsproblems, in: Productivity Management, 17, 5, S. 58–61.
Rother, M./Shook, J. (2004), Sehen lernen – Mit Wertstromdesign die Wertschöpfung erhöhen und Verschwendung beseitigen, Aachen.

5 Handlungsfeld 4: Kooperation mit Externen – Wie binden wir Externe in das Dienstleistungsgeschäft ein?

5.1 Lernziele

Die zentrale Frage in diesem Handlungsfeld ist, ob und in welchem Ausmaß wir Dienstleistungen in **Kooperation** mit externen Partnern anbieten. Wir wollen hier einleitend der Frage nachgehen, warum wir überhaupt Kooperationen anstreben sollten. Dazu zuerst eine Präzisierung: Mit Kooperation meinen wir hier die Zusammenarbeit mit einem anderen Unternehmen und nicht Formen der innerbetrieblichen Kooperation.

Die Schwierigkeit den Nutzen von Kooperation zu begründen, zeigt die nun schon Jahrzehnte andauernde Diskussion zu Kernkompetenzen. Darin wird einerseits gefordert, dass Unternehmen sich auf ihre Kernkompetenzen fokussieren sollten. Folglich sollten Aktivitäten ausgelagert werden, die nicht durch den Begriff Kernkompetenz gedeckt sind. Resultat ist die niedrige **Wertschöpfungstiefe** vieler Unternehmen. Problematisch ist dabei vor allem, dass Unternehmen ihre Kernkompetenzen nicht leicht bestimmen können. Eine Abgrenzung zu „normalen" Kompetenzen ist in der Praxis nicht trivial.

Andererseits wird in der Diskussion um Kernkompetenzen darauf hingewiesen, dass die Integration der Wertschöpfungskette vorteilhaft sei. Solche Vorteile seien Ausschluss des Risikos, dass ein Lieferant ausfällt, die Sicherung des Zugangs zu bestimmten Märkten sowie der Ausschluss von Wettbewerbern von bestimmten Ressourcen. Nicht zuletzt werden Synergien angeführt.

Beide Positionen sind nachvollziehbar und zeigen auf, dass die Entscheidung für oder gegen eine Kooperation komplex ist. Betrachten wir den Stand in der Praxis: Im Produktgeschäft sind bereits eine Vielzahl von Kooperationen etabliert. Im Dienstleistungsgeschäft dagegen in weit geringerem Maße. Laut Statistischem Bundesamt wurden im Jahr 2010 ca. 10 % der erbrachten Dienstleistungen im verarbeitenden Gewerbe durch Externe erbracht (Mödinger und Redling 2004, S. 1411). Interessante Möglichkeiten gäbe es reichlich. Hierzu ein Beispiel:

Die Versorgung mit Ersatzteilen muss nicht vom Hersteller des zugehörigen Produkts selbst erbracht werden. Der Hersteller kann alternativ eine Kooperation mit einem spezialisierten Logistikdienstleister eingehen, der Teile dieser Dienstleistung übernimmt. Es handelt sich somit um die klassische Entscheidung zu den Grenzen des eigenen Unternehmens; anders ausgedrückt: zur optimalen **Wertschöpfungstiefe**. Eine andere Variante ist der Aufbau eines globalen Netzwerks an Service-Technikern über Kooperationen und nicht über eigenes Personal.

Neben der grundsätzlichen Frage nach Kooperation ist ein weiterer Komplexitätstreiber die Vielfalt möglicher **Kooperationsformen**. Dabei können wir unterscheiden zwischen

- Kooperationen mit einfacher vertraglicher Vereinbarung,
- Kooperationen mit gemeinsamen Investitionen (bspw. in gemeinsame Lagerhallen) und
- Kooperationen mit gegenseitiger Kapitalverflechtung.

Die Übersicht zeigt, dass die Enge der Kooperation und die damit einhergehende Abhängigkeit sehr unterschiedlich sein können.

Kommen wir zurück zur Ausgangsfrage, wie wir entscheiden, welche Teile des Dienstleistungsgeschäfts wir in Kooperation mit Externen erbringen wollen. Wir sollten uns an dieser Stelle klar machen, dass wir drei Kooperationsgegenstände unterscheiden müssen:

- Wir können eine **Dienstleistung** als Ganzes durch Externe durchführen lassen (Fall 1).
- Wir können aber auch einzelne **Dienstleistungsaktivitäten** innerhalb einer Dienstleistung auslagern (Fall 2)
- oder gar einzelne **Kapazitätsarten** (Fall 3).

Abb. 5.1 zeigt die drei Fälle am Beispiel des Wertstroms der Kehrgeräte AG.

In der Praxis können **Mischformen** der drei Fälle auftreten. Hierzu ein Beispiel: Wir könnten uns dafür entscheiden, dass ein Kooperationspartner die Lieferung von Ersatzteilen erbringt, die Ersatzteile verbleiben aber in unserem Besitz. Daneben erbringt derselbe Kooperationspartner eine Beratungsdienstleistung in unserem Namen in vollem Umfang, samt sämtlicher dafür notwendiger Ressourcen.

Rekapitulieren wir, welche Entscheidung wir bisher getroffen haben: Zuerst haben wir eine Dienstleistungsstrategie gewählt und daraufhin das Dienstleistungsportfolio gestaltet. Die Strategie war die Leitlinie der Portfoliogestaltung, so dass wir davon ausgehen können, dass jede angebotene Dienstleistung zur Umsetzung der Strategie beiträgt. Allerdings nicht jede Dienstleistung im selben Maße.

Allerdings dürfen wir nicht nur die Dienstleistung als Ganzes betrachten. Vielmehr müssen wir auch die Dienstleistungsaktivitäten und die Kapazitäten analysieren. Eine bestimmte Wartungsdienstleistung kann als Ganzes einen wichtigen Beitrag zur Umsetzung der gewählten Strategie leisten. Es kann aber sinnvoll sein, das gesamte Backoffice in eine Kooperation einzubringen oder auch eine bestimmte Kapazität, wie bspw. den Fuhrpark der Service-Techniker. Unser **erstes Entscheidungskriterium** lautet daher:

5.1 Lernziele

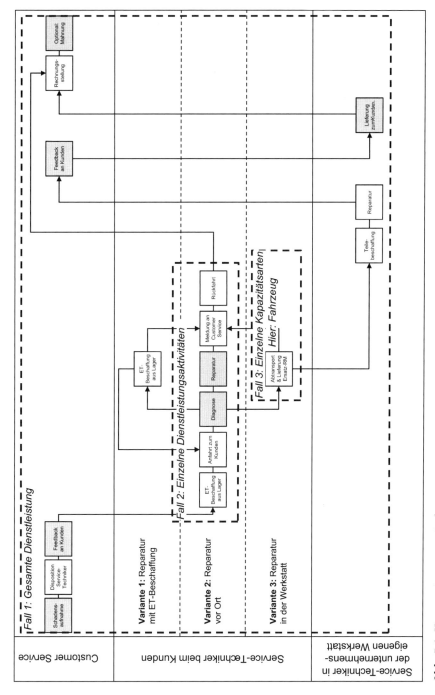

Abb. 5.1 Kooperationsgegenstände

Abb. 5.2 Entscheidungslogik für Kooperationen

▶ Wir bringen all jene Dienstleistungen, Dienstleistungsaktivitäten oder Kapazitäten **nicht** in eine Kooperation ein, die einen hohen Beitrag zur Strategieumsetzung leisten.

Warum formulieren wir vermeintlich kompliziert, warum nicht: Wir bringen jene Dienstleistungen, Dienstleistungsaktivitäten oder Kapazitäten in eine Kooperation ein, die einen geringen Einfluss auf die Strategieumsetzung haben. Weil dies nur das erste Entscheidungskriterium ist. Daneben ist ein zweites Kriterium notwendig.

Eine Kooperation verursacht grundsätzlich **Kosten**. Diese entspringen u. a. der Anbahnung der Kooperation, der Koordination der Kooperationspartner, etwaigen Konflikten und der Beendigung der Kooperation. Ökonomisch vorteilhaft ist eine Kooperation folglich nur dann, wenn diese Kosten durch konkrete Kostensenkung im Rahmen der Dienstleistungserbringung übertroffen werden. Dies ist erfüllt, wenn der Kooperationspartner, die Dienstleistungen, Dienstleistungsaktivitäten oder Kapazitäten effizienter durchführen bzw. vorhalten kann und damit die **Nettokosten** einer Kooperation negativ sind.

▶ Wir bringen all jene Dienstleistungen, Dienstleistungsaktivitäten oder Kapazitäten **nicht** in eine Kooperation ein, die wir zu geringeren Kosten durchführen könnten, als dies in Kooperation mit einem Partner möglich wäre.

Wir können beide Entscheidungskriterien als Achsen eines Koordinatensystems interpretieren. Wie in Abb. 5.2 dargestellt, bringen wir all jene Dienstleistungen, Dienstleistungsaktivitäten oder Kapazitäten in Kooperationen ein, die dem rechten oberen Bereich zugeordnet sind.

In Abschn. 5.2 erörtern wir, wie wir bewerten, welchen Beitrag Dienstleistungen, Dienstleistungsaktivitäten oder Kapazitäten auf die Strategieumsetzung leisten. In Abschn. 5.3 zeigen wir, wie wir Nettokosten einer Kooperation bestimmen können. Abschließend

5.2 Strategische Bewertung

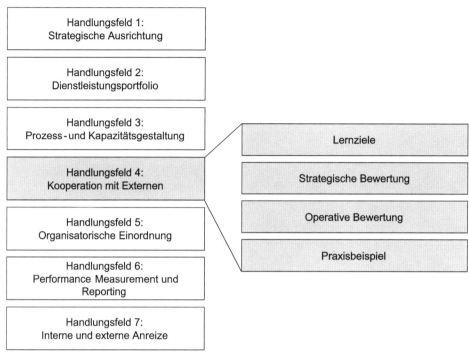

Abb. 5.3 Aufbau des Kapitels

vertiefen wir das Erlernte anhand eines Praxisbeispiels in Abschn. 5.4. Abb. 5.3 zeigt den Aufbau des Kapitels im Gesamtzusammenhang.

5.2 Strategische Bewertung

Basisstrategie 1: Gesetzliche Verpflichtung Mit dem Begriff „Gesetzliche Verpflichtung" bezeichnen wir die Strategie, die als oberstes Ziel verfolgt, die gesetzlich vorgeschriebenen Dienstleistungen kostenminimal zu erbringen. Diese Strategie kann verfolgt werden, wenn die Margen des Produktgeschäfts stabil sind und die Kundenbegeisterung im Wesentlichen vom Produkt und nicht von Dienstleistungen abhängt.

Berücksichtigen wir nur das Ziel zur Kostenminimierung, liegt die Schlussfolgerung nahe, dass aus strategischer Sicht alle Dienstleistungen durch Kooperationspartner zu erbringen sind. Wollen wir diese Strategie langfristig verfolgen, ist es wichtig, dass wir erkennen, wann die Kundenbegeisterung nicht mehr vom Produkt allein abhängt. Zwei Sachverhalte müssen wir daher beobachten:

- Ändern sich die Kundenanforderungen hinsichtlich der Dienstleistungen?
- Ändert sich das Verhalten der Wettbewerber bzgl. deren Dienstleistungsangebots?

Beide Veränderungen können dazu führen, dass wir die Strategie „Gesetzliche Verpflichtung" nicht mehr weiter verfolgen können. Die **Entscheidungskriterien** lauten folglich:

▶   Wir bringen all jene Dienstleistungen, Dienstleistungsaktivitäten oder Kapazitäten **nicht** in eine Kooperation ein, die es uns erlauben, **Informationen**

- zur Änderung der Kundenwüsche
- oder zur Änderung des Wettbewerberverhaltens

hinsichtlich industrieller Dienstleistungen zu sammeln.

Basisstrategie 2: Kundenorientierung Mit dem Begriff „**Kundenorientierung**" bezeichnen wir die Strategie, die als oberstes Ziel verfolgt, erst ab dem Zeitpunkt anzubieten, zu dem entweder Kunden aktiv nachfragen oder die entsprechende industrielle Dienstleistung ein Standard in der betreffenden Branche geworden ist. Im Kern geht es in dieser Strategie darum, das Dienstleistungsportfolio auf das Minimum zu begrenzen, das vertretbar ist, um das Produktgeschäft nicht zu gefährden.

Zur Auswahl geeigneter Dienstleistungen haben wir in Abschn. 3.3.1 das Merkmal **Nachfrageintensität** eingeführt. Diese ist umso höher,

- je höher die Intensität der Nachfrage der Bestandskunden ist und
- je höher der Grad ist, zu dem die entsprechende Dienstleistung bereits von den Konkurrenten angeboten wird.

In das Dienstleistungsportfolio haben wir nur solche Dienstleistungen aufgenommen, die eine hohe oder mittlere Nachfrageintensität aufweisen. Nun verwenden wir dieses Kriterium für die Kooperationsentscheidung: Grundsätzlich sollten wir diejenigen Dienstleistungen mit hoher Nachfrageintensität nicht Kooperationspartnern überlassen, da sie von überragender Bedeutung für diese Basisstrategie sind. Dienstleistungen mittlerer Nachfrageintensität können dagegen prinzipiell ausgelagert werden, falls die operative Bewertung zu einer entsprechenden Empfehlung gelangt.

Neben der Nachfrageintensität gilt weiterhin das bereits bei Basisstrategie „Gesetzliche Verpflichtung" Festgestellte. Wir kommen daher zu folgenden Entscheidungskriterien:

▶   Wir bringen all jene Dienstleistungen, Dienstleistungsaktivitäten oder Kapazitäten **nicht** in eine Kooperation ein, die es uns erlauben, **Informationen**

- zur Änderung der Kundenwüsche
- oder zur Änderung des Wettbewerberverhaltens

hinsichtlich industrieller Dienstleistungen zu sammeln. Weiterhin bringen wir all jene Dienstleistungen nicht in eine Kooperation ein, die eine hohe Nachfrageintensität aufweisen. Diese Einschränkung gilt nicht für ausgewählte Dienstleistungsaktivitäten und Kapazitäten innerhalb der Dienstleistungen.

Basisstrategie 3: Verstetigung Mit dem Begriff „**Verstetigung**" bezeichnen wir die Strategie, die als oberstes Ziel verfolgt, den Gesamtumsatz des Unternehmens mit Hilfe des Dienstleistungsgeschäfts zu verstetigen. Hierzu muss das Unternehmen das Dienstleistungsangebot so gestalten, dass die damit generierten Umsätze einen kompensierenden Effekt für die Phasen eines schwachen Umsatzes im Produktgeschäft aufweisen.

Den kompensatorischen Effekt differenzieren wir in die Dimensionen „Höhe" und „Wirkungsgeschwindigkeit". Erstere zeigt, inwieweit eine Dienstleistung dazu beitragen kann, einen Umsatzrückgang im Produktgeschäft zu kompensieren. Die Zweite zeigt an, wann dieser Effekt eintritt. Es gibt hier eine große Bandbreite. Manche Dienstleistungen entfalten diesen Effekt sofort, während andere einen Zeitverzug aufweisen.

Wie wir bei der Gestaltung des Dienstleistungsportfolios erörtert haben, ist es wichtig, beide Dimensionen in Kombination zu betrachten. Nur so können wir sicherstellen, dass eine ausreichende Kompensationshöhe in einer hinreichenden Zeit erreicht wird. Wir bezeichnen die Kombination aus Höhe und Geschwindigkeit als **kompensatorische Wirkung** und kommen damit zu folgendem strategischen Entscheidungskriterium:

▶ Wir bringen all jene Dienstleistungen, Dienstleistungsaktivitäten oder Kapazitäten **nicht** in eine Kooperation ein, die eine **hohe kompensatorische Wirkung** aufweisen. Diese Einschränkung gilt nicht für ausgewählte Dienstleistungsaktivitäten und Kapazitäten innerhalb der Dienstleistungen, wenn die Kooperation keine Veränderung der kompensatorischen Wirkung der entsprechenden Dienstleistung verursacht.

Basisstrategie 4: Quersubventionierung Mit dem Begriff „**Quersubventionierung**" bezeichnen wir die Strategie, die als oberstes Ziel verfolgt, ein bewusst defizitär gestaltetes Produktgeschäft durch ein profitables Dienstleistungsgeschäft zu kompensieren. Wie bei Basisstrategie „Verstetigung" nutzen Unternehmen den kompensierenden Effekt des Dienstleistungsgeschäfts. Allerdings ist die Art der Kompensation eine andere: nicht die Saisonalität wird ausgeglichen, sondern ein prinzipielles Defizit im Produktgeschäft.

Zwei Faktoren sind von besonderer Bedeutung, für die Umsetzung dieser Basisstrategie. Einerseits ist sicherzustellen, dass der Kunde nicht nur das Produkt kauft, aber dann die Dienstleistung bei einem anderen Anbieter bezieht. Andererseits akzeptiert das Unternehmen das defizitäre Produktgeschäft und muss daher sicherstellen, dass der kompensierende Effekt der Dienstleistung dauerhaft erhalten bleibt. Im Mittelpunkt der Betrachtung steht folglich die Stabilität des Gewinns, der mit der Dienstleistung erzielt wird.

Bei der Gestaltung des Dienstleistungsportfolios haben wir nur Dienstleistungen berücksichtigt, die in beiden Dimensionen zumindest **mittlere Werte** aufweisen. Diese unscharfe Abgrenzung ergab sich vorrangig daraus, dass beide Dimensionen nicht einfach operationalisierbar sind.

Eine These führt uns zum Entscheidungskriterium: Ein Kooperationspartner verwendet grundsätzlich geringere Anstrengungen zur Verteidigung des Dienstleistungsabsatzes gegenüber Konkurrenten und zur Erhaltung der Gewinnstabilität der Dienstleistungen, als dies das auslagernde Unternehmen tun würde. Der Grund hierfür ist, dass die Existenz des auslagernden Unternehmens davon abhängt, die des Kooperationspartners in der Regel nicht. Wir kommen daher zu folgenden **Entscheidungskriterien**:

▶ Wir bringen all jene Dienstleistungen, Dienstleistungsaktivitäten oder Kapazitäten **nicht** in eine Kooperation ein, für die wir einen vergleichsweise **hohen Aufwand** aufbringen müssen, um deren **Absatz** oder deren **Gewinnstabilität** langfristig zu garantieren. Diese Einschränkung gilt nicht für ausgewählte Dienstleistungsaktivitäten und Kapazitäten innerhalb der Dienstleistungen, wenn die Kooperation keine Veränderung der Verteidigbarkeit oder Gewinnstabilität verursacht.

Basisstrategie 5: Cross-Selling Mit dem Begriff „**Cross-Selling**" bezeichnen wir die Strategie, die als oberstes Ziel verfolgt, durch das Dienstleistungsgeschäft Neuproduktgeschäft zu induzieren. Zwei Effekte stehen dabei im Fokus:

- Von der Dienstleistung zum Neuproduktgeschäft und
- Informationsgewinnung durch Dienstleistungen für verbesserte Neuprodukte.

Der **erste Effekt** folgt dem Grundsatz „Der Vertrieb verkauft die erste Maschine, der Service jede weitere". Unternehmen betrachten Dienstleistungen in diesem Falle vorrangig als Vehikel des Neuproduktvertriebs.

Der **zweite Effekt** bezieht sich auf den grundlegenden Vorteil von Dienstleistungen gegenüber dem Produktgeschäft: die längere Kontaktzeit und höhere -intensität. Typische Fehler im Umgang mit der Maschine, Wünsche des Kunden für neue oder verbesserte Produkteigenschaften sowie typische Mängel können direkt erfasst werden. Diese Informationen sind der Ausgangspunkt für die Weiterentwicklung der Produkte.

Grundsätzlich sollten wir alle Dienstleistungen selbst durchführen, die wir aufgrund des ersten Effekts in das Dienstleistungsportfolio aufgenommen haben. Der Grund dafür ist, dass nur dann sichergestellt wird, dass wir das **Potenzial zu Neuproduktgeschäft** tatsächlich nutzen. Dies schließt allerdings nicht aus, dass wir ausgewählte Dienstleistungsaktivitäten und Kapazitäten innerhalb der Dienstleistungen in eine Kooperation einbringen. Vorausgesetzt, dies gefährdet nicht die Gewinnung des Neuproduktgeschäfts.

Für den zweiten Effekt, die verbesserte Produktentwicklung, ist es von großer Bedeutung, den **Informationsfluss** von Service-Technikern zu Entwicklungsingenieuren zu organisieren. Daher behalten wir auch bei prinzipiell auslagerbaren Dienstleistungen jene Dienstleistungsaktivitäten und Kapazitäten in unserem Unternehmen, die Quelle dieses Informationsflusses sind. Wir kommen daher zu folgenden **Entscheidungskriterien**:

5.2 Strategische Bewertung

▶ Wir bringen all jene Dienstleistungen, Dienstleistungsaktivitäten oder Kapazitäten **nicht** in eine Kooperation ein, die ein hohes oder mittleres Potenzial zur **Neuproduktgeschäft-Induktion** haben. Diese Einschränkung gilt nicht für ausgewählte Dienstleistungsaktivitäten und Kapazitäten innerhalb der Dienstleistungen, wenn die Kooperation keine Veränderung des Potenzials verursacht.

Weiterhin bringen wir Dienstleistungsaktivitäten und Kapazitäten innerhalb der Dienstleistungen, die nach dem ersten Kriterium in eine Kooperation eingebracht werden könnten, **nicht** in eine Kooperation ein, wenn diese ein hohes Potenzial zur **Informationsgewinnung** aufweisen.

Basisstrategie 6: Differenzierung Mit dem Begriff „Differenzierung" bezeichnen wir die Strategie, die als oberstes Ziel verfolgt, durch das Dienstleistungsgeschäft eine Differenzierung vom Wettbewerb zu erlangen und dadurch einen Wettbewerbsvorteil zu schaffen. Diese Strategie kommt vorrangig in den Fällen zum Einsatz, in denen eine Differenzierung über das Produktgeschäft nicht mehr möglich ist.

Wann wirken Dienstleistungen differenzierend? **Zwei Bedingungen** müssen erfüllt sein: die Verbreitung der Dienstleistung bei Wettbewerbern muss möglichst gering sein. Dies allein reicht allerdings nicht aus; vielmehr muss die Dienstleistung auch einen Kundennutzen stiften. Anders gesprochen: Nur einzigartige Dienstleistungen wirken differenzierend, aber auch nur, wenn diese für den Kunden nützlich sind. Allerdings ist es zusätzlich notwendig, dass die Dienstleistungen einer ausreichend großen Gruppe aus Bestandskunden und potenziellen Neukunden bekannt sind.

Grundsätzlich können wir festhalten, dass eine Differenzierung nur möglich ist, wenn wir eine optimale Abstimmung zwischen Produkt- und Dienstleistungsgeschäft ermöglichen. Daher sind die Kooperationsmöglichkeiten gegenüber den anderen Strategien insofern beschränkt, da wir keine kompletten Dienstleistungen in eine Kooperation einbringen, sondern nur ausgewählte Dienstleistungsaktivitäten und Kapazitäten. Wir kommen daher zu folgendem **Entscheidungskriterium**:

▶ Wir bringen all jene Dienstleistungen, Dienstleistungsaktivitäten oder Kapazitäten **nicht** in eine Kooperation ein, die notwendig sind, um das Produktgeschäft und das Dienstleistungsgeschäft aufeinander abzustimmen.

Basisstrategie 7: Eigenständiges Geschäftsfeld Mit dem Begriff „Eigenständiges Geschäftsfeld" bezeichnen wir die Strategie, die als oberstes Ziel verfolgt, ein Dienstleistungsgeschäft aufzubauen, das nicht in Verbindung mit den eigenen Produkten steht. Das eigene Produkt als Ausgangspunkt aller Überlegungen für die Gestaltung eines Dienstleistungsportfolios fehlt folglich. Ohne diese Kenntnisse ist eine Ableitung geeigneter Dienstleistungen erschwert. Ausgangspunkt sind daher die beiden derivativen Kriterien Kompetenz, die Dienstleistung anzubieten, und Profitabilität des daraus entstehenden Dienstleistungsgeschäfts.

Wollen wir diese Dienstleistungsstrategie langfristig verfolgen, ist es wichtig, nicht nur die gegenwärtige Kompetenz zu betrachten, sondern auch das Potenzial, weitere Kompetenz aufzubauen. Dies ist aber nur durch **Lerneffekte** im Rahmen eigenständiger Dienstleistungserbringung möglich. Es verbietet sich daher, komplette Dienstleistungsaktivitäten oder ausgewählte Dienstleistungsaktivitäten und Kapazitäten in eine Kooperation einzubringen, die ein Lernen ermöglichen.

Aus dem Kriterium der Profitabilität können wir aus strategischer Sicht keine Entscheidungskriterien ableiten. Dies ist vielmehr Gegenstand der operativen Bewertung im folgenden Abschnitt. Wir kommen daher zu folgenden **Entscheidungskriterien**:

▶ Wir bringen all jene Dienstleistungen, Dienstleistungsaktivitäten oder Kapazitäten **nicht** in eine Kooperation ein, die es uns erlauben unsere **Kompetenzen** hinsichtlich des Dienstleistungsgeschäfts zu erhöhen.

5.3 Operative Bewertung

Mit Hilfe der strategischen Bewertung haben wir jene Dienstleistungen, Dienstleistungsaktivitäten und Kapazitäten bestimmt, die wir nicht auslagern, weil sie einen wichtigen Faktor für die Strategieumsetzung darstellen. Alle anderen Dienstleistungen können genau dann in eine Kooperation eingebracht werden, wenn die **operative Bewertung** dafür spricht. Dazu müssen wir die jeweiligen **Nettokosten** bestimmen, die damit einhergeht, wenn wir die entsprechende Kooperation eingehen.

Nettokosten sind die Differenz aus den **Kosten der Kooperation** und den **Kostensenkungen**, die durch die Kooperation erzielt werden sollen. Wenden wir uns zunächst den Kosten zu, die uns durch die Kooperation entstehen.

Bestimmung der Kooperationskosten Die Kosten einer Kooperation leiten wir anhand des **Lebenszyklus einer Kooperation** her. Dieser umfasst drei Phasen: die Anbahnung der Kooperation, die Betriebsphase und die Auflösung der Kooperation. Betrachten wir zunächst die Anbahnungsphase.

Die **Anbahnung** umfasst alle Aktivitäten, die notwendig sind, um die Kooperation vorzubereiten. Sie verursachen die folgenden Kosten:

- **Kosten für den Entwurf des Sollprofils**: Auf Basis des Wertstroms kann das Sollprofil für den Kooperationsgegenstand erarbeitet werden. Dieser ist im späteren Verlauf die Basis für das Service-Level-Agreement zwischen den Kooperationspartnern. Es entstehen vorrangig Personalkosten zur Erstellung des Sollprofils.
- **Kosten für die Partnersuche**: In der Praxis entstehen Kooperationen nicht immer auf Basis einer umfassenden Recherche. Eine solche stellt allerdings ein unverzichtbares Instrument dar, um Fehler bei der Auswahl abzuwenden. Das Rechercheergebnis wird

5.3 Operative Bewertung

durch Kontaktaufnahmen mit potenziellen Partnern schrittweise reduziert. Zentrale Rolle spielen dabei glaubhafte Referenzen. Vorrangig entstehen dabei Personalkosten für Recherche und partnerspezifische Datensammlung.

- **Kosten für die Partnerauswahl:** Für den Auswahlprozess hat sich der englische Begriff „Due Diligence" etabliert, der mit „gebotene Sorgfalt" übersetzt werden kann. Dabei prüfen wir, welcher Kooperationspartner dem Sollprofil am besten entspricht. Hauptgegenstand der Prüfung sind die Service-Fähigkeiten. Für eine zufriedenstellende Kooperation sind allerdings weitere Kriterien notwendig. Als erstes ist die Stabilität des Kooperationspartners zu nennen. Kann er die Service-Qualität dauerhaft halten oder verfügt er über zu wenige Kapazitäten? Ist eine finanzielle Stabilität gegeben oder droht eine Insolvenz? Ein weiteres Kriterium ist die Gefahr des Wissensabflusses. Arbeitet der Kooperationspartner exklusiv mit uns? Kann er nach Ende der Kooperation ein Konkurrent auf dem Dienstleistungsmarkt werden? Drittens müssen wir prüfen, ob unsere Kunden den Kooperationspartner akzeptieren würden. Schließlich ist das Konfliktpotenzial in der Betriebsphase abzuschätzen. Anschließend folgen Verhandlungen und der Vertragsschluss. Wiederum müssen wir im Wesentlichen Personalkosten ansetzen, ergänzt um Kosten für rechtliche Dienstleistungen.
- **Kosten für die Einrichtung der Kooperation:** Die Einrichtung der Kooperation beginnt in der Regel mit einer Mitteilung an die betroffenen Mitarbeiter, in der die Änderungen beschrieben werden, die durch die Kooperation entstehen. Der nächste Schritt ist die Anpassung der Organisation an die Kooperation. Dazu werden die entsprechenden Schnittstellen zwischen den Kooperierenden definiert und gestaltet. Auf dieser Basis können der Dienstleistungsprozess eingerichtet und Investitionen in gemeinsame Ressourcen etabliert werden. Dazu gehören bspw. gemeinsam genutzte Lagerhallen. Oftmals ist es notwendig, die entsprechenden Mitarbeiter des Kooperationspartners zu schulen, um die Dienstleistung in geforderter Qualität erbringen zu können. Dies schließt auch den Transfer von Dokumenten, wie bspw. Bau- und Wartungsplänen ein. Die Schulung allein ist allerdings nicht ausreichend, um die notwendige Dienstleistungsqualität sicherzustellen. Abhilfe schafft hier das gemeinsame Bearbeiten von Pilotaufträgen. Eine Alternative ist das sog. Shadowing. Dazu werden für einen bestimmten Zeitraum alle notwendigen Ressourcen bei beiden Unternehmen erhalten, die notwendig sind, um die Dienstleistung zu erbringen. Ausfälle durch Qualitätsmängel des Kooperationspartners werden so vermieden. Die Einrichtung der Kooperation endet mit einer Kommunikation an die Kunden und der Einrichtung eines Systems zur Leistungsmessung des Kooperationspartners. Dieses dient dazu, den vereinbarten Leistungsparameter fortwährend zu überwachen und bietet die Grundlage für Verbesserungsmaßnahmen und nicht zuletzt auch für eine Beendigung der Kooperation. Neben den Personalkosten sind in dieser Phase auch die Kosten für die Investitionen zu berücksichtigen.

Ein weiterer Bestandteil der Kooperationskosten entsteht in der **Betriebsphase** der Kooperation. Diese Phase beginnt mit der tatsächlichen Leistungsbereitschaft des Kooperationspartners bis zur Auflösung der Kooperation. Wir unterscheiden folgende Kosten:

- **Kosten für Service-Erbringung**: Diese Kosten sind die Kooperationskosten im eigentlichen Sinne. Im Rahmen von Verträgen zwischen den Kooperationspartnern sind diese detailliert geregelt. In der Regel sind Klauseln enthalten, wie die Kosten in Abhängigkeit der Qualität oder weiteren Faktoren variieren. An dieser Stelle sollten wir uns nochmals vor Augen führen, dass diese Kostenart zwar einen großen Anteil an den Gesamtkosten darstellt, aber weitere Kostenarten dazu führen können, dass die Kooperation positive Nettokosten aufweist und damit unvorteilhaft ist.
- **Kosten der Leistungsmessung**: Die Leistung des Kooperationspartners ist während der gesamten Betriebsphase zu überwachen. Nur so können frühzeitig Mängel identifiziert und überwunden werden. Basis sind in der Regel Kennzahlensysteme, welche die wesentlichen Leistungsparameter abbilden. Als sinnvoll hat sich erwiesen, diese Kennzahlen in ein regelmäßiges Benchmarking einzubringen. Dabei wird die Leistung des Kooperationspartners der Leistung vergleichbarer Einheiten gegenübergestellt. Hierzu können eigene Einheiten dienen, bspw. Service-Gesellschaften in anderen Regionen. Aber auch Benchmarking gegen die durchschnittlichen Leistungen einer ganzen Gruppe von Dienstleistern, bspw. in Form eines Panels, ist möglich. Neben einer kontinuierlichen Überwachung hat sich in der Praxis die regelmäßige Auditierung des Kooperationspartners etabliert. Im Rahmen einer vertieften Leistungsprüfung, bspw. nach einer definierten Einarbeitungszeit oder zur Hälfte der Vertragslaufzeit, werden gezielt Verbesserungspotenziale gesucht.
- **Kosten für Konflikte und opportunistisches Verhalten**: In der Betriebsphase kann es zwischen den Kooperationspartnern zu Konflikten kommen. Darunter verstehen wir widerstreitende Meinungen über die vertraglich festgehaltenen, oder noch gravierender, nicht vertraglich festgehaltenen Vereinbarungen zur Kooperation. Wesentliches Merkmal ist, dass sich ein Partner auf Kosten des anderen Partners besser stellen möchte. Neben diesen offenen Konflikten müssen wir zudem opportunistisches Verhalten berücksichtigen. Dieses ist für den Kooperationspartner in der Regel erst im Nachhinein sichtbar oder gar nicht beobachtbar. Dazu zählen so unterschiedliche Themen wie Vertrauensbruch, Diebstahl, unvollständige oder verfälschte Informationsübermittlung (bspw. verfälschte Weitergabe von Kostendaten, um die Verteilung der Gewinne zu beeinflussen), Erpressung oder bewusste Minderleistung (bspw. mindere Qualität, um Kosten zu sparen). Uns entstehen sowohl Kosten für Vorsorge, als auch Kosten für Folgen von Konflikten und opportunistischem Verhalten.

Schließlich müssen wir die **Trennungskosten** einer Kooperation berücksichtigen. Hier gehen wir vereinfachend von der Annahme aus, dass wir nach Beendigung einer Kooperation die entsprechenden Aktivitäten vorerst selbst übernehmen und nicht direkt in eine weitere Kooperation einbringen. In diesem Fall müssen wir die Kosten für die Wiederher-

5.3 Operative Bewertung

stellung der eigenen Leistungsbereitschaft berücksichtigen. Folgende Kosten zählen wir zu den Kosten der Auflösung einer Kooperation:

- **Verteilung gemeinsamer Investitionen:** So wie zu Beginn der Kooperation Investitionen in gemeinsam genutzte Ressourcen getätigt wurden, sind diese am Ende der Kooperation zwischen den Kooperationspartnern aufzuteilen. Hier sehen wir uns regelmäßig mit einem Verteilungsproblem konfrontiert, da die gemeinsame Investition nicht für beide Partner gleich wertvoll ist. Uns entstehen Kosten für die Verhandlungen und ggf. Kosten für die Übernahme der entsprechenden Ressourcen, bspw. der ehemals gemeinsam genutzten Lagerhalle.
- **Abschreibungen spezifischer Investitionen:** Eng verwandt sind die Kosten, die uns dadurch entstehen, dass wir Investitionen getätigt haben, die nur in dieser Kooperation einen Wert haben. Dazu gehören bspw. IT-Systeme zum Datenaustausch nur mit diesem Kooperationspartner. Diese sind in der Regel vollständig abzuschreiben.
- **Kosten für Rechtsstreitigkeiten:** Trennen wir uns von unserem Kooperationspartner im Streitfall, entstehen in der Regel Kosten für Rechtsstreitigkeiten. Dazu gehören neben den direkten Kosten für Anwälte und Gerichte auch indirekte. Beispiele für Letztere sind Kosten für Imageschädigungen, weil der Streitfall öffentlich wurde.
- **Dokumentation der Erfahrungen und Lernen:** Kooperationen sind in der Regel jeweils einzigartige Projekte und bieten daher ein wichtiges Feld, um Erfahrung zu sammeln und um zu lernen. Positive Effekte für zukünftige Kooperation können wir aber nur dann erwarten, wenn Erfahrungen dokumentiert werden. Ergänzend dazu ist es notwendig, dass die Informationen den Personen zur Verfügung stehen, die sich mit der nächsten Kooperation befassen. Es fallen folglich Personalkosten und in der Regel auch Kosten für elektronische Datenverarbeitung an.
- **Kosten für die Reorganisation:** In der Anbahnung der Kooperation wurden die Dienstleistungsprozesse verändert, damit der Kooperationspartner im Stande ist, seine Aufgaben durchzuführen. Am Ende der Kooperation müssen wir daher die Prozesse wieder in einen solchen Zustand überführen, dass wir selbst wieder leistungsfähig sind. Dazu sind auch Mitarbeiter wieder neuen Aufgaben zuzuordnen. Die Kosten, die hierfür anfallen sind umso höher, je kurzfristiger die Kooperation beendet wurde. Besonders hoch sind die Kosten bei einem abrupten und ungeplanten Ende der Kooperation.
- **Kosten des Wiederaufbaus der Leistungsfähigkeit:** Das Ende der Kooperation führt auch dazu, dass wir die Dienstleistung nicht mehr erbringen können. Wir stehen nun vor der Wahl, ob wir dies ändern möchten oder unser Dienstleistungsportfolio entsprechend anpassen wollen. In beiden Fällen entstehen Kosten. Wollen wir die Dienstleistung wieder anbieten können, so entstehen Kosten für Schulungen der Mitarbeiter, interne Reorganisationen und Investitionen in die vier Kapazitätsarten Personal, Material, Ausrüstung und Flächen. Die Höhe der Kosten ist davon abhängig, wie weitgehend die Kooperation war. Hier sehen wir auch das wesentliche Grundproblem jeder Kooperation: die Abhängigkeit vom Kooperationspartner. Wollen wir die Dienstleistung nicht mehr anbieten, entstehen Kosten für Desinvestition sowie für die Kommunikation an die bisherigen Kunden.

Bestimmung der Kostensenkungen Nachdem wir die Kosten der Kooperation bestimmt haben, müssen wir die **Kostensenkungen** ermitteln, die wir durch die Kooperation erwarten. Erst dann können wir die Nettokosten der Kooperation bestimmen. Analog zu den Kosten der Kooperation erörtern wir die verschiedenen Arten von Kostensenkungen. Der wesentliche Unterschied ist, dass nicht alle Kostensenkungspotenziale auch realisiert werden.

Die Kostensenkungen können wir anhand der **Kapazitäten** einteilen, die wir durch die Kooperation nicht mehr vorhalten müssen:

- **Reduktion von Personalkosten**: Personalkapazität wird an zwei Stellen eingespart. Zum einen sind dies jene Personalkapazitäten, die für jene Dienstleistungsaktivitäten vorgehalten wurden, die nun durch den Kooperationspartner durchgeführt werden. Dies kann in allen drei Dienstleistungsfunktionen der Fall sein: Dienstleistungsentwicklung, Dienstleistungsvertrieb und Dienstleistungserbringung. Neben den genannten Personalkapazitäten können jene reduziert werden, welche zur Disposition der erstgenannten Personalkapazitäten vorgehalten wurden. Dies ist der direkte Gegeneffekt zu Personalkosten, die dadurch entstehen, dass der Kooperationspartner gesteuert werden muss.
- **Reduktion von Materialkosten**: Materialkapazität wird in dem Maße eingespart, wie die Pflicht, Material für die Dienstleistungserbringung, an den Kooperationspartner übertragen wird. Diese Einsparung tritt in wesentlicher Höhe ausschließlich in der Dienstleistungserbringung, da nur dort hohe Materialkapazitäten, wie bspw. Ersatzteile, auftreten. Einsparungen hinsichtlich dieser Kapazitätsart sind in der Dienstleistungsentwicklung oder dem Dienstleistungsvertrieb in der Regel von untergeordneter Bedeutung.
- **Reduktion von Ausrüstungskosten**: Die Reduktion von Ausrüstung steht in einem engen Zusammenhang mit der Reduktion der Personalkapazität. In der Dienstleistungsentwicklung können dies bspw. IT-Systeme sein, die von den Entwicklern verwendet werden. Im Dienstleistungsvertrieb handelt es sich bspw. um Fahrzeuge. Im Rahmen der Dienstleistungserbringung handelt es sich bspw. um Diagnosegeräte. Eine Schwierigkeit bei der Quantifizierung ist die gemeinsame Nutzung von Ausrüstung. Wird der Fahrzeugpool gemeinsam mit dem Kooperationspartner genutzt, müssen wir geeignete Schlüssel zu Grunde legen, um die Kosten aufzuteilen.
- **Reduktion von Flächenkosten**: Die Reduktion von Flächenkosten weist Zusammenhänge mit allen anderen Kapazitätsarten auf. Einerseits sind Flächenkosten abhängig von den vorzuhaltenden Material- und Ausrüstungskapazitäten. Beispiele hierfür sind Lager für Ersatzteile und Parkflächen für Fahrzeuge. Andererseits sind diese abhängig von Personalkapazitäten. Führen wir uns hierzu nochmals das Beispiel der Kehrgeräte AG vor Augen: Diese muss Flächen vorhalten für den Fall, dass der Service-Techniker eine Reparatur prinzipiell nicht vor Ort vornehmen kann. In diesem Fall transportiert er die Reinigungsmaschine in die unternehmenseigene Werkstatt. Diese Fläche kann eingespart werden, wenn die entsprechende Dienstleistungsaktivität an den Kooperati-

onspartner ausgelagert wurde. Analog zu den Ausrüstungskosten ist auch hier die Herausforderung der Abgrenzung zu meistern, wenn wir Flächen gemeinsam mit unserem Kooperationspartner nutzen.

Abschließend sollten wir an dieser Stelle festhalten, dass wir hier eine **Kostenprognose** vornehmen, die nur in wenigen Fällen exakt zutrifft. Es ist daher wichtig, besonders hohe Kostenblöcke in allen Phasen des Kooperationslebenszyklus zu überwachen und notfalls die Kooperation rechtzeitig zu beenden.

5.4 Praxisbeispiel: Die Supply Chain Services gmbh & Co. KG

Das Unternehmen Die Supply Chain Services GmbH & Co. KG ist ein Gemeinschaftsunternehmen der Simon Hegele GmbH und der Landesbank Baden-Württemberg. In diesem Gemeinschaftsunternehmen sind die logistischen Kompetenzen der Simon Hegele Gruppe mit den finanzwirtschaftlichen Kompetenzen der Landesbank Baden-Württemberg zusammengeführt.

Durch ein einzigartiges Dienstleistungsbündel, von der Warenbestandsübernahme, der Beschaffung und den logistischen Dienstleistungen aus einer Hand bis hin zur dazugehörigen Finanzierung, verbessert die Supply Chain Services GmbH & Co KG die logistischen Abläufe, die liquiden Spielräume und damit die Eigenkapitalquote der Kunden.

Das Leistungsspektrum umfasst im Einzelnen:

- Die Übernahme des bereits vorhandenen Kunden-Warenbestandes.
- Die Übernahme des operativen Einkaufs: Kauf der Ware im eigenen Namen und auf eigene Rechnung sowie Finanzierung der Ware durch die Simon Hegele Supply Chain Services GmbH & Co. KG.
- Die Reduzierung des Warenbestandes in der Kundenbilanz: Verbesserung des Ratings, des Cashflows sowie des Working Capitals des Kunden.

Voraussetzungen, dass die Dienstleistung angeboten wird, sind ein Mindestvolumen des Lager-, Waren- oder Ersatzteilbestandes des Kunden von 3 Mio. Euro; die Durchführung der Logistikleistungen durch die Simon Hegele Gruppe und ein Rating des Kunden von mindestens BBB+.

Der wesentliche Vorteil für die Kunden der Supply Chain Services GmbH & Co. KG ist die Möglichkeit, sich auf ihre Kernkompetenzen zu konzentrieren. Mit der Übernahme der Bestände und der damit verbundenen Bestell- und Logistikabwicklung eröffnen sich für die Kunden neue Perspektiven und Ratiopotenziale.

Im Folgenden wird an einem Projektbeispiel das Zusammenspiel der Supply Chain Services GmbH & Co. KG mit einem Kunden erläutert. Im Rahmen dieses Beispiels werden die Wirkungen der Dienstleistungen aufgezeigt.

Das Projektbeispiel Siemens Energy – Leittechnik Ausgangspunkt der Zusammenarbeit war der Bedarf der Siemens Energy – Leittechnik nach einem Logistikdienstleister, der die komplexen Anforderungen rund um den Bereich der Beschaffung, Fertigungsversorgung und Assemblierung sowie den Versand von Kraftwerksleittechnik leisten konnte.

Die Kooperation wurde notwendig durch das erwartete, starke Wachstum der Energiebranche in den nächsten zwei Jahrzehnten um bis zu 40 Prozent. Durch die damit einhergehenden Erweiterungen der Fertigungsflächen für Leitstände, Logistik und Beschaffungsdienstleistungen, stand fest, dass ein geeigneter Partner gefunden werden muss, um dem Wachstum gerecht zu werden.

In der ersten Phase des Kooperationsprojekts wurden sämtliche Assemblierungstätigkeiten durch Simon Hegele übernommen und auf die firmeneignen Assembling-Center in Karlsruhe verlagert. Hier stehen seit zehn Jahren 2.500 qm Produktionsflächen und 10.000 qm Logistik- und Service-Flächen für die Nutzung zur Verfügung. Hier führt Simon Hegele gemeinsam mit Siemens Energy – Leittechnik das Assembling der Leitstände durch.

Die Integration des Simon Hegele Beschaffungsmanagement in die Bestellabwicklung der Siemens Energy – Leittechnik war Inhalt der zweiten Phase. Hier stand die Zentralisierung der logistischen Bestellabwicklung durch Simon Hegele im Vordergrund. Hierzu war es notwendig, das Logistik-Center wie ein Produktionsunternehmen zu organisieren. Erreicht wurde dies durch die datentechnische Anbindung mittels einer SAP-zertifizierten Schnittstelle zwischen SAP und HELIS (Hegele Logistik Informations System).

Nach Beendigung der zweiten Phase wurde weiteres Verbesserungspotenzial bei Siemens erkannt: Weitere Reduzierung der Durchlaufzeiten, Fokussierung auf Kerngebiete, Entwicklung und Vertrieb von Kraftwerksleittechnik und Einkaufsmarketing sind hier zu nennen. Durch die Beschaffung durch Logistikdienstleister und die Übernahme verschiedener Lager durch Logistikdienstleister kann so eine Bestandsoptimierung und eine Steigerung der Lieferperformance erreicht werden.

In einer dritten Phase wurden die Beschaffungsaktivitäten mit einem jährlichen Gesamtvolumen und Warenbeständen in zweistelliger Millionenhöhe sowie der weltweite Versand durch die Simon Hegele Supply Chain Services GmbH & Co. KG übernommen.

Die Aufgaben der Supply Chain Services GmbH & Co. KG umfassten im Einzelnen:

- Übernahme des bereits vorhandenen Warenbestandes incl. Ersatzteile (PC, Server, Drucker etc.),
- operative Beschaffung der Einzelkomponenten mit einem Einkaufsvolumen von mehreren Mio. Euro p. a. zzgl. Bulk-Orders und Resteindeckungen,
- lagern und kommissionieren der Ware,
- verpacken und weltweites versenden,
- Assemblierung der PC-Komponenten, bspw. Hard- und Software-Komplettprozess im eigenen Namen auf eigene Rechnung.

	Ausführender ohne Kooperation	Ausführender mit Kooperation	
Dauer des Prozesses	12 Kalenderwochen	8 Kalenderwochen	
	Siemens	Siemens	Simon Hegele & SCS
Bestellung von Leitständen	X	X	
Lieferantenauswahl	X	X	
Beschaffung	X		X
Lagerhaltung	X		X
Finanzierung	X		X
Fertigung/Montage	X		X
Versand	X		X
Faktura der bestellten Leitstände	X		X

Abb. 5.4 Effekte der Kooperation

Abb. 5.4 zeigt den zeitlichen Vorteil und der Neuverteilung der Prozessschritte, die durch die Kooperation mit Simon Hegele und Supply Chain Services GmbH & Co. KG entstand:

Das Beispiel zeigt, dass in einer solch intensiven Kooperation zwischen Logistikdienstleister und Kunde die Waren- und Finanzströme ganzheitlich betrachtet werden müssen. Die Logistikdienstleister haben hier eine herausragende Rolle, denn sie

- verfügen über umfangreiche Informationen bezüglich der Warenflüsse, Warenbestände und Absatzentwicklung ihrer Kunden,
- disponieren, beschaffen und transportieren die Ware und betreiben ihre Lager und
- kennen die Entwicklung ihrer Kunden (Plan- und Prognosedaten) und sind damit näher am Kunden als externe Akteure wie Banken.

Die hier beschriebene Kooperation erfordert hohes finanzwirtschaftliches Know-how seitens des Logistikdienstleisters. Die Banken, als traditionelle Kreditgeber, geraten mittelfristig bei komplexen gebündelten logistisch-finanziellen Transaktionen in den Hintergrund.

Literatur

Mödinger, P.; Redling, B. (2004), Produktbegleitende Dienstleistungen im Industrie- und Dienstleistungssektor im Jahr 2002, in: Wirtschaft und Statistik 12/2004, S. 1408–1413.

6 Handlungsfeld 5: Organisatorische Einordnung – Wie ordnen wir das Dienstleistungsgeschäft ein?

6.1 Lernziele

Rekapitulieren wir an dieser Stelle, was wir bisher erörtert haben: Im Handlungsfeld 1 haben wir Basisstrategien des Dienstleistungsgeschäfts eingeführt. Auf dieser Grundlage haben wir im Handlungsfeld 2 jene Dienstleistungen identifiziert, die uns bei der Umsetzung der Strategie hilfreich sind. In Handlungsfeld 3 haben wir die notwendigen Prozesse und Kapazitäten abgeleitet, die notwendig sind, um die ausgewählten Dienstleistungen zu erbringen. Schließlich haben wir erörtert, wie wir uns entscheiden, welche Dienstleistungen, Dienstleistungsaktivitäten oder Kapazitäten wir in Kooperationen einbringen.

Die zentrale Frage in diesem Handlungsfeld ist, wie wir das Dienstleistungsgeschäft in die **Organisation** eines Unternehmens einordnen wollen. Gleichwohl, oder vielleicht gerade weil der Begriff „Organisation" allgegenwärtig ist, existieren unterschiedliche Auffassungen, was er bedeutet. Eine Übersicht dazu geben Standardwerke zur Organisation (vgl. bspw. Schreyögg 2008). Wir wollen hier den sog. **konfigurativen Organisationsbegriff** verwenden.

▶   Nach diesem ist die Organisation die **dauerhafte Strukturierung** von **Arbeitsprozessen** und daher der eigentlichen Erbringung von Dienstleistungen vorgelagert (vgl. Schreyögg 2008, S. 7).

Betrachten wir diese Definition näher: Die Organisation soll etwas **Dauerhaftes** sein. Was genau dauerhaft bedeutet, ist allerdings nicht definiert. Welchen Zeitraum legen wir aber dann zu Grunde? Hierzu eine einfache Entscheidungsregel: Die Organisation sollte so lange nicht verändert werden, solange sie ihren Zweck erfüllt. Dies führt uns zum zweiten Teil der Definition: der **Strukturierung** der Arbeitsprozesse.

Der Zweck einer Organisation ist es, die Arbeitsprozesse zu strukturieren. Was hier fehlt, ist ein Kriterium, das uns hilft darüber zu entscheiden, ob eine gewählte Organisation die beste Möglichkeit unter allen ist. Allgemeingültige Kriterien helfen uns hier nur wenig, da sie notwendigerweise im Allgemeinen verbleiben. Daher stellen wir hier wiederum die gewählte **Dienstleistungsstrategie** in den Mittelpunkt. Die Organisation ist folglich gut gewählt, wenn sie es ermöglicht, die gewählte Dienstleistungsstrategie umzusetzen.

Organisation erscheint in dieser Definition als etwas Abstraktes. Daher stellt sich die Frage, wie sich eine Organisation in der Praxis manifestiert. Einige grundsätzliche Beispiele sind:

- Regeln, die die **Verteilung der Aufgaben** zwischen den Organisationsmitgliedern festlegen. Eine Form sind Stellenbeschreibungen.
- Regeln, die die **Koordination der Aufgaben** und Organisationswege festlegen. Eine Form sind Bestimmungen zu Berichtswegen zwischen den Akteuren.
- Regeln, die die **Kompetenzen** und **Weisungsrechte** der Organisationsmitglieder festlegen. Solche können bspw. in Form von Organigrammen hinterlegt sein.
- Regeln, die die **Ausführung** der einzelnen Aufgaben **näher bestimmen**. Dazu gehören bspw. Verfahrensrichtlinien.

Gemein ist allen diesen Regeln, dass sie den **Handlungsspielraum** der Mitarbeiter **eingrenzen**. Dadurch schaffen wir Klarheit über die Zuständigkeiten der einzelnen Organisationsmitglieder. Organisation fassen wir daher als eine erste Form der **Steuerung** auf. In den Kap. 7 und Kap. 8 lernen wir mit Performance Measurement und Anreizen die weiteren Instrumente zur Steuerung des Dienstleistungsgeschäfts kennen.

Die Gestaltung einer Organisation erfordert es, dass wir die Gestaltungsebene wählen. Hier können wir zwischen zwei Ebenen unterscheiden: die **Ebene der Dienstleistungsfunktionen** (Makroebene) und die **Ebene der Prozesse** innerhalb der Dienstleistungsfunktionen (Mikroebene). In der Makroebene differenzieren wir zwischen den **drei** grundlegenden **Funktionen** Dienstleistungsentwicklung, Dienstleistungsvertrieb und Dienstleistungserbringung. Die Gestaltung der Makroebene ist folglich die Einordnung der drei Funktionen, ohne dass wir die Prozesse betrachten, die in diesen ablaufen.

Nach der Gestaltung der Makroebene erfolgt die Gestaltung der Mikroebene auf Basis des Wertstroms, den wir in Abschn. 4.2 definiert haben als Gesamtheit aller Dienstleistungsaktivitäten, die in einem Dienstleistungsprozess vollzogen werden.

In diesem Abschnitt widmen wir uns daher der Gestaltung der Makroebene der Dienstleistungsorganisation. Dazu erörtern wir grundlegende Formen der Organisation des Dienstleistungsgeschäfts. Anhand des sog. Zentralisationsgrads führen wir in Abschn. 6.2 vier **Grundformen** zur Organisation des Dienstleistungsgeschäfts ein.

Darauf aufbauend diskutieren wir, welche Grundform sich für welche **Dienstleistungsstrategie** eignet. Dazu erörtern wir die Passung der Grundformen in Bezug auf die sieben Basisstrategien in Abschn. 6.3. Wie bereits bei den vorangegangenen Kapiteln vertiefen wir das Erlernte wiederum anhand eines Praxisbeispiels in Abschn. 6.4. Abbildung 6.1 zeigt den Aufbau des Kapitels im Gesamtzusammenhang.

6.2 Grundformen zur Organisation des Dienstleistungsgeschäfts 111

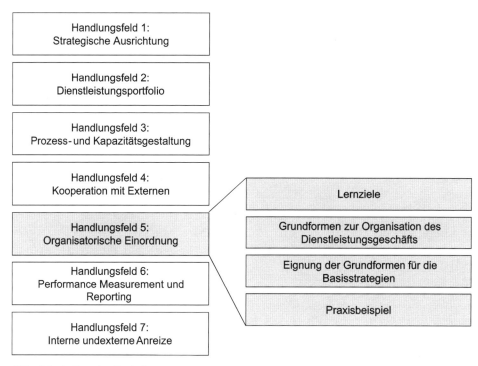

Abb. 6.1 Aufbau des Kapitels

6.2 Grundformen zur Organisation des Dienstleistungsgeschäfts

Das Dienstleistungsgeschäft eines Unternehmens umfasst die **drei Funktionen** Dienstleistungsentwicklung, Dienstleistungsvertrieb und Dienstleistungserbringung. Diese Funktionen sind generisch, d. h. es handelt sich um abstrakte Begriffe, die in der Praxis in unterschiedlichen Ausprägungen und Bezeichnungen vorliegen können. Die Dienstleistungsentwicklung kann bspw. in einem Unternehmen von der Produktentwicklungsabteilung übernommen werden. Die Bezeichnung Dienstleistungsentwicklung liegt in jenem Fall nicht vor, die Funktion aber existiert.

Grundlegende Organisationsformen für das Dienstleistungsgeschäft unterscheiden sich in der **Einordnung** der drei Funktionen in die Gesamtorganisation des Unternehmens. Wir unterscheiden im Folgenden vier Grundformen. Folglich benötigen wir ein Kriterium, um diese Unterscheidung vornehmen zu können.

Wir verwenden zur Differenzierung den **Zentralisierungsgrad** der Dienstleistungsorganisation. Allgemein ist der Zentralisierungsgrad einer Organisation definiert als das Maß, zu dem die Entscheidungskompetenzen und Ressourcen an einem Ort in der Organisation angesiedelt sind. In unserem Fall wollen wir darunter die Nähe der drei Dienstleistungsfunktionen zueinander verstehen. Die vier Grundformen unterscheiden sich in ihrem Zentralisationsgrad. Beginnen wir mit der Organisationsform mit dem höchsten Zentralisierungsgrad.

Grundform 1: Zentralisierte Dienstleistungsorganisation mit Unterstellung unter die 1. Ebene Die höchste Form der Zentralisierung des Dienstleistungsgeschäfts ist die Gründung einer eigenen **Legaleinheit**, in der alle Dienstleistungsfunktionen gebündelt werden. Eine solche Einheit ist im Sinne eines Tochterunternehmens direkt der Unternehmensleitung (1. Ebene) oder dem Beteiligungsmanagement unterstellt.

Es handelt sich um die Organisationsform, mit der das Produktgeschäft und das Service-Geschäft am deutlichsten getrennt werden. Das Dienstleistungsgeschäft ist damit besonders **sichtbar**, was einer hohen Bedeutung gleichkommt. Weiterhin ist die Koordination der Dienstleistungsfunktionen besonders einfach. Genauso wie die Ermittlung von Kosten und Leistungen des Dienstleistungsgeschäfts. Die Koordination mit dem Produktgeschäft ist hingegen erschwert. Auch liegt in den beiden Legaleinheiten zum Produktgeschäft und Dienstleistungsgeschäft nur wenig Wissen und damit wenig Verständnis für die jeweils andere Legaleinheit vor.

Eine Variante dieser Grundform ist die Zentralisierung des Dienstleistungsgeschäfts **ohne Gründung** einer eigenständigen **Legaleinheit**. Die Dienstleistungsfunktionen werden dazu der Unternehmensleitung direkt unterstellt und nicht einer der Produktfunktionen, wie bspw. dem Produktvertrieb oder der Produktion. Die oben dargestellten Effekte sind in dieser Variante abgemildert.

Eine wichtige Sonderform sind **globale Dienstleistungsnetzwerke**. Im Grunde handelt es sich wiederum um diese Grundform, die allerdings mit einer regionalen Differenzierung erfolgt. International tätige Unternehmen überlassen Teile des Dienstleistungsgeschäfts regionalen Niederlassungen, die aber direkt der Unternehmensleitung unterstellt sind. So obliegen den regionalen Niederlassungen bspw. der Dienstleistungsvertrieb und alle anderen Dienstleistungsfunktionen einer zentralen Dienstleistungseinheit. Abbildung 6.2 zeigt die Varianten der ersten Grundform in Form von Organigrammen.

Grundform 2: Zentralisierte Dienstleistungsorganisation mit Unterstellung unter die 2. Ebene Eine geringere Form der Zentralisierung liegt vor, wenn die Dienstleistungsfunktionen zwar in einer Einheit zusammengefasst sind, aber diese nicht der Geschäftsführung, sondern der **2. Führungsebene** unterstellt ist.

Die Struktur der zweiten Führungsebene ist abhängig vom **Steuerungskonzept** eines Unternehmens. Grundlegende Möglichkeiten sind die Gliederung nach produktorientierten Geschäftsbereichen, Regionen oder betrieblichen Funktionen. Letztere umfassen u. a. Vertrieb, Produktion, F&E sowie Finanzen. In der Praxis sind neben den reinen Möglichkeiten auch Mischformen verbreitet.

Grundsätzlich können wir festhalten, dass die Unterstellung unter die 2. Führungsebene die **Koordination** zwischen dieser Ebene und dem Dienstleistungsgeschäft vereinfacht. Die Unterstellung unter einen Geschäftsbereich erlaubt eine einfache Koordination mit

6.2 Grundformen zur Organisation des Dienstleistungsgeschäfts

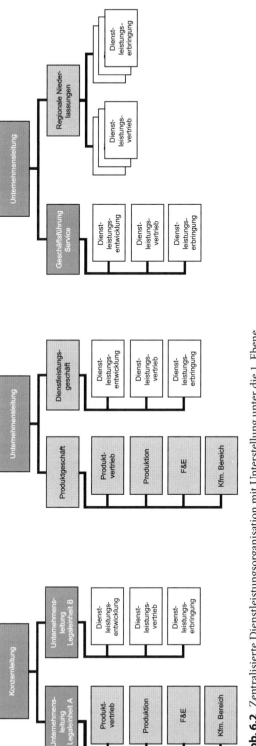

Abb. 6.2 Zentralisierte Dienstleistungsorganisation mit Unterstellung unter die 1. Ebene

den dort zugeordneten Produkten. Die Verbindung zu anderen Geschäftsbereichen ist dagegen erschwert.

Analog gilt dies für die Unterstellung der einzelnen betrieblichen Funktionen. Eine Unterstellung unter den Vertrieb führt dazu, dass der Dienstleistungsvertrieb gegenüber den anderen Dienstleistungsfunktionen in den Vordergrund tritt. Weiterhin kann die Kapazität zwischen der Dienstleistungsfunktion und der übergeordneten Produktfunktion durchgeführt werden. Eine Unterstellung des Dienstleistungsgeschäfts unter die Produktion erlaubt, Qualifikation vorausgesetzt, eine einfache Verschiebung von Technikern zwischen Produktion und Dienstleistungserbringung.

Die Unterstellung unter die 2. Führungsebene legt zudem eine **klare Hierarchie** zwischen Produkt- und Dienstleistungsgeschäft fest. Eine Unterstellung unter den F&E-Bereich führt tendenziell dazu, dass die Produktentwicklung der Dienstleistungsentwicklung vorgelagert ist und eigenständige Dienstleistungsentwicklung eine eher untergeordnete Bedeutung hat. Abbildung 6.3 zeigt die Varianten der zweiten Grundform in Form von Organigrammen.

Grundform 3: Dezentralisierte Dienstleistungsorganisation mit Koordination Die dritte organisatorische Grundform zeichnet sich dadurch aus, dass die Dienstleistungsfunktionen nicht mehr in einer organisatorischen Einheit zusammengefasst sind. Vielmehr sind sie **getrennt** und jeweils anderen Einheiten unterstellt.

Die Trennung kann in zwei Varianten vorliegen: In der **ersten Variante** gibt es lediglich eine organisatorische Einheit für jede Dienstleistungsfunktion. In der **Zweiten** gibt es mehrere organisatorische Einheiten für eine oder mehrere Dienstleistungsfunktionen. So kann es bspw. mehrere Dienstleistungsvertriebe geben, die jeweils einem Geschäftsbereich unterstellt sind.

Auch innerhalb dieser dritten Grundform können wir verschiedene Abstufungen von Zentralisierung unterscheiden. Eine erste Abstufung ist die **Matrix**. In dieser Form werden die einzelnen Dienstleistungsfunktionen doppelt unterstellt. Die erste Unterstellung ergibt sich aus der Zuordnung zur jeweiligen Produktfunktion. Die zweite Unterstellung erfolgt unter eine Einheit oder Stelle, die das Dienstleistungsgeschäft oder einzelne Dienstleistungen verantwortet.

Der wesentliche Vorteil der Matrixstruktur sind Größenvorteile durch Bündelung der jeweiligen Produkt- und Dienstleistungsfunktion und dadurch auch eine bessere **Kapazitätssteuerung**. Der wesentliche Nachteil ist der dauerhafte **Konflikt** zur Auftragspriorisierung zwischen Produkt- und Dienstleistungsgeschäft.

Eine Abstufung mit einem niedrigeren Zentralisierungsgrad ist die Einführung einer **Koordinationsstelle** für das Service-Geschäft. Im Gegensatz zur Matrix erfolgt in der Regel keine gleichberechtigte Unterstellung. Vielmehr ist die Koordinationsstelle in **Priorisierungskonflikten** regelmäßig unterlegen, da keine Doppeltunterstellung erfolgt. Weshalb dann diese Koordinationsstelle? Sie dient vorrangig der Abmilderung von **Abstimmungsproblemen** zwischen den einzelnen Dienstleistungsfunktionen und somit zur Verbesse-

6.2 Grundformen zur Organisation des Dienstleistungsgeschäfts 115

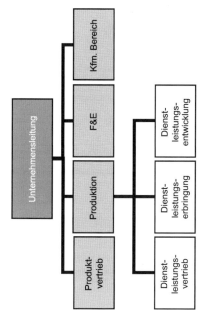

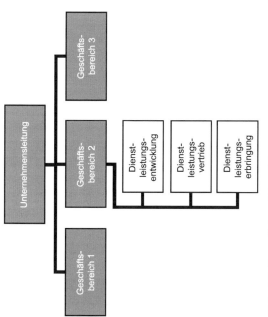

Abb. 6.3 Zentralisierte Dienstleistungsorganisation mit Unterstellung unter die 2. Ebene

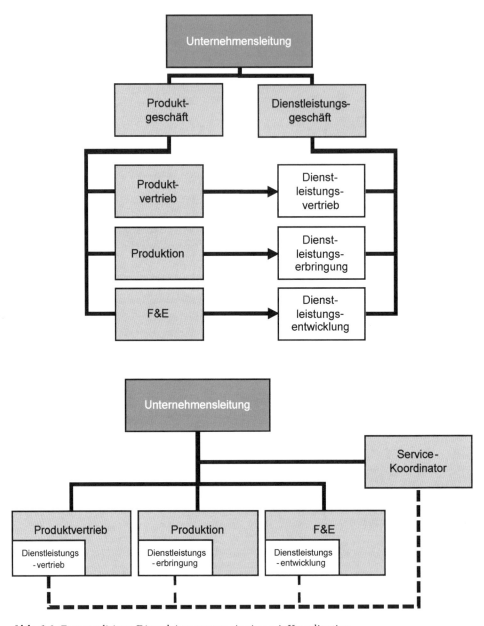

Abb. 6.4 Dezentralisierte Dienstleistungsorganisation mit Koordination

rung der Kundenbetreuung. Abbildung 6.4 zeigt die Abstufungen der dritten Grundform in Form von Organigrammen.

Grundform 4: Dezentralisierte Dienstleistungsorganisation ohne Koordination Die vierte Grundform zeichnet sich dadurch aus, dass die **Dienstleistungsfunktionen** den

6.2 Grundformen zur Organisation des Dienstleistungsgeschäfts

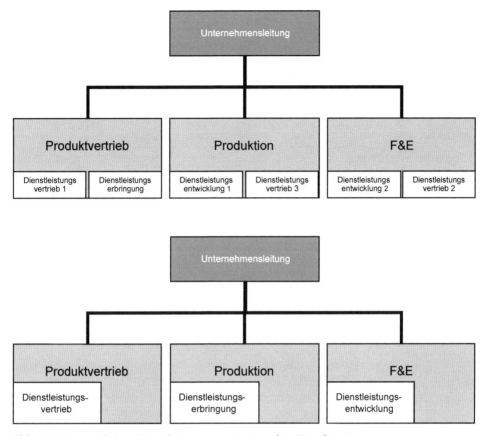

Abb. 6.5 Dezentralisierte Dienstleistungsorganisation ohne Koordination

entsprechenden **Produktfunktionen zugeordnet** sind. Oftmals existieren keine abgegrenzten Subeinheiten in den Produktfunktionen. Vielmehr werden die Dienstleistungsfunktionen von denselben Mitarbeitern vollzogen, die für das Produktgeschäft verantwortlich sind.

Diese Grundform ist in der Praxis vor allem in jenen Fällen vorzufinden, in denen Unternehmen erst begonnen haben, ein Dienstleistungsgeschäft aufzubauen oder in denen das Dienstleistungsgeschäft keine hohe Bedeutung für das Unternehmen hat. Vielmehr sind Produkt- und Dienstleistungsgeschäft personell verbunden. Die **Kapazitätssteuerung** ist dadurch vergleichsweise einfach. Dagegen ist die **Koordination** der einzelnen Dienstleistungsfunktionen erschwert.

Analog zur dritten Grundform können wir **zwei Varianten** der Grundform unterscheiden. In der **ersten Variante** gibt es lediglich eine organisatorische Einheit für jede Dienstleistungsfunktion. In der **zweiten Variante** gibt es mehrere organisatorische Einheiten für eine oder mehrere Dienstleistungsfunktionen. Abbildung 6.5 zeigt die Varianten der vierten Grundform in Form von Organigrammen.

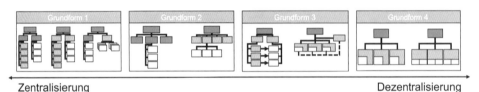

Abb. 6.6 Grundformen der Organisation des Dienstleistungsgeschäfts

In Abb. 6.6 sind die vorgestellten Organisationsformen gemäß ihrem **Zentralisationsgrad** dargestellt. Wir müssen uns hier allerdings vor Augen führen, dass in der Praxis Mischformen zwischen den Grundformen auftreten. Um dies hier deutlich hervorzuheben: Wir streben nicht an, eine Grundform möglichst ideal umzusetzen. Vielmehr schlagen wir einen **zweistufigen Prozess** zur systematischen Organisationsgestaltung vor. Im **ersten Schritt** wählen wir eine Grundform aus und wandeln diese in einem **zweiten Schritt** dort ab, wo wir konkrete Gründe dafür vorweisen können.

In Kap. 5 haben wir diskutiert, dass es unter bestimmten Bedingungen sinnvoll ist, Teile des Dienstleistungsgeschäfts in eine Kooperation mit einem anderen Unternehmen einzubringen. Dies muss sich folglich in der Organisation des Dienstleistungsgeschäfts niederschlagen. Die zentrale Herausforderung ist es, die **Schnittstellen zum Kooperationspartner** klar zu definieren. Hierzu wieder ein zweistufiges Vorgehen.

In einem **ersten Schritt** gestalten wir die Organisation gedanklich in der Form, wie wir sie ohne einen Kooperationspartner gestalten würden. Im **zweiten Schritt** lösen wir die entsprechende Funktion heraus. Dies kann sich auf ganze Dienstleistungsfunktionen beziehen, wie bspw. die Dienstleistungserbringungen. Aber auch Teile einer Dienstleistungsfunktion können betroffen sein. Auf dieser Mikroebene tritt wiederum der Wertstrom in den Fokus.

6.3 Eignung der Grundformen für die Basisstrategien des Dienstleistungsgeschäfts

Basisstrategie „Gesetzliche Verpflichtung" Oberstes Ziel dieser Strategie ist es, die gesetzlich vorgeschriebenen Dienstleistungen **kostenminimal** zu erbringen. Hierzu gehören u. a. Dienstleistungen im Rahmen von Gewährleistungspflichten und in einigen Branchen bestimmte Entsorgungsdienstleistungen. Die Kundenbegeisterung erfolgt beinahe ausschließlich durch das Produktgeschäft. Für die Umsetzung dieser Strategie ist es zudem wichtig, Änderungen der Kundenanforderungen bzw. im Angebot von Wettbewerbern erkennen zu können.

Die **Grundform 4** ist für diese Basisstrategie besonders geeignet. Dafür spricht, dass dem Dienstleistungsgeschäft eine sehr geringe Bedeutung zukommt. Weiterhin erfüllt diese Grundform die Anforderung, die Kosten für das Dienstleistungsgeschäft möglichst gering zu halten. Was sind hierfür die Gründe:

- Eine **Neuorganisation** zur Schaffung eigener Dienstleistungseinheiten ist nicht erforderlich. Die Kosten für eine solche organisatorische Veränderung entfallen.
- Ebenfalls entfallen die Kosten für eine **koordinierende Einheit** für die Dienstleistungsfunktionen, da bewusst auf diese verzichtet wird.
- **Leerkosten** können in der Dienstleistungserbringung minimiert werden, da sie von denselben Mitarbeitern vollzogen wird, die für das Produktgeschäft verantwortlich sind.

Ein Punkt ist allerdings besonders zu beachten: Da es notwendig ist, zu erkennen, wann die Strategie nicht mehr anwendbar ist, muss der Vertrieb so gestaltet werden, das Veränderungen des Marktes erkannt werden. Konkret bedeutet dies, dass die Mitarbeiter des Produktvertriebs erkennen müssen, wenn Kunden verstärkt Dienstleistungen nachfragen oder wenn Konkurrenten verstärkt Dienstleistungen anbieten, die nicht gesetzlich vorgeschrieben sind.

Basisstrategie „Kundenorientierung" Oberstes Ziel der Basisstrategie „Kundenorientierung" ist es, nur solche Dienstleistungen anzubieten, die Bestandskunden aktiv nachfragen oder die ein Standard in der betreffenden Branche geworden sind. Im Kern geht es in dieser Strategie darum, das Dienstleistungsportfolio auf das Minimum zu begrenzen, das vertretbar ist, um das Produktgeschäft nicht zu gefährden. Die **Grundform 3** ist für diese Basisstrategie besonders geeignet. Hierfür sprechen folgende Gründe:

- Für eine dezentralisierte Lösung spricht die **optimale Abstimmung** mit dem **Produktgeschäft**. Auf diese Weise kann gewährleistet werden, dass tatsächlich jene Dienstleistungen angeboten werden, die unbedingt notwendig sind, um das Produktgeschäft nicht zu gefährden.
- Die Strategie „Kundenorientierung" wird oftmals in jenen Unternehmen verfolgt, die nur eine **geringe Kompetenz** im **Dienstleistungsvertrieb** aufweisen. Sie profitieren von der reaktiven Vorgehensweise, da die angebotenen Dienstleistungen keine hohen Anforderungen an den Vertrieb stellen. Auch dies spricht für eine dezentralisierte Organisation mit enger Anbindung an das Produktgeschäft.
- Ein zentrales Risiko dieser Strategie ist es, dass im Zeitablauf ein unstrukturiertes und damit zu **komplexes Dienstleistungsportfolio** entsteht. Treiber dieser Entwicklung sind die Kundenanfragen, die zur Erweiterung des bestehenden Dienstleistungsportfolios führen. Folglich ist eine Koordination zwischen den einzelnen Dienstleistungseinheiten notwendig.
- Ein weiterer Grund spricht für die Einführung eines **Koordinationsmechanismus**. Dem Wunsch des Kunden verpflichtet, werden in der Praxis oftmals Dienstleistungen etabliert, die im Extremfall nur dieser eine Kunden nachfragt – und dies vielleicht nur sehr selten. Den Kosten für Aufbau und Aufrechterhaltung der Leistungsbereitschaft stehen Erlöse in nicht adäquater Höhe gegenüber. Die koordinierende Stelle muss solche Sachverhalte frühzeitig identifizieren und steuernd eingreifen.

Die konkrete Ausgestaltung der Grundform 3 hängt ab von der **bestehenden Organisation** und **Unternehmenskultur**. Nur unter Berücksichtigung dieser Faktoren können wir entscheiden, welchen Koordinationsmechanismus wir etablieren, sei es eine Matrixstruktur oder die Einführung einer Koordinationsstelle.

Basisstrategien „Verstetigung" und „Quersubventionierung" Die Basisstrategien „Verstetigung" und „Quersubventionierung" sind miteinander verwandt. Oberstes Ziel der Basisstrategie „Verstetigung" ist es, den Gesamtumsatz des Unternehmens mit **Hilfe des Dienstleistungs**ge**schäfts zu verstetig**en. Oberstes Ziel der Basisstrategie „Quersubventionierung" ist es hingegen, ein bewusst akzeptiertes defizitäres Produktgeschäft durch ein profitables Dienstleistungsgeschäft zu kompensieren. Im Unterschied zur Basisstrategie „Verstetigung" wird folglich nicht die Saisonalität ausgeglichen, sondern ein prinzipielles Defizit im Produktgeschäft.

Im Kern geht es bei beiden Dienstleistungsstrategien darum, solche Dienstleistungen anzubieten, die einen **kompensatorischen Effekt** hinsichtlich des Produktgeschäfts aufweisen. Die **Grundform 2** mit Unterstellung unter die Produktion ist für diese Basisstrategie besonders geeignet. Folgende Gründe sprechen für die zentralisierte Lösung:

- Im Gegensatz zu den bisher erörterten Basisstrategien benötigen wir **eigenständige Dienstleistungsfunktionen**. Eine Schlüsselposition nimmt der **Dienstleistungsvertrieb** ein. Zur Verstetigung muss der Vertrieb seinen Arbeitsmodus der jeweiligen Phase anpassen. In Zeiten einer Rezession muss der Dienstleistungsvertrieb in den Vordergrund treten. Zur Quersubventionierung ist es notwendig, dass der bestehende Vertrieb qualifiziert ist, die entsprechenden After-Sales-Dienstleistungen zu verkaufen. Ein nur auf Produktverkauf spezialisierter Vertrieb ist hierzu nicht im Stande.
- Die **kompensatorische Wirkung** kann nur dann ideal erreicht werden, wenn das Dienstleistungsgeschäft dem Produktgeschäft zugeordnet wird. Eine Unterstellung unter die Produktion ist daher sinnvoll. Überdies ist es für die Wahl dieser Strategie erforderlich, dass die vorgehaltene Kapazität des Dienstleistungsgeschäfts hinreichend schnell an den Bedarf angepasst werden kann. Nur dann kann das Dienstleistungsgeschäft die kompensatorische Wirkung entfalten. Auch dies spricht für eine Unterstellung unter die Produktion, da dort in der Regel geeignete Personalkapazitäten existieren, um Bedarfsspitzen zu beherrschen.

Die **Zentralisierung** müssen wir allerdings in zwei Punkten **abmildern**, da organisatorische Verbindungen zwischen folgenden Produkt- und Dienstleistungsfunktionen notwendig sind:

- Die Umsetzung der Quersubventionierungsstrategie erfordert es, dass das Unternehmen seine **Pricing- und Rabattprozesse** im Produktgeschäft und im Dienstleistungsgeschäft aufeinander **abstimmt**. Konkret bedeutet dies, dass eine Situation erreicht werden muss, in der der Vertrieb zu jedem Zeitpunkt sicherstellt, dass der Gesamtpreis

6.3 Eignung der Grundformen für die Basisstrategien des Dienstleistungsgeschäfts

abzgl. aller Rabatte für Produkt und zugehörige Dienstleistungen bekannt und wie geplant realisiert ist.
- Für die Umsetzung beider Basisstrategien ist es notwendig ist, dass das Unternehmen Maßnahmen ergreift, um Drittanbieter der Dienstleistungen abzuwehren. Eine organisatorische **Verbindung zwischen Produkt- und Dienstleistungsentwicklung** ist hierfür sinnvoll, da in der Entwicklungsphase entsprechende Schranken für Drittanbieter etabliert werden können.

Basisstrategie „Cross-Selling" Oberstes Ziel der Basisstrategie „Cross-Selling" ist es, durch das Dienstleistungsgeschäft Neuproduktgeschäft zu induzieren. Die **Grundform 2** mit Unterstellung unter den **Vertrieb** ist für diese Basisstrategie besonders geeignet. Die Begründung ist wie folgt:

Unternehmen betrachten Dienstleistungen im Rahmen dieser Strategie vorrangig als Vehikel des Neuproduktvertriebs. Im Fokus stehen folglich After-Sales-Dienstleistungen, da sie den erwünschten verkaufsfördernden Effekt für das Folgeprodukt-Geschäft aufweisen. Dieser Effekt entfaltet sich allerdings nur dann, wenn die Mitarbeiter der Dienstleistungserbringung eng mit dem Produktvertrieb **zusammenwirken**. Informationen der Service-Techniker können dann zu passgenauen Aktionen des Produktvertriebs genutzt werden.

Ein weiterer Grund für die organisatorische Unterstellung des Dienstleistungsgeschäfts unter den Produktvertrieb ist die **Motivation** der Mitarbeiter, die den Service erbringen. Es ist notwendig, ein geeignetes Anreizsystem für diese Mitarbeiter einzurichten. Sie müssen direkt daran partizipieren, wenn aufgrund einer Dienstleistungserbringung ihrerseits Neuproduktgeschäft induziert wird. Die Messung dieses Falls ist allerdings nicht immer leicht. Durch die vorgeschlagene Organisation können solche Anreize allerdings einfacher gestaltet werden.

Die **Zentralisierung** müssen wir allerdings in einem Punkt **abmildern**, da organisatorische Verbindungen zwischen Dienstleistungserbringung und Produktentwicklung notwendig für die Umsetzung der Strategie ist. Neuproduktgeschäft wird durch das Dienstleistungsgeschäft neben verbesserten Vertriebsinformationen auch durch gezielte Informationen zur Produktverbesserung induziert. Diese Informationen erhält die Dienstleistungserbringung durch die hohe Kontaktzeit und Kontakttiefe.

Während der Erbringung von Dienstleistungen gewinnen die Mitarbeiter, wie bspw. Service-Techniker, tiefe Einblicke in die **Nutzung der Produkte**. Dies umfasst typische Fehler im Umgang aber auch Wünsche des Kunden für neue oder verbesserte Produkteigenschaften. Diese Informationen bilden einen idealen Ausgangspunkt für die Weiterentwicklung der Produkte und somit zur Steigerung der Wettbewerbsfähigkeit des Produktgeschäfts.

Basisstrategie „Differenzierung" Oberstes Ziel der Basisstrategie „Differenzierung" ist es, durch das Dienstleistungsgeschäft eine Differenzierung vom Wettbewerb zu erlangen und dadurch einen Wettbewerbsvorteil zu schaffen. Die Dienstleistungen sollen die Differenzierung vom Wettbewerb bewirken, die durch neue Produkteigenschaften allein nicht mehr erreicht werden kann. Die **Grundform 1** ohne Gründung einer eigenständigen

Legaleinheit ist für diese Basisstrategie besonders geeignet. Die Dienstleistungsfunktionen werden dazu der Unternehmensleitung direkt unterstellt.

Das Dienstleistungsgeschäft kann eine differenzierende Funktion nur dann entfalten, wenn es eine ausreichende **Selbständigkeit** hat, um innovative Lösungen entwickeln zu können. Eine dezentralisierte Zuordnung zu den Funktionen des Produktgeschäfts hätte zur Folge, dass das Dienstleistungsgeschäft als eher nachrangige Funktion behandelt würde.

Eine wichtige **Sonderform** sind globale Dienstleistungsnetzwerke. Im Grunde handelt es sich wiederum um diese Grundform, allerdings mit einer regionalen Differenzierung. International tätige Unternehmen überlassen Teile des Dienstleistungsgeschäfts regionalen Niederlassungen, die aber direkt der Unternehmensleitung unterstellt sind. So obliegen den regionalen Niederlassungen bspw. der Dienstleistungsvertrieb und alle anderen Dienstleistungsfunktionen einer zentralen Dienstleistungseinheit.

Jede der drei Dienstleistungsfunktionen muss dazu beitragen, den **differenzierenden Effekt** aufrecht zu erhalten:

- Die **Dienstleistungsentwicklung** muss innovative Dienstleistungen entwickeln. Die Innovation wird durch eine eigenständige organisatorische Einheit gestärkt, da bspw. Prioritätskonflikte zwischen Produkt- und Dienstleistungsentwicklung unterbleiben. Überdies wird so gewährleistet, dass eine zeitlich unabhängige Entwicklung der Dienstleistungen erfolgen kann. Für die zentralisierte Dienstleistungsorganisation spricht zudem die Nähe zum Dienstleistungsvertrieb und zur Dienstleistungserbringung, die über einen hohen Wissenstand über die Bedürfnisse der Kunden verfügen.
- Existiert kein eigenständiger **Dienstleistungsvertrieb**, werden Dienstleistungen von den Vertriebsmitarbeitern des Produktvertriebs „mit betreut". Einen höheren Stellenwert erlangen Dienstleistungen erst, wenn das Unternehmen einen eigenständigen Dienstleistungsvertrieb etabliert. Dadurch bieten sich die Möglichkeiten eigenständiger Anreizsysteme für die Vertriebsmitarbeiter. Ein weiteres Argument für die Eigenständigkeit ist der grundsätzlich unterschiedliche Vertriebsprozess für Produkte und Dienstleistungen.
- Eine Schlüsselrolle kommt der **Dienstleistungserbringung** zu. Nur wenn die Mitarbeiter der Dienstleistungserbringung fähig sind, zu erkennen, welche Lösung dem Kunden über die bereits verkauften Leistungen hinaus angeboten werden könnte, wird die differenzierende Wirkung erzielt.

Basisstrategie „Eigenständiges Geschäftsfeld" Oberstes Ziel der Basisstrategie „Eigenständiges Produktgeschäft" ist es, ein Dienstleistungsgeschäft aufzubauen, das nicht in Verbindung mit den eigenen Produkten steht. Im Fokus dieser Strategie stehen folglich ausschließlich die Independent-Dienstleistungen, jene Dienstleistungen, die ein Unternehmen für Produkte anderer Unternehmen erbringt.

Diese Strategie unterscheidet sich von den anderen Basisstrategien vorrangig dadurch, dass zwischen den angebotenen Dienstleistungen und den eigenen Produkten kein Bezug besteht. Synergien sind daher nur in geringem Maße zu erwarten. Daher ist die **Grundform 1** besonders geeignet. Ob nun eine eigene Legaleinheit gegründet wird oder nicht hängt maßgeblich davon ab, wie viel **Eigenständigkeit** dem Dienstleistungsgeschäft gewährt werden soll. Eine gewisse „kritische Masse" ist für eine eigene Legaleinheit allerdings notwendig.

Zentrale Herausforderung bei der Umsetzung dieser Strategie ist es, Kontakt zu potenziellen Kunden zu erlangen, um deren Bedürfnisse in Erfahrung zu bringen. In der Binnenorganisation der zentralisierten Dienstleistungseinheit kommt daher dem **Dienstleistungsvertrieb** eine hervorgehobene Rolle zu. Dies kann sich bspw. dadurch ausdrücken, dass die Dienstleistungserbringung dem Dienstleistungsvertrieb hierarchisch unterstellt ist.

In einigen Fällen war der Auslöser, diese Strategie zu verfolgen, die Feststellung, dass die **Nachfrage** der Kunden **nicht vollständig bedient** wird, bspw. aufgrund von Kapazitätsengpässen bisheriger Anbieter. In diesen Fällen kann es sinnvoll sein, die Dienstleistungserbringung mit solchen Funktionen des Produktgeschäfts organisatorisch zu verbinden, welche über nutzbare Kapazitäten verfügen. Auf diese Weise kann ein eigener **Kapazitätsengpass** vermieden werden. Eine Möglichkeit hierfür ist die Bildung eines Pools von Mitarbeitern aus den beiden angesprochenen Funktionen.

6.4 Praxisbeispiel: Die CLAAS Gruppe

Das Unternehmen Seit der Gründung im Jahre 1913 durch August Claas entwickelte sich die CLAAS Gruppe zu einem der weltweit führenden Hersteller von Landtechnik. Die CLAAS Gruppe beschäftigte im Jahr 2012 mehr als 9000 Mitarbeiter, die einen Umsatz von über 3,4 Mrd. Euro erwirtschafteten. Der Umsatz stammt zu einem Viertel aus Deutschland. Ein weiterer wichtiger Markt mit ca. 20 % des Umsatzes ist Frankreich. Der schnell wachsende außereuropäische Markt macht nahezu 20 % des Umsatzes aus.

Die weltweit 14 Produktionsstandorte und große Anzahl von weiteren Tochtergesellschaften stellt die Kundennähe der CLAAS Gruppe sicher.

Das Produktportfolio der CLAAS Gruppe ist vielfältig und umfasst:

- Mähdrescher und Traktoren,
- Feldhäcksler und Teleskoplader,
- Landmaschinen zur Futterernte,
- Zubehör und Betriebsstoffe sowie
- Softwarelösungen für den landwirtschaftlichen Betrieb.

Das Dienstleistungsportfolio der CLAAS Gruppe Über das weltweite Netz von Vertriebspartnern bietet die CLAAS Gruppe vielfältige Dienstleistungen an. Hierzu zählen

Dienstleistungen im After-Sales-Geschäft, die von der CLAAS Service and Parts GmbH entwickelt und über das Vertriebsnetz angeboten werden, als auch Finanzdienstleistungen, die über das Tochterunternehmen „CLAAS Financial Services" zur Verfügung gestellt werden.

Ausgewählte Dienstleistungen aus diesen Bereichen sind z. B.:

Der „24h-Ersatzeil-Service", der es den Händlern ermöglicht, für die CLAAS-Kunden rund um die Uhr Ersatzteile zu bestellen und auch während der Nacht geliefert zu bekommen bzw. beim CLAAS-Logistikzentrum abzuholen.

Wartungsverträge, mit denen Kunden von CLAAS die Betriebskosten für ihre Maschine auf einen fixen Betrag hin absichern können. Bei frei wählbarer Laufzeit verpflichtet sich der CLAAS-Vertriebspartner, alle Wartungen fachmännisch und vor allem rechtzeitig durchzuführen. Eine Erweiterung stellt die Dienstleistung MAXI CARE dar. Sie enthält eine Verlängerung der Gewährleistung. Abgedeckt sind im eventuellen Gewährleistungsfall die benötigten Ersatzteile und die notwendigen Arbeiten.

Besonders Erntemaschinen sind über einen festen Zeitraum kontinuierlich höchsten Belastungen ausgesetzt. Für dauerhaft zuverlässige Leistung, müssen die Maschine eingestellt und Verschleißteile ausgetauscht werden. Mit dem Nacherntecheck werden nach der Erntesaison beginnender Verschleiß festgestellt und versteckte Schäden aufgedeckt. Instandsetzungen können so außerhalb der Saison planbar und kostengünstig vorgenommen werden. Der aktuelle Maschinenstand wird festgestellt und im Checkheft dokumentiert.

Die Ferndiagnose bietet schnelle Hilfe durch die CLAAS Service-Techniker. Mit Hilfe von Mobilfunk- und Internet-Technologie werden die Daten des betreffenden Fahrzeugs direkt auf das Diagnosegerät oder den Rechner des Technikers übertragen. Dieser kann dann von jedem Ort aus die richtige Diagnose stellen und dann direkt mit dem eventuell benötigten Ersatzteil anreisen.

Hohe Maschinenleistungen erfordern hohe Investitionen. Aufgrund der speziellen Kenntnisse im Bereich der Landwirtschaft berät die CLAAS Gruppe ihre Kunden im Rahmen von Financial Services zu Kredit-, Leasing- oder Mietlösungen. Die Finanzierungen sind nicht nur auf CLAAS-Maschinen zugeschnitten. Beispiele sind Tilgungspläne mit Winterausstand oder degressivem Ratenverlauf.

Organisation des Dienstleistungsgeschäfts im Bereich After Sales Die Organisation der für Dienstleistungen im After-Sales-Umfeld zuständigen Bereiche in der CLAAS Gruppe wurde im Jahre 2006 grundlegend geändert. Bis zu diesem Zeitpunkt war das After-Sales-Geschäft, das dem Geschäftsbereich „Vertrieb und Service" unterstellt ist, in die beiden getrennten Einheiten „Parts Distribution" und „Corporate Service" unterteilt. Abbildung 6.7 zeigt diesen Stand:

Diese Organisation führte allerdings zu mehreren Schnittstellenproblemen: Die Erkenntnisse aus dem After-Sales-Geschäft müssen zum einen in die Weiterentwicklung der angebotenen Dienstleistung einfließen, aber auch in die Weiterentwicklung der Primärprodukte. Durch die Aufteilung auf die organisatorisch getrennten Bereiche „Parts"

6.4 Praxisbeispiel: Die CLAAS Gruppe

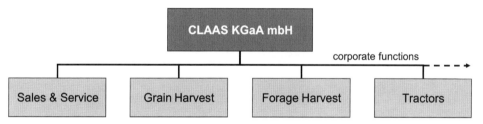

- CLAAS Sales Company Germany
- Sales subsidiaries Export
- International sales (importers markets)
- **Parts**
- Dealer network development
- **Service**
- Sales controlling

Abb. 6.7 Der Stand der Organisation bis 2006

und „Service" fehlte den für die Produktentwicklung zuständigen Unternehmenseinheiten allerdings ein einheitlicher Ansprechpartner. Weiterhin hatte die Fragmentierung zur Folge, dass nicht immer eine konsistente Dienstleistungsstrategie für den After-Sales-Bereich verfolgt wurde. Besonders gravierend war die für die nächste Distributionsstufe nicht immer klare Aufgaben- und Verantwortungsteilung zwischen den zentralen Einheiten „Parts" und „Service". Nicht zuletzt traten auch Effizienzprobleme auf, da es teilweise zu Redundanzen in den beiden getrennten Einheiten kam.

Zur Überwindung dieser Probleme wurde die heutige Organisationform etabliert: die Gründung der CLAAS Service & Parts GmbH als die zentrale Unternehmenseinheit für das After-Sales-Geschäft. Abbildung 6.8 zeigt deren Organisation.

Welche Vorteile ergaben sich durch die neue Organisationsform?

- Ausrichtung der Organisation an der Strategie: Die Entwicklung einer ganzheitlichen „Premium After-Sales-Strategie" wurde ermöglicht und die Geschäftsführung der neu geschaffenen Unternehmenseinheit treibt diese nun für den gesamten Bereich voran. Es besteht eine klarere Zuordnung der strategischen Ziele zu den organisatorischen Einheiten und deren Unterzielen. Eine wichtige Säule dieser Strategie ist nun die gemeinsame Entwicklung von Produkten und Dienstleistungen für den After-Sales-Bereich (z. B. „MAXI CARE" als Kombination von Service-Dienstleistung und Ersatzteilservice).
- Wegfall von Redundanzen: Bestehende Redundanzen wurden abgebaut. Die frei werdenden Ressourcen konnten wertschöpfenden Tätigkeiten zugeführt werden. Inhaltliche Zusammenhänge werden nun auch in der Organisation besser abgebildet.
- Realisierung einer Prozessorganisation: Die Organisation ist nun am Dienstleistungsprozess ausgerichtet, was zu eindeutigen Verantwortlichkeiten führt.

Abb. 6.8 Der Stand der Organisation ab 2006

- Entwicklung der Vertriebspartner: Weltweit gültige Standards für die Qualität und das Angebot an After-Sales-Dienstleistungen der Vertriebspartner wurden entwickelt und deren Umsetzung durch die Außendienstmitarbeiter der CLAAS Service and Parts GmbH begleitet.
- Optimierung der Schnittstelle zu F&E: Wichtige Informationen, die im Kundenkontakt des Dienstleistungsgeschäfts gewonnen wurden, werden nun über einen Kanal an die F&E-Abteilung weitergeleitet. Ein Entwicklungsprozess für After-Sales-Dienstleistungen und -Produkte analog zu dem bereits bestehenden für Primärprodukte (CPDP = CLAAS Product Development Process) wurde etabliert. Der Bereich Produktmanagement in der CLAAS Service and Parts GmbH ist nun zentral für die Entwicklung von Produkten und Dienstleistungen im After-Sales-Bereich zuständig.
- Verbesserung der Steuerbarkeit: Durch die Organisation als eigenständiges Unternehmen in der CLAAS Gruppe ist das After-Sales-Geschäft nun besser steuerbar und dessen Erfolg in Form des Geschäftsergebnisses der selbständigen GmbH besser messbar. Zudem wird die Bedeutung dieses Geschäftsbereiches im Gesamtunternehmen und den entsprechenden Gremien unterstrichen.

Zu gutem Teil auch durch die Einführung der neuen Organisationsform in 2006 ist es gelungen, das Angebot an Dienstleistungen zu erweitern und qualitativ zu verbessern, und den Beitrag des Service-Geschäftes zum Unternehmensergebnis deutlich zu steigern.

Literatur

Schreyögg, G. (2008), Organisation – Grundlagen moderner Organisationsgestaltung, 5. Auflage, Wiesbaden.

Handlungsfeld 6: Performance Measurement und Reporting – Welche Informationen benötigen wir zur Steuerung des Dienstleistungsgeschäfts?

7.1 Lernziele

Die zentrale Frage in diesem Handlungsfeld ist, welche Informationen wir benötigen, um das Dienstleistungsgeschäft zu steuern. Die Antwort auf diese Frage ist zweigeteilt. Der erste Teil handelt von der **Auswahl der richtigen Informationen**. Es geht im Kern um die Einführung von Indikatoren, die die Leistung und Kosten des Dienstleistungsgeschäfts messen. Wir bezeichnen die Einführung und Nutzung solcher Indikatoren als **Performance Measurement**.

Der zweite Teil behandelt die Notwendigkeit, dass die Indikatoren zur richtigen Zeit in der richtigen Form dem richtigen **Empfänger** vorliegen müssen. Nur dann kann dieser eine Steuerungsfunktion ausüben. Diese **Übermittlung** der Indikatoren bezeichnen wir als **Reporting**. Betrachten wir Performance Measurement und Reporting etwas detaillierter.

Performance Measurement hat zwei Funktionen. Zum einen die **Informationsversorgung** als Basis für die Steuerung des Dienstleistungsgeschäfts. Zum anderen soll durch die Leistungsmessung das Verhalten aller Mitarbeiter im Dienstleistungsgeschäft beeinflusst werden. Diese **Motivationsfunktion** des Performance Measurement hat enge Bezüge zum später behandelten Thema Anreize. So können bestimmte Indikatoren als Grundlage zur Gewährung von Belohnungen für die Mitarbeiter im Dienstleistungsgeschäft herangezogen werden.

Die zentrale Herausforderung bei der Gestaltung des Performance Measurement ist die Erarbeitung der Indikatoren. Wir unterscheiden **drei Arten von Indikatoren**: strategische Indikatoren, operative Indikatoren und Indikatoren zur Früherkennung von Risiken.

Strategische Indikatoren messen die **Oberziele**, die durch die Wahl der jeweiligen Basisstrategie festgelegt wurden. Verdeutlichen wir uns dies am Beispiel der Basisstrategie „Verstetigung": Deren oberstes Ziel es ist, den Gesamtumsatz des Unternehmens mit Hilfe des Dienstleistungsgeschäfts zu verstetigen. Wir benötigen folglich Indikatoren, die den kompensatorischen Effekt des Dienstleistungsgeschäfts abbilden.

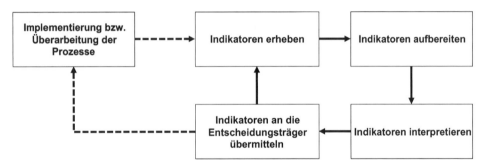

Abb. 7.1 Prozesse des Performance Measurement und Reportings

Operative Indikatoren messen die **Effizienz** des Dienstleistungsgeschäfts. Diese kann unterteilt werden in die Effizienz der Dienstleistungsentwicklung, des Dienstleistungsvertriebs und der Dienstleistungserbringung.

Neben der Messung der strategischen und operativen Aspekte müssen wir in der Lage sein, frühzeitig **Risiken** zu erkennen, die den Erfolg des Dienstleistungsgeschäfts zukünftig gefährden könnten. Hierzu führen wir als dritte Gruppe **Frühwarnindikatoren** ein.

Die Indikatoren können nur dann Basis für die Steuerung des Dienstleistungsgeschäfts sein, wenn diese den Entscheidungsverantwortlichen auch zum richtigen Zeitpunkt in der richtigen Form zur Verfügung stehen. Dazu ist die Einrichtung eines **Reportings** notwendig. Erster Schritt dazu ist die **Definition der Berichtsempfänger**.

Zentrales Qualitätsmerkmal eines Reportings ist die **Empfängerorientierung**, also die Abstimmung auf die Bedürfnisse des jeweiligen Entscheidungsträgers. Daher ist in einem zweiten Schritt der individuelle **Informationsbedarf** der Entscheidungsträger zu **ermitteln**. Ausgangspunkt dafür ist die Verantwortung, die dieser trägt: Jeder Entscheidungsträger sollte die Informationen erhalten, mit denen er seinen Verantwortungsbereich steuern kann. Im dritten Schritt legen wir das **Berichtsdesign** fest, also die Art der Präsentation der Indikatoren, bspw. in Form von grafischen Aufbereitungen.

Performance Measurement und Reporting müssen **organisatorisch verankert** werden. Dies bedeutet, es muss festgelegt werden, welche Mitarbeiter die Indikatoren erheben, aufbereiten, interpretieren und schließlich an den Entscheidungsträger übermitteln. Auch die Definition geeigneter IT-Unterstützung ist notwendig.

Oftmals vernachlässigen Unternehmen, dass Performance Measurement und Reporting **überarbeitet** werden müssen, wenn sich die Dienstleistungsstrategie, das Dienstleistungsportfolio oder die Dienstleistungsprozesse ändern. Ein Beibehalten der Indikatoren wäre gleichbedeutend mit einer Senkung der **Validität**; die Indikatoren bildeten dann nicht mehr den Sachverhalt ab, den sie abbilden sollen. Wir müssen folglich einen Überarbeitungsprozess definieren, der automatisch ausgelöst wird, wenn eine der oben angeführten Veränderungen eintritt. Abb. 7.1 zeigt die Prozesse in der Übersicht.

In Abschn. 7.2 erörtern wir, wie wir die Indikatoren ableiten. Anschließend diskutieren wir in Abschn. 7.3 die Schritte zum Aufbau eines Reportings. Abschließend vertiefen wir das Erlernte anhand von zwei Praxisbeispielen in Abschn. 7.4. Abb. 7.2 zeigt den Aufbau des Kapitels im Gesamtzusammenhang.

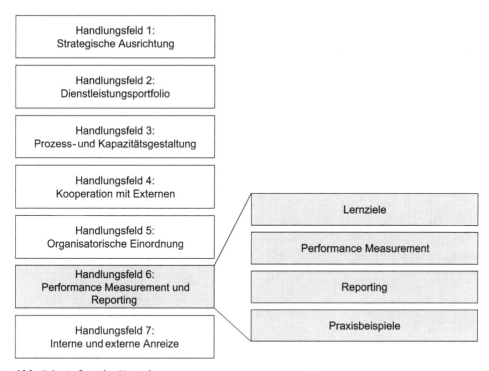

Abb. 7.2 Aufbau des Kapitels

7.2 Performance Measurement

7.2.1 Indikatoren zur strategischen Steuerung

Maßstäbe für die Qualität von Indikatoren Strategische Indikatoren sollen das jeweils mit einer Dienstleistungsstrategie verfolgte Oberziel messen. Eine sinnvolle Erarbeitung von Indikatoren bedarf der Erörterung, wann ein Indikator für eine Messung geeignet ist. Hierzu dienen uns die beiden Konzepte „**Reliabilität**" und „**Validität**".

Ein Indikator ist **reliabel**, wenn er bei wiederholter Anwendung zum immer gleichen Wert kommt. Ist diese Bedingung nicht erfüllt und ist die Abweichung nicht konstant, ist der Indikator nicht vollständig reliabel. Verdeutlichen wir dies an einem Beispiel: Wird als Indikator für die Qualität der Dienstleistungserbringung ein Index aus mehreren Fragen an den Kunden verwendet, können wir in der Regel davon ausgehen, dass der Indikator nicht vollständig reliabel ist. Grund dafür ist, dass die Antwort des Kunden von einer Vielzahl von Größen beeinflusst ist, nicht zuletzt von der aktuellen „Laune" des Kunden.

Validität ist ein Maß für die Gültigkeit des Indikators. Oder in Frageform ausgedrückt: Erfasst der Indikator den Sachverhalt, den er erfassen soll? Auch hierzu ein Beispiel: Soll ein Indikator die Gesamtkosten der Dienstleistungserbringung erfassen, ist die Validität eingeschränkt, wenn die Kosten einer Aktivität fälschlicherweise nicht berücksichtigt werden.

Validitätsprobleme entstehen häufig durch **unvollständige Abgrenzung** der Effekte, die durch das (Fehl-)Verhalten der Kunden entstehen. Diese können den Erfolg des Dienstleistungsgeschäfts wesentlich beeinflussen. Indikatoren müssen diesen Zusammenhang abbilden. Eine zweite Quelle für mangelhafte Validität ist die interne Leistungsverrechnung zwischen Dienstleistungs- und Produktbereichen. Wird diese bei der Definition der Indikatoren nicht berücksichtigt, sind fehlerhafte Interpretationen die Folge.

Abbildung 7.3 zeigt zum besseren Verständnis den Verlauf von vier Indikatoren, die alle denselben Sachverhalt abbilden sollen. Der erste Graph zeigt den zeitlichen Verlauf des vollständig reliablen und validen Indikators. Der zweite Graph zeigt den Verlauf des Indikators mit eingeschränkter Reliabilität aber vollständiger Validität. Wir erkennen, dass die Kurve um den „**wahren Wert**" schwankt. Der dritte Graph zeigt einen vollständig reliablen, aber eingeschränkt validen Indikator. Der Messfehler bleibt zu jedem Messzeitpunkt konstant, erkennbar am parallelen Verlauf der entsprechenden Graphen. Schließlich zeigt der vierte Graph den Indikator mit eingeschränkter Validität und Reliabilität. Er ist am wenigsten für eine Messung geeignet.

Nun wenden wir uns der Erarbeitung der strategischen Indikatoren für die sieben Basisstrategien zu. Dazu müssen wir uns als erstes vor Augen führen, dass wir nicht für alle Basisstrategien strategische Indikatoren konstruieren können, die vollständig valide und reliabel sind. Dies spricht nicht gegen Indikatoren. Vielmehr sind nicht perfekte Indikatoren nützlich, solange wir uns deren Grenzen bewusst machen.

Strategische Indikatoren für die sieben Basisstrategien Im Falle der Basisstrategie „**Gesetzliche Verpflichtung**" ist das Oberziel, gesetzlich vorgeschriebene Dienstleistungen kostenminimal zu erbringen. Dieses Ziel ist so beschaffen, dass eine präzise Messung der Zielerreichung zulässt. Der entsprechende Indikator ($SI_{Gesetzl.Vpfl.}$) ist der Quotient aus der Summe aller Kosten für das Dienstleistungsgeschäft (K_{DL}) und dem Dienstleistungsumsatz (U_{DL}).

$$SI_{Gesetzl.Vpfl.} = \frac{K_{DL}}{U_{Dl}}$$

Zur Erhebung dieses Indikators ist es notwendig, geeignete Kostenarten und eine geeignete Kostenstellenstruktur einzuführen, damit die Kosten zutreffend erfasst werden können. Gewährleisten wir beides, können wir von vollständiger Validität ausgehen.

Nicht möglich ist dies für die **Basisstrategie „Kundenorientierung"**. Oberstes Ziel ist es, erst ab jenem Zeitpunkt Dienstleistungen anzubieten, zu dem entweder Kunden aktiv nachfragen oder die entsprechende industrielle Dienstleistung ein Standard in der betreffenden Branche geworden ist. Wir stehen folglich vor der Herausforderung einen Indikator zu erarbeiten, der dieses Oberziel abbildet. Betrachtungsobjekt dieses Indikators ($SI_{Kundenorientierung}$) ist das **Dienstleistungsportfolio**. Er misst, welchen Anteil die Dienstleistungen am Gesamtportfolio (GP) aufweisen, die dem oben genannten Kriterium

7.2 Performance Measurement

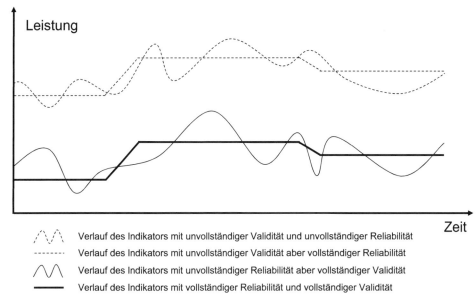

Abb. 7.3 Verdeutlichung der Konzepte Reliabilität und Validität

entsprechen ($ID_{Marktstandard}$). Als erster Annäherung können wir daher folgenden Indikator vorsehen:

$$SI_{Kundenorientierung} = \frac{ID_{Marktstandard}}{GP}$$

Der **Wertebereich** des Indikators reicht von 0 bis 1. Das Oberziel ist umso mehr erreicht, je mehr der Indikator sich dem Wert 1 annähert. Es stellt sich allerdings die Frage, wie wir bestimmen, welche Dienstleistungen dem Kriterium entsprechen.

Hierzu müssen wir das nicht direkt messbare Kriterium durch **messbare Unterkriterien** erfassbar machen. Ein Ansatz hierzu ist die Erfassung der **Kundenanfragen**. Ab einer gewissen Mindestzahl an Anfragen gilt das Kriterium dann als erfüllt. Ein anderer Weg ist die Analyse des Angebots der **Konkurrenten**. Ab einer gewissen Mindestanzahl an Konkurrenten, die die Dienstleistung im Angebot haben, gilt das Kriterium als erfüllt.

Direkt daran schließt sich die zweite Frage an: Wie **gewichten** wir die einzelnen Dienstleistungen in der Formel? Wiederum existieren hier unterschiedliche Varianten. Wir können die Anzahl der Dienstleistung erfassen; dies entspräche einer **Gleichgewichtung**. Alternativen dazu sind die **Gewichtung** mit den Dienstleistungsumsätzen, den Dienstleistungskosten oder den Ergebnisbeiträgen der einzelnen Dienstleistungen.

Diese Ausführungen zeigen, dass dieser Indikator eine geringere **Validität** aufzeigt, als jener für die Strategie „Gesetzliche Verpflichtung". Gründe dafür sind im Wesentlichen die **Abgrenzungsprobleme** im Zusammenhang des Zählers der Formel. Betrachten wir als nächsten Fall die Strategie „Verstetigung".

Oberstes Ziel der **Basisstrategie „Verstetigung"** ist es, den Gesamtumsatz des Unternehmens mit Hilfe des Dienstleistungsgeschäfts zu verstetigen. Das Unternehmen muss sein Dienstleistungsportfolio so gestalten, dass die damit generierten Umsätze einen kompensierenden Effekt für die Phasen eines schwachen Umsatzes im Produktgeschäft haben.

Die Schwankung des Gesamtumsatzes des Unternehmens steht folglich im Mittelpunkt der Betrachtungen. Das gebräuchlichste Maß, um die Variabilität eines quantitativen Indikators zu erfassen, ist dessen **Standardabweichung**. Sie ist definiert als die Quadratwurzel aus der „[..] Summe der quadrierten Abweichungen aller Messwerte vom arithmetischen Mittel, dividiert durch die Anzahl der Messwerte [...]" (Bortz 2005, S. 41). Wie wenden wir dies nun auf unser konkretes Problem an?

Als Messwerte bieten sich die monatlichen oder wöchentlichen Gesamtumsätze (U_{G_Woche}) des Unternehmens an. Der strategische Indikator ($SI_{Verstetigung}$) berechnet sich dann wie folgt:

$$SI_{Verstetgung} = \sqrt{\frac{\sum_{i=1}^{n}(U_{GWoche_i} - \overline{U_{GWoche_i}})^2}{n}}$$

Eine sinnvolle Betrachtung erscheint das **Gesamtjahr**. Der Platzhalter n nimmt folglich den Wert 52 an. Der Indikator ist monatlich auf Basis eines mitlaufenden Jahreshorizonts zu ermitteln. Nur dann ist eine zeitnahe Steuerung möglich.

Neben der Standardabweichung existieren weitere **Schwankungsmaße**. Diese weisen teilweise einen geringeren Informationswert auf, wie bspw. die Variationsbreite, oder sind komplexer in ihrer Berechnung, wie eine Vielzahl von Volatilitätsmaßen, die an der Wertpapierbörse angewendet werden.

Bei der vorgeschlagenen Kennzahl können wir dann von einer **hohen Validität** ausgehen, wenn wir die Intervalle für die Teilumsätze hinreichend kurz wählen. Sprich: eine Berechnung auf Wochenbasis ist einer auf Monatsbasis überlegen.

Wenden wir uns nun der **Basisstrategie „Quersubventionierung"** zu. Oberstes Ziel ist es, ein bewusst akzeptiertes defizitäres Produktgeschäft durch ein profitables Dienstleistungsgeschäft zu kompensieren. Im Unterschied zur Basisstrategie „Verstetigung" wird nicht die Schwankung des Produktumsatzes ausgeglichen, sondern ein prinzipielles Defizit im Produktgeschäft.

Der geeignete Indikator zur Beurteilung ist die **Gesamtkapitalrentabilität** des Unternehmens. Würden wir nur die Rentabilität des Dienstleistungsgeschäfts betrachten, könnten wir nicht beurteilen, ob das Kompensationsziel tatsächlich erfüllt ist. Weiterhin bestünden **Abgrenzungsprobleme**, welches Kapital im Dienstleistungsgeschäft gebunden ist und welches im Produktgeschäft. Prinzipiell könnten wir auch den Gewinn betrachten; die hier vorgeschlagene Variante hat allerdings eine höhere **Aussagekraft**.

Die Gesamtkapitalrentabilität ist definiert als der Quotient mit der Summe des erzielten Unternehmensgewinn (U_G) und der Fremdkapitalzinsen (Z_{FK}) als Zähler und dem

7.2 Performance Measurement

Gesamtkapital (K) des Unternehmens als Nenner. Der Indikator für diese Basisstrategie errechnet sich wie folgt:

$$SI_{Quersubventionierung} = \frac{U_G + Z_{FK}}{K}$$

Ein Indikator sollte nicht nur einmal pro Jahr ermittelt werden, sondern wesentlich häufiger, bspw. monatlich. Aus diesem Grund kann anstelle des Jahresgewinns der jeweilige Wert der kurzfristigen Erfolgsrechnung in die Formel übernommen werden. Ebenso muss die Veränderung des Kapitals für eine unterjährige Berechnung zumindest angenähert werden. Hieraus ergeben sich auch die Einschränkungen der **Validität** des Indikators.

Betrachten wir als Nächstes die **Basisstrategie „Cross-Selling"**. Unternehmen, die diese Strategie umsetzen, verfolgen als oberstes Ziel, Neuproduktgeschäft durch das Dienstleistungsgeschäft zu induzieren. Im Vergleich zu den bisherigen Strategien ist dieses Oberziel schwer zu operationalisieren.

Grundsätzlich könnte es ausreichen, den Anteil des Produktgeschäfts zu ermitteln, der aufgrund des Dienstleistungsgeschäfts ausgelöst wurde. Allerdings kann in der Regel dieser **direkte Bezug** nicht erfasst werden. Aus diesem Grund ergänzen wir diesen Indikator durch einen zweiten Indikator, den wir als „**Cross-Selling-Erfolgsrate**" bezeichnen.

Dieser Indikator misst den Anteil der Kunden des Dienstleistungsgeschäfts, die neben dem initialen Produktkauf zu einem **späteren Zeitpunkt** ein weiteres Produkt erworben haben. Die Definition des entsprechenden Zeitpunkts ist nicht trivial. Setzen wir diesen zu früh, erfassen wir auch weitere Produktkäufe, die nicht durch das Dienstleistungsgeschäft induziert wurden. Setzen wir diesen zu spät, erfassen wir nicht alle dienstleistungsbedingten Produktkäufe.

Weiterhin müssen wir uns die Frage stellen, ob wir jeden **Kunden gleich gewichten** oder ob wir diesen mit einer Größe gewichtet in die Berechnung aufnehmen. Als Gewichtungsfaktoren kommen u. a. der Umsatz oder der Deckungsbeitrag des zusätzlichen Dienstleistungsgeschäfts in Frage.

Schließlich müssen wir prüfen, ob wir diesen Indikator auf das Produktgeschäft insgesamt beziehen oder ob wir **nach Produktgruppen differenzieren** müssen. Dies kann bspw. nach der Lebensdauer der Produkte erfolgen.

Die vorgeschlagenen Indikatoren haben einige Einschränkungen der **Validität**. Begründet ist diese durch die notwendigen Abgrenzungen und Gewichtungen. Hierdurch entstehen Verzerrungen, so dass die Indikatoren das eigentliche Ziel nicht präzise messen.

Gleiche Problematik gilt für Indikatoren zur Messung des Oberziels der **Basisstrategie „Differenzierung"**. Dieses lautet, durch das Dienstleistungsgeschäft eine Differenzierung vom Wettbewerb zu erlangen und dadurch einen Wettbewerbsvorteil zu schaffen.

In vielen Branchen gilt, dass das Produktgeschäft mittlerweile kein differenzierender Faktor mehr ist. Einen Ausweg böte die fortwährende Produktinnovation. Problematisch sind allerdings solche Situationen, in denen die Wettbewerber Innovationsschritte schnell nivellieren bzw. Innovationen nur noch unter prohibitiv hohen Kosten möglich sind. Das

Dienstleistungsgeschäft bietet eine Option, dass sich Unternehmen auch in solchen Situationen vom Wettbewerb differenzieren.

Fraglich ist, wie wir messen können, ob das Dienstleistungsgeschäft tatsächlich zu einer Differenzierung führt. Eine direkte Messung ist nicht möglich. Vielmehr benötigen wir einen Indikator, der dies **indirekt** anzeigt. Hierzu müssen wir uns nochmals die Motivation zu einer solchen Strategie verdeutlichen. Hierzu unterscheiden wir zwei Fälle:

Im **ersten Fall** steht das Produktgeschäft weiterhin im Fokus. Das Dienstleistungsgeschäft soll letztendlich das **Produktgeschäft stabilisieren**. Und zwar nicht über Umsatzbeiträge der Dienstleistungen, sondern über Erhaltung des Produktgeschäfts. Diese können allerdings nur im Vergleich zum Erfolg der Konkurrenten beurteilt werden. Ein geeigneter **Indikator** für diesen ersten Fall ist folglich der Anteil des Produktgeschäfts am Gesamtproduktmarkt.

In **zweiten Fall** steht das Produktgeschäft nicht mehr im Vordergrund, sondern die sog. **Lösung**. Dabei handelt es sich um eine kundenindividuelle Kombination von Produkten und Dienstleistungen. Weder Produkt noch Dienstleistung stehen dabei im Vordergrund, sondern die Kombination aus beiden. Die Bezeichnung zeigt bereits, dass der Kunde kein Interesse an einem Produktkauf hat, sondern am Erhalt einer Lösung für ein bestimmtes Problem. In diesem Fall können als **Indikatoren** Umsatz, Gewinn und Rentabilität des Gesamtunternehmens herangezogen werden. Aus einem positiven Verlauf der Indikatoren kann dann auf die differenzierende Wirkung geschlossen werden.

In beiden Fällen ist die **Validität** der Indikatoren stark eingeschränkt. Eine Vielzahl von Einflussfaktoren, die nicht dem Dienstleistungsgeschäft zuzuordnen sind, beeinflussen die Indikatoren. So ist der Marktanteil eines Unternehmens u. a. auch von dessen Image abhängig.

Hohe Validität zeichnet schließlich den Indikator der letzten Basisstrategie aus. Oberziel der **Basisstrategie „Eigenständiges Geschäftsfeld"** ist es, ein Dienstleistungsgeschäft aufzubauen, das nicht in Verbindung mit den eigenen Produkten steht. Verfolgen wir diese Strategie, interpretieren wir das Dienstleistungsgeschäft als einen eigenständigen Geschäftsbereich unseres Unternehmens neben weiteren Geschäftsbereichen.

Die Konstruktion des Indikators orientiert sich daher an den **Indikatoren**, die im betreffenden Unternehmen angewendet werden, um einen Geschäftsbereich zu beurteilen. Ein naheliegender Indikator ist das Ergebnis des Geschäftsbereichs. Eine Alternative ist eine Kapitalrentabilität bspw. in Form des Return on Investment. Eine dritte Möglichkeit bildet der Einsatz von wertorientierten Indikatoren wie Übergewinngrößen oder dem Wertbeitrag des Geschäftsfelds.

7.2.2 Indikatoren zur operativen Steuerung

Mit operativen Indikatoren messen wir die **Effizienz** des Dienstleistungsgeschäfts. Effizienz ist definiert als der Quotient aus **Leistungen** und den dafür notwendigen **Kosten**. Mit Leistung ist dabei nicht der Begriff gemeint, wie ihn die Kosten- und Leistungsrechnung verwendet, also die bewertete Güterentstehung. Vielmehr sind jegliche relevante Leistungsaspekte erfasst, wie bspw. Prozesszeiten und Dienstleistungsqualität. Kosten und Leistungen sind nicht unabhängig voneinander.

Es ist folglich notwendig, für die Steuerung des Dienstleistungsgeschäfts die beiden Kategorien **gemeinsam** zu betrachten und nicht isoliert voneinander. Aus didaktischen Gründen verstoßen wir gegen diesen Grundsatz und erörtern Kostenindikatoren und Leistungsindikatoren getrennt. Die Zusammenführung zu Effizienzindikatoren muss dann unternehmensindividuell erfolgen.

7.2.2.1 Kostenindikatoren

Der **Wertstrom** einer Dienstleistung ist unser Ausgangspunkt, wenn wir Kostenindikatoren ableiten wollen. Er bildet die Dienstleistungsaktivitäten und dazu notwendigen Ressourcen ab. Überdies enthält er die wesentlichen Varianten der Dienstleistungen. Abb. 7.4 zeigt einen Wertstrom der Kehrgeräte AG.

Auf Basis der Informationen des Wertstroms erarbeiten wir geeignete Kostenarten. Wir unterscheiden mindestens zwischen den einzelnen **Ressourcenarten**. Folglich führen wir Kostenarten für Personal, Material, Ausrüstung und Flächen ein.

Je weiter wir die Kostenarten **differenzieren**, desto detailliertere Analysen können wir durchführen. In der Regel ist es daher sinnvoll bspw. für verschiedene Mitarbeitergruppen des Dienstleistungsgeschäfts separate Kostenarten einzuführen. Im Falle des Beispiels der Kehrgeräte AG können wir Personalkostenarten für Mitarbeiter des Customer Service, für Service-Techniker vor Ort und für Service-Techniker in der unternehmenseigenen Werkstatt unterscheiden.

Die Kostenarten allein reichen nicht aus, um das Dienstleistungsgeschäft zu steuern. Mit ihnen können wir zwar die Frage beantworten: Welche Kostenarten sind entstanden? Aber: Die Frage nach dem Ort der **Kostenentstehung** bleibt weitgehend unbeantwortet. Aus diesem Grund führen wir neben Kostenarten geeignete **Kostenstellen** ein.

Unter einer **Kostenstelle** verstehen wir einen **abgegrenzten Bereich** im Unternehmen, für den wir Kosten separat erfassen, um diese dann mit Hilfe eines Verrechnungsschlüssels an die entsprechende Dienstleistung zu verrechnen. Allgemeingültige Aussagen, wie viele Kostenstellen wir einführen sollten und wie diese konkret gebildet werden sollten, existieren nicht. Anstelle dessen gibt es Kriterien, die uns helfen Kostenstellen zu bilden.

Ein **erstes Kriterium** ist die **Organisationsstruktur** und damit die Verteilung der Verantwortung im Unternehmen. Der Grund dafür ist, dass Kostenstellen der Ort sind, in denen die Kosten geplant und später auch verantwortet werden. Eine bereits definierte Verantwortungsverteilung ist folglich eine gute Basis zur Kostenstellenbildung. Nehmen wir an, dass die drei Mitarbeitergruppen des Dienstleistungsgeschäfts der Kehrgeräte AG in zwei Abteilungen unterteilt sind, bieten sich zwei Kostenstellen an.

Ein **zweites Kriterium** ist die **geografische Verteilung**. In der Regel werden nicht alle Dienstleistungen von einem Standort aus erbracht. Vielmehr richten Unternehmen aus Gründen der Kundennähe und der damit verbundenen hohen Reaktionsgeschwindigkeit mehrere Standorte ein. Im Falle der Kehrgeräte AG sind die Service-Techniker in vier

136 7 Handlungsfeld 6: Performance Measurement und Reporting

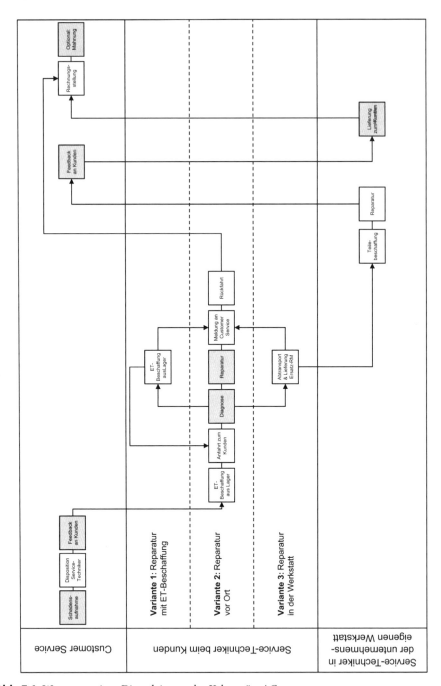

Abb. 7.4 Wertstrom einer Dienstleistung der Kehrgeräte AG

Standorte unterteilt: Standort „Reparaturwerkstatt" und die Standorte „Nord", „Mitte" und „Süd".

Grundsätzlich können wir festhalten, dass eine größere Anzahl an Kostenstellen differenzierte **Analysemöglichkeiten** ermöglicht. Gleichzeitig entsteht allerdings ein größerer Aufwand für die Einrichtung und den Betrieb der Kostenstellen. Eine sinnvolle Anzahl ist zu finden, die die Interessen nach tiefergehenden Analysen und den damit verbundenen höheren Aufwand berücksichtigt.

Abschließend müssen wir **Kostenträger** einführen. Erst dies erlaubt uns eine Beantwortung der Frage, für was Kosten angefallen sind. In Falle des Dienstleistungsgeschäfts sind Kostenträger die Hauptvarianten der Dienstleistungen. Betrachten wir hierzu wiederum unser Beispiel der Kehrgeräte AG:

Der Wertstrom zeigt, dass drei **Varianten** existieren: „Reparatur mit ET-Beschaffung", „Reparatur vor Ort" und „Reparatur in der Werkstatt". Während die ersten beiden Varianten noch recht ähnlich sind, unterscheidet sich die dritte Variante deutlich. Wir führen daher zwei Kostenträger ein: einen, der die ersten beiden Varianten gemeinsam abbildet und einen für die dritte Variante. Kostenstellen und Kostenträger müssen sinnvoll miteinander **verbunden** werden, so dass klar wird, an welchen Kostenträger, die einzelnen Kostenarten aus den Kostenstellen **verrechnet** werden.

Abschließend müssen wir gewährleisten, dass die erhobenen Kostendaten an der entsprechenden Stelle Eingang in die **Ergebnisrechnung** finden. Dort werden diese den Dienstleistungserlösen gegenübergestellt und somit das Betriebsergebnis des Dienstleistungsgeschäfts ermittelt.

Wir haben nun sämtliche Voraussetzungen geschaffen, um Kostenindikatoren abzuleiten. Grundsätzlich existiert eine Vielzahl von Möglichkeiten für Kostenindikatoren. Wir wollen hier folgende **drei Gruppen** unterscheiden:

- Indikatoren auf Kostenartenbasis
- Indikatoren auf Kostenstellenbasis
- Indikatoren auf Prozessbasis

Wichtige **Indikatoren auf Kostenartenbasis** sind die Gesamtkosten des Dienstleistungsgeschäfts und die Indikatoren, welche die Kosten der verschiedenen Ressourcen abbilden. Im Vordergrund stehen dabei Indikatoren, die die verschiedenen Personalkategorien abbilden. Diese können sich auch auf einzelne Mitarbeiter beziehen, i. S. v. Kosten pro Service-Techniker-Stunde. Aufgrund der Personalintensität vieler Dienstleistungen sind die Krankheitskosten ein relevanter Indikator.

Indikatoren auf Kostenstellenbasis bilden die Grundlage, um die Auslastung der einzelnen Kostenstellen zu betrachten. Eine Kostenstelle für den Fuhrpark erlaubt bspw. die Auslastung des Fuhrparks in Kostengrößen zu erfassen. Auch hier stehen die einzelnen Personalkategorien oder wichtige Ausrüstungsgegenstände im Fokus der Betrachtung. Weiterhin dienen Indikatoren auf Kostenstellenbasis auch der Kostenanalyse hinsichtlich der einzelnen Standorte des Dienstleistungsgeschäfts.

Indikatoren auf Prozessbasis verlassen die Begrenzung, die durch die Kostenstellen vorgegeben ist. Im Mittelpunkt steht wieder der Wertstrom. Mit solchen Indikatoren werden die Kosten des gesamten Wertstroms oder Teilabschnitte desselben erfasst. Dadurch können wir analysieren, welche Prozessabschnitte besonders kostenintensiv sind, so dass diese intensiv gesteuert werden. Die Ermittlung der Prozesskosten soll hier nicht näher ausgeführt werden, vielmehr wird auf die weiterführende Literatur verwiesen (vgl. bspw. Engelhardt und Reckenfelderbäumer 2006, S. 296 f. und die dort genannten Quellen).

7.2.2.2 Leistungsindikatoren

Während wir mit Kostenindikatoren den bewerten Ressourceneinsatz betrachten, bilden wir mit Leistungsindikatoren die damit erzielten Leistungen ab. Hierzu unterteilen wir die Leistungsindikatoren gemäß den drei **Dienstleistungsfunktionen** Entwicklung, Vertrieb und Erbringung.

Leistungsindikatoren der Dienstleistungsentwicklung Das Ziel der Dienstleistungsentwicklung ist die Neu- bzw. Weiterentwicklung von industriellen Dienstleistungen. Die entwickelte Dienstleistung ist folglich der **Bezugspunkt** für die Leistungsindikatoren. Wir benötigen einen Indikator, der eine Aussage darüber erlaubt, ob die Dienstleistungen in jener Qualität erarbeitet wurden, die von der Unternehmensleitung vorgegeben wurde.

Zwei Ansatzpunkte sind für einen solchen Indikator möglich: die internen Kunden der Dienstleistung oder die externen Kunden. Die **internen Kunden** sind die Mitarbeiter des Dienstleistungsvertriebs und der Dienstleistungserbringung. Beide Mitarbeitergruppen sind auf die Qualität der Dienstleistung angewiesen: nur qualitativ hochwertige Dienstleistungen erlauben einen sinnvollen Vertrieb und eine sinnvolle Erbringung derselben.

Datenquelle für den ersten Leistungsindikator sind folglich sämtliche Mitarbeiter des Dienstleistungsvertriebs und der Dienstleistungserbringung. Es stellt sich nur die Frage: Wie erfassen wir deren subjektive Meinung über die Qualität der entwickelten Dienstleistung?

Wiederum stehen uns zwei Wege offen. Wir können versuchen, die Meinung über eine Reihe von Fragen zu erheben, wobei jede Frage auf eine bestimmte Qualitätsfacette abhebt. Es ist allerdings fraglich, ob wir die verschiedenen Facetten zutreffend definieren. Ein anderer Ansatz ist eine einzelne direkte Frage, inwiefern eine bestimmte Dienstleistung den Qualitätsansprüchen der internen Kunden entspricht. Die notwendigerweise subjektiven Antworten können wir auf einer mehrstufigen Skala zwischen den Extrempunkten „erfüllt die Qualitätsansprüche in keiner Weise" und „erfüllt die Qualitätsansprüche in vollem Umfang" erfassen.

Ein solcher Leistungsindikator erlaubt es, ausreichend Informationen über die Qualität der entwickelten Dienstleistungen zu erheben. Besonders aufschlussreich sind dabei Vergleiche des Leistungsindikators in Bezug auf die einzelnen Dienstleistungen, die regionalen Zuständigkeiten der antwortenden Mitarbeiter und ein Vergleich im zeitlichen Verlauf.

Ein zweiter Leistungsindikator fokussiert die **externen Kunden** der Dienstleistung. Letztendlich werden die Dienstleistungen für diese Gruppe entwickelt. Die Konstruktion eines solchen Leistungsindikators verlangt nach einer Antwort auf die Frage: Wie können wir erfassen, ob der Kunde mit der Arbeit der Dienstleistungsentwicklung zufrieden ist?

Die Antwort lautet: Das können wir nur sehr eingeschränkt. Eine Vielzahl von Einflussfaktoren determiniert die Zufriedenheit des Kunden und nur einer ist die Qualität der Dienstleistungsentwicklung.

Aus dieser Problematik können wir ableiten, dass wir zwar einen Leistungsindikator entwickeln können, dieser aber hinsichtlich seiner **Validität** stark eingeschränkt ist. Ein solcher Indikator ist der Umsatz, der mit einer bestimmten Dienstleistung erzielt wird. In der Regel existieren hierfür Zielwerte, die durch die Unternehmensleitung definiert wurden. Wird ein solches Umsatzziel nicht erreicht, erfolgt eine Ursachenanalyse. Die oben eingeführten Leistungsindikatoren geben uns dann einen Anhaltspunkt, ob die Ursache in der Dienstleistungsentwicklung zu suchen ist.

Halten wir fest: Nur eine **Kombination** aus beiden Perspektiven, die der internen Kunden und die der externen Kunden, erlaubt uns eine sinnvolle Analyse und Steuerung. Ein vollständiges Bild über die Leistung der Dienstleistungsentwicklung haben wir allerdings noch nicht. Vielmehr fehlen uns Leistungsindikatoren, die die zeitliche Komponente der Entwicklung erfassen.

Analog zu Produktionsprozessen können wir für die Dienstleistungsentwicklung eine **Durchlaufzeit** definieren. Der entsprechende Leistungsindikator erfasst folglich die Zeit vom Auftrag, eine Dienstleistung zu entwickeln, bis zu dem Zeitpunkt, ab dem der Dienstleistungsvertrieb mit Verkauf der Dienstleistung beginnen kann. Die beiden Zeitpunkte können unternehmensspezifisch angepasst werden. Ist der Entwicklungsprozess klar strukturiert, kann der vorgeschlagene Leistungsindikator hinsichtlich einzelner Entwicklungsphasen differenziert erhoben werden.

Die bisher erörterten Leistungsindikatoren betrachten den Entwicklungsprozess und dessen Ergebnis. Was zu einer Beurteilung der Dienstleistungsentwicklung fehlt, ist die Abbildung des **Zusammenwirkens mit anderen Dienstleistungsfunktionen**. Hierzu müssen wir klären, welche Form des Zusammenwirkens für den Erfolg des Dienstleistungsgeschäfts besonders relevant ist.

Eine Besonderheit des Dienstleistungsgeschäfts ist die hohe **Kontaktzeit** zum Kunden. Während der Erbringung von Dienstleistungen gewinnen die Mitarbeiter, wie bspw. Service-Techniker, tiefe Einblicke in die Nutzung der Produkte. Dies umfasst typische Fehler im Umgang aber auch Wünsche des Kunden für neue oder verbesserte Produkteigenschaften. Diese Informationen bilden einen idealen Ausgangspunkt für die Weiterentwicklung der Produkte als auch der zugehörigen Dienstleistungen. Ein Leistungsindikator sollte folglich diesen Informationsfluss von der Dienstleistungserbringung zu der Dienstleistungsentwicklung abbilden.

Letztendlich zählt nicht die Übermittlung der Information, sondern die Nutzung im Rahmen der Entwicklung. Wesentlich für die Nutzung ist die **Nützlichkeit** der Information im Rahmen der Entwicklung. Beurteilt wird diese durch die subjektive Einschätzung der Entwicklungsmitarbeiter. Wir sollten daher sowohl die Übermittlung – also die Sicht der Dienstleistungserbringung – als auch die Nutzung – also die Sicht der Dienstleistungsentwicklung – abbilden.

Betrachten wir zunächst die **Übermittlung**. Durch Definition eines Mindeststandards, ab wann eine Information wichtig für die Dienstleistungsentwicklung ist, ist es möglich, die

Anzahl der übermittelten Informationen zu quantifizieren. Die **Nutzung** wird mit einem zweiten Leistungsindikator erfasst. Dazu werden die Mitarbeiter der Dienstleistungsentwicklung angehalten, für jede übermittelte Information zu dokumentieren, ob diese in die Weiter- oder Neuentwicklung von Dienstleistungen einging.

Leistungsindikatoren des Dienstleistungsvertriebs Grundlage für Leistungsindikatoren, um den Dienstleistungsvertrieb zu steuern, ist der **Vertriebsprozess**. Abhängig von verschiedenen Faktoren, wie bspw. der Strategie und der Vertriebsphilosophie, umfasst dieser Prozess verschiedene Phasen. In der Regel können wir davon ausgehen, dass folgende vier Phasen existieren:

- Phase 1: Identifikation von potenziellen Kunden
- Phase 2: Kontakt mit potenziellen Kunden
- Phase 3: Angebotserstellung für interessierte Kunden
- Phase 4: Vertragsschluss

Aus diesem Phasenschema können wir Leistungsindikatoren ableiten. Beginnen wir mit der **ersten Phase**. In dieser Phase identifiziert der Dienstleistungsvertrieb potenzielle Kunden. Abhängig von der gewählten Dienstleistungsstrategie ist diese Phase unterschiedlich komplex. Im Falle der ersten sechs Basisstrategien haben die Dienstleistungen einen klaren Bezug zu unserem Produktgeschäft. Kunden sind folglich die Käufer unserer Produkte. Im Falle der siebten Basisstrategie „Eigenständiges Geschäftsfeld" besteht dieser Bezug nicht. Eine Identifikation ist deutlich erschwert.

Entscheidend für den Erfolg des Dienstleistungsvertriebs ist es, **Kontakt** zu möglichst allen potenziellen Kunden herzustellen (**zweite Phase**). Daher ist ein erster Leistungsindikator der Anteil, der potenziellen Kunden, zu dem es gelungen ist, Kontakt aufzunehmen. Für eine präzise Messung ist klar zu definieren, was wir unter Kontakt verstehen. Der Kontakt dient letztendlich der Angebotserstellung. Wir definieren folglich, dass Kontakt jene Situation ist, die es hinreichend wahrscheinlich macht, dass wir ein Angebot abgeben dürfen. Dies kann bspw. ein Vor-Ort-Termin bei einem potenziellen Kunden sein.

Ein weiterer wichtiger Leistungsindikator bezieht sich auf die **dritte Phase**: die Angebotserstellung. Für die Steuerung des Dienstleistungsvertriebs und das Dienstleistungsgeschäft insgesamt ist es von hoher Bedeutung zu wissen, wie viele Angebote aktuell abgegeben, aber noch nicht angenommen wurden. Dieser oftmals als „**Angebotspipeline**" bezeichnete Leistungsindikator wird in der Regel in kurzen zeitlichen Abständen erhoben.

In einigen Branchen, vor allem jenen mit hoher Wettbewerbsintensität, ist ein wichtiger Faktor, wie schnell die Angebotserstellung nach dem Erstkontakt erfolgt. Ein zweiter Leistungsindikator bildet diese zeitliche Spanne ab. Isoliert angewendet, kann dieser Indikator negative Folgen haben. Es wäre möglich, dass die Vertriebsmitarbeiter ihren Fokus von der Angebotsqualität weg, hin zu höherer **Geschwindigkeit** bei der **Angebotserstellung** legen.

Aus diesem Grund bildet ein weiterer Indikator den Erfolg beim **Übergang** von der dritten zur vierten Phase ab. Der Leistungsindikator beantwortet folglich die Frage: Wie viele der erstellten Angebote führen tatsächlich zu einem Vertragsabschluss? Aufgrund seiner Relevanz erheben wir diesen Indikator differenziert hinsichtlich

- der Vertriebsmitarbeiter/-einheiten, die das Angebot erstellt haben,
- des korrespondierenden Produkts,
- der Dienstleistungen/-sgruppen, die angeboten wurden und
- der Kunden/der Kundengruppe, für die das Angebot erstellt wurde.

Wenden wir uns schließlich der **vierten Phase** des Vertriebsprozesses zu. Auch diese Phase ist ein Ansatzpunkt für Leistungsindikatoren. Ein erster Leistungsindikator zeigt an, in welcher Höhe Angebote angenommen wurden. Dieser Indikator wird oftmals als „**Auftragseingang**" bezeichnet. Ein zweiter Indikator bildet den aktuellen **Auftragsbestand** ab, also die Höhe jener Angebote, die angenommen wurden, aber noch nicht erbracht sind. Hier zeigt sich die Schnittstelle zur Dienstleistungserbringung.

Eine zweite Gruppe von Indikatoren bildet ab, zu welchem Grad der Dienstleistungsvertrieb das **Marktpotenzial** genutzt hat. Hier unterscheiden wir zwischen drei Ebenen:

- Potenzial des einzelnen **Kunden**,
- Potenzial der **Kunden des Produktgeschäfts** und
- Potenzial des **Gesamtmarkts**.

Ein erster Leistungsindikator bildet den Anteil am Potenzial des **einzelnen Kunden** ab, den das Unternehmen genutzt hat. Hierzu müssen wir definieren, welches Potenzial die jeweiligen Kunden aufweisen. Bezugspunkt ist hierfür der aktive Bestand an relevanten Produkten. Aus diesem Bestand können wir im Abgleich mit unserem Dienstleistungsportfolio ermitteln, welches Nachfragepotenzial ein Kunde aufweist.

Ein zweiter Leistungsindikator bildet ab, zu welchem Grad wir die **Kunden unseres Produktgeschäfts** erreichen. Während wir mit dem ersten Indikator den einzelnen Kunden betrachten, ermitteln wir nun, welchen Anteil unserer Produktkunden wir überhaupt mit dem Dienstleistungsgeschäft erreichen. Dieser Indikator ist im Zusammenhang mit den verschiedenen Basisstrategien unterschiedlich relevant. Während der Indikator für die Strategien „Gesetzliche Verpflichtung" und „Kundenorientierung" vergleichsweise wenig relevant ist, ist er höchst relevant für die Basisstrategie „Quersubventionierung".

Ein dritter Leistungsindikator bildet schließlich ab, wie gut wir das gesamte **Marktpotenzial** nutzen. Die ersten beiden Indikatoren stellen auf bereits bestehende Kunden ab: der erste Leistungsindikator auf Dienstleistungskunden, der zweite Leistungsindikator auf Kunden des Produktgeschäfts. Dieser dritte Indikator stellt nun auf alle **potenziellen Kunden des Dienstleistungsgeschäfts** ab. Es ist allerdings nicht trivial, diesen Marktanteil des Dienstleistungsgeschäfts zu bestimmen. Komplex ist vor allem die Bestimmung des Gesamtmarktvolumens.

Mit den bisherigen Leistungsindikatoren betrachten wir die direkten Wirkungen des Dienstleistungsvertriebs. Die langfristige Perspektive können wir damit allerdings nicht beurteilen. Daher erfassen wir mit einer **dritten Gruppe** den langfristigen Erfolg des Dienstleistungsvertriebs: die **Kundenzufriedenheit**.

Ob Kunden zufrieden sind, hängt von einer Vielzahl von Faktoren ab, die nicht alle der Dienstleistungsvertrieb beeinflussen kann. Wir ordnen den Leistungsindikator diesem Abschnitt zu, da der Dienstleistungsvertrieb den ersten Kontakt mit den Kunden hat und daher maßgeblich dessen **Erwartungen** prägt.

Wir können die Kundenzufriedenheit grundsätzlich auf zwei verschiedene Arten messen: durch aktive Ansprache des Kunden oder durch reaktive Erfassung der Äußerungen der Kunden. Die **aktive Ansprache** des Kunden erfordert es, dass wir Fragen erarbeiten, mit denen wir den Kunden zu einer Aussage über seine Zufriedenheit bewegen können. In der Literatur liegt hierzu eine Vielzahl von Vorschlägen vor, weshalb wir hier nicht weiter darauf eingehen (vgl. bspw. Bruhn 2011).

Wichtig bei der aktiven Erhebung ist deren **Zeitpunkt**. Wir können hier zwei Varianten unterscheiden:

- Erhebung **unmittelbar nach Erbringung** einer Dienstleistung: Hierbei erheben wir die Zufriedenheit des Kunden unmittelbar. Die Aussagen des Kunden sind gewissermaßen „ungefiltert".
- Erhebung in **regelmäßigen Abständen**, bspw. jährlich: Hierbei erheben wir eher die durchschnittliche Zufriedenheit des Kunden. Die Aussagekraft dieser Variante ist geringer, allerdings auch der damit verbundene Erhebungsaufwand.

Welche Variante wir wählen, hängt letztendlich von der **Akzeptanz** des Kunden ab. Sollte die Bereitschaft der Kunden, Fragen zu deren Zufriedenheit zu beantworten, sehr gering sein, bleibt uns in der Regel nur die **reaktive Erfassung** von Kundenreaktionen.

Einen Leistungsindikator können wir aus solchen **Kundenreaktion** bilden, wenn wir diese hinsichtlich ihres Inhalts als positiv oder negativ klassifizieren. Die Aussagekraft dieses Indikators liegt deutlich unter der aktiven Erfassung, da sich nicht alle Kunden äußern. Es ist trotzdem sinnvoll, diese Aussagen zu erfassen. Allerdings nicht, um einen quantitativen Indikator zu haben, sondern um individuell auf die einzelnen Reaktion, wie bspw. Beschwerden, eingehen zu können.

Leistungsindikatoren der Dienstleistungserbringung Auch für die Leistungsindikatoren der Dienstleistungserbringung ist der zu Grunde liegende **Prozess** die Basis. Führen wir uns den Prozess der Dienstleistungserbringung, den **Wertstrom**, nochmals anhand eines Beispiels vor Augen. Abb. 7.5 zeigt dazu den Wertstrom der Dienstleistung „Ersatzteilservice" der Kehrgeräte AG.

Eine erste Gruppe von Leistungsindikatoren bezieht sich auf die **Ressourcen**, die im Wertstrom eingesetzt werden. Diese Leistungsindikatoren messen die **Verfügbarkeit** der Ressourcen. Vollständige Verfügbarkeit ist gegeben, wenn die Ressourcen in notwendiger Höhe eingesetzt werden können und zwar zu dem Zeitpunkt, an dem ein Kunde einen legitimen Anspruch darauf hat.

7.2 Performance Measurement

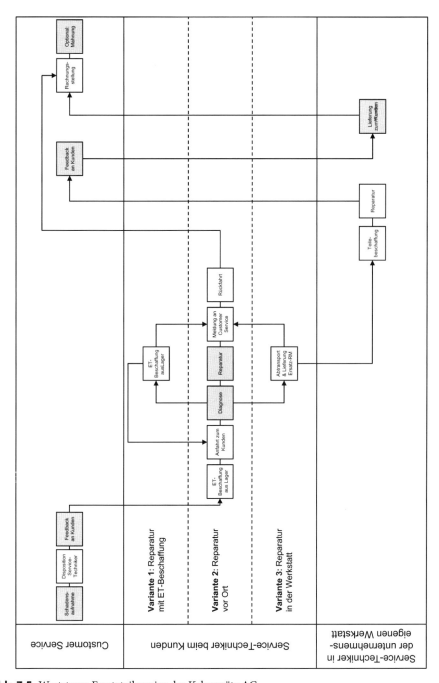

Abb. 7.5 Wertstrom Ersatzteilservice der Kehrgeräte AG

Für jede **Ressourcenart** müssen wir separate Leistungsindikatoren definieren. Im Beispiel der Kehrgeräte AG bilden wir daher drei Leistungsindikatoren zur Abbildung der unterschiedlichen Personalkategorien. Weiterhin einen Leistungsindikator zur Verfügbarkeit der Ersatzteile und einen weiteren, der die Verfügbarkeit der Ausrüstung der Service-Techniker erfasst. Ein letzter Indikator erfasst die Flächenverfügbarkeit in der Reparaturwerkstatt.

Bei der Analyse dieser Leistungsindikatoren müssen wir deren **Interdependenzen** berücksichtigen. Eine mangelnde Verfügbarkeit von Flächen in der Werkstatt führt dazu, dass Service-Techniker zwar verfügbar sind, aber nicht arbeiten können.

Eine zweite Gruppe von Leistungsindikatoren erfasst den **zeitlichen Verlauf** der Aktivitäten im Wertstrom. Zuerst ist hier die **Durchlaufzeit** zu nennen. Sie erstreckt sich von der Anforderung des Kunden, eine konkrete Dienstleistung zu erbringen, bis zu dem Zeitpunkt, an dem die Dienstleistung vollständig erbracht wurde. Dieser Leistungsindikator reicht allerdings nicht aus. Vielmehr müssen wir weitere Leistungsindikatoren für besonders **kritische Aktivitäten** einführen. Im Beispiel der Kehrgeräte AG wäre dies die Aktivität „Reparatur".

Weitere Leistungsindikatoren sollten jene Zeitintervalle erfassen, die aus **Sicht der Kunden** von hoher Relevanz sind. Dazu gehören in unserem Beispiel:

- die Wartezeit bis zum Eintreffen des Service-Technikers,
- die Wartezeit bis zur Behebung des Schadens und
- die Wartezeit bis zur Lieferung einer Ersatz-Reinigungsmaschine.

Eine dritte Gruppe von Leistungsindikatoren, ob das dem Kunden **zugesicherte Leistungsniveau** erreicht wurde. Wir können das versprochene Leistungsniveau in zwei Komponenten unterteilen:

- Leistungsniveau, das **explizit** mit dem Kunden vereinbart wurden und
- Leistungsniveau, das **implizit** vom Kunden erwartet wird.

Obwohl nur das erstgenannte Leistungsniveau vertraglich festgehalten ist, haben die impliziten Annahmen des Kunden über das Leistungsniveau eine hohe Relevanz. In der Regel wird dies vom Kunden als so grundlegend erachtet, dass ein Nicht-Erreichen einen hohen Einfluss auf die Kundenzufriedenheit ausübt. Wenden wir uns zunächst dem explizit vereinbarten Leistungsniveau zu.

Leistungsindikatoren müssen **sämtliche Dimensionen** des Leistungsversprechens abbilden. Welche Leistungsindikatoren notwendig sind, hängt folglich von der vertraglichen Gestaltung ab. Häufig vereinbarte Dimensionen sind:

- die Reaktionsgeschwindigkeit auf Anfragen,
- die Wartedauer bis zur Erbringung der Dienstleistung,
- die Dauer der Dienstleistungserbringung,

- die Erbringung der Dienstleistung zum vereinbarten Zeitpunkt sowie
- inhaltliche Dimensionen, die erfassen, was durch die Dienstleistung bewirkt werden soll.

Neben den vertraglich zugesicherten Leistungsindikatoren müssen wir solche einführen, welche jene Sachverhalte abbilden, die die Kunden von uns **implizit** erwarten. Mit diesen Leistungsindikatoren geht allerdings folgendes Problem einher: Was genau implizit erwartet wird, ist branchen-, kundengruppen- oder gar einzelkundenabhängig. Wir können allerdings nicht für jeden Kunden separate Leistungsindikatoren einführen. Daher müssen wir zentrale **Erwartungen von Kundengruppen** identifizieren.

In der Regel handelt es sich bei den Dimensionen des implizit erwarteten Leistungsniveaus um eher „**weiche**" **Faktoren**. Dazu gehören Flexibilität im Umgang mit Kundenwünschen, ansprechendes Auftreten und Äußeres der Service-Techniker etc. Die Erhebung korrespondierender Leistungsindikatoren ist in der Regel nur im Rahmen einer Kundenbefragung möglich. In der Literatur sind bereits Vorschläge hierzu erarbeitet worden, bspw. unter dem Stichwort „**ServQual**" (vgl. bspw. Bruhn 2011).

Eine vierte Gruppe von Leistungsindikatoren erfasst schließlich das **Ergebnis der Dienstleistungserbringung** aus Sicht des Unternehmens. Der zentrale Leistungsindikator hierfür ist der **Umsatz**, den das Unternehmen erzielt hat, indem es Dienstleistungen erbrachte. In der Regel ist es notwendig, dass wir diesen Leistungsindikator differenziert erheben hinsichtlich

- Produktgruppen, für die die Dienstleistungen erbracht wurden,
- Kundengruppen,
- geografischen Gesichtspunkten, bspw. nach Ländern oder Regionen, sowie
- ausführenden Mitarbeitergruppen, bspw. den Service-Technikern.

Ein weiterer Indikator dieser Gruppe bildet die **Kundenloyalität** ab. Dieser Indikator wird nicht ausschließlich von der Dienstleistungserbringung beeinflusst, aber diese hat einen besonders hohen Einfluss auf die Kundenloyalität.

In der Regel messen Unternehmen, die Anzahl der **Bestandskunden** (ggf. gewichtet mit deren historischem Umsatz), die verloren gegangen sind. Dabei kann differenziert werden zwischen Kunden, die nun Dienstleistungen von einem Konkurrenten beziehen und solchen, die die Dienstleistungen durch eigene Mitarbeiter erbringen.

Abschließend erörtern wir einen Leistungsindikator, der relevant ist in Phasen, in denen die Prozesse der Dienstleistungserbringung verändert werden. Dies kann bspw. durch Neueinführung von Prozessen der Fall sein, oder im Rahmen von Reorganisationsprojekten. In solchen Fällen ist es sinnvoll, den **Reifegrad der Prozesse** zu erfassen.

Zur Erhebung eines solchen Indikators ist es notwendig, dass wir verschiedene Reifegrade definieren. Verdeutlichen wir uns dies an einem Beispiel aus der Automobilindustrie. Das Reifegradmodell „Automotive SPICE" ist in zwei Dimensionen unterteilt: Die Prozessdimension und die Reifegraddimension. In der Prozessdimension werden die betrachteten Prozesse hinsichtlich deren Funktion definiert (vgl. Verband der Automobilindustrie 2007, S. 21). Insgesamt werden sechs Stufen unterschieden (vgl. Verband der Automobilindustrie 2007, S. 26 f.):

- Stufe 0– Unvollständiger Prozess: Der Prozess ist nicht ausgeführt beziehungsweise erfüllt seinen **Prozesszweck** nicht. Auf dieser Stufe gibt es kaum Nachweise, dass der Prozesszweck systematisch erreicht wird.
- Stufe 1– Durchgeführter Prozess: Der umgesetzte Prozess erfüllt seinen **Prozesszweck**.
- Stufe 2– Gesteuerter Prozess: Der oben beschriebene durchgeführte Prozess wird nun **gesteuert** ausgeführt (geplant, überwacht und angepasst) und seine Arbeitsprodukte werden angemessen erstellt, gelenkt und gepflegt.
- Stufe 3– Etablierter Prozess: Der oben beschriebene gesteuerte Prozess wird nun unter Einsatz eines **definierten Vorgehens** umgesetzt. Der Prozess muss in der Lage sein, die definierten Prozessergebnisse zu erreichen.
- Stufe 4– Vorhersagbarer Prozess: Der oben beschriebene etablierte Prozess läuft nun **innerhalb definierter Grenzen** ab, um seine Prozessergebnisse zu erreichen.
- Stufe 5– Optimierender Prozess: Der oben beschriebene vorhersagbare Prozess wird **kontinuierlich verbessert**, damit gegenwärtige und zukünftige Unternehmensziele erreicht werden.

Durch spezifische Kriterien, können wir die Prozesse diesem Schema zuordnen und somit deren Reifegrad bestimmten.

7.2.3 Indikatoren zur Früherkennung von Risiken

Mit den bisher vorgestellten Indikatoren messen wir die Strategieumsetzung und die Effizienz des Dienstleistungsgeschäfts. Eine dritte Gruppe von Indikatoren soll uns in die Lage versetzen, frühzeitig **Risiken** zu erkennen, die unser Dienstleistungsgeschäft zukünftig gefährden könnten.

Einen geeigneten Ansatz zur Erarbeitung solcher Frühwarnindikatoren ist das **Wettbewerbskräftemodell** von *Porter*. Dieses Modell erklärt die Profitabilität einer Branche aufgrund von fünf Wettbewerbskräften (vgl. Porter 2008, S. 79 f.):

- Bedrohung durch den Eintritt **neuer Konkurrenten**,
- Bedrohung durch **Substitution**,
- Verhandlungsmacht der **Lieferanten**,
- Verhandlungsmacht der **Kunden** und
- **Konkurrenzniveau** innerhalb der betrachteten Branche.

Bevor wir die einzelnen Wettbewerbskräfte erörtern, müssen wir uns eine Frage stellen, die selten gestellt wird: Wo sind die Grenzen der Branche, in der wir aktiv sind? Der allgemeine

Sprachgebrauch hilft uns hier wenig weiter. Unter der Bezeichnung „Automobilbranche" ist bspw. eine Vielzahl von höchst unterschiedlichen Branchen zusammengefasst. Die Wettbewerbskräfte sind in diesen auch höchst verschieden.

Uns dient als Kriterium für die **Branchengrenzen** die Art der Kunden. Eine Branche ist für uns gekennzeichnet durch eine Gruppe von Kunden, die ähnliche Dienstleistungen nachfragen und diese für ähnliche Zwecke nutzen.

Hierzu ein Beispiel: Bieten wir die Wartung von Flugzeugen einer Fluggesellschaft an, ist dies eine andere Branche, als wenn wir Wartung für Windkraftanlagen anbieten.

Die Bedrohung durch den **Eintritt neuer Konkurrenten** beeinflusst die Profitabilität dadurch, dass eine höhere Bedrohung ein Unternehmen zu Abwehrmaßnahmen zwingt. Zu solchen Abwehrmaßnahmen gehören die Steigerung der Dienstleistungsqualität, was mit Kostensteigerungen verbunden ist, oder die Senkung der Preise. Diese Bedrohung ist besonders relevant für Unternehmen, die die Basisstrategie „Eigenständiges Geschäftsfeld" verfolgen. Konkurrenten sind jene Unternehmen, welche ein vergleichbares Dienstleistungsportfolio aufweisen.

Welche Indikatoren können wir zur Frühwarnung heranziehen? Als Antwort können wir auf Vorschläge von *Porter* zurückgreifen. Danach müssen wir folgende Faktoren mit Indikatoren abbilden (vgl. Porter 2008, S. 81 f.):

- Realisierte **Economies of Scale:** Je höher diese Größenvorteile, desto geringer die Bedrohung, da neue Anbieter in der Regel mit geringem Volumen einsteigen.
- Benötigtes **Kapitalvolumen:** Sinkt das Kapitalvolumen, das zum Angebot des entsprechenden Dienstleistungsportfolios notwendig ist, ist damit zu rechnen, dass mehr Unternehmen ein solches Angebot aufbauen.
- **Wechselkosten** der Kunden: Je höher die Wechselkosten des Kunden, desto geringer ist der Anreiz für neue Anbieter.
- Zugang zu **Vertriebskanälen:** Die Restriktion des Zugangs von Vertriebskanälen ist eine schwer zu überwindende Barriere für neue Anbieter.

Die Bedrohung durch **Substitution** beeinflusst die Profitabilität dadurch, dass unsere Dienstleistungen weniger nachgefragt werden, da sie durch Substitute ersetzt werden. Substitute können unterschiedliche Formen haben. Ein Substitut für eine Wartungsdienstleistung ist bspw. eine wartungsfreie Maschine.

Besondere Relevanz haben Substitute für Unternehmen, die die Basisstrategien „Verstetigung", „Quersubventionierung" oder „Eigenständiges Geschäftsfeld" verfolgen. Im Falle der ersten beiden Strategien verringern Substitute den kompensierenden Effekt der beiden Strategien. Im Falle der dritten Strategie ist das Geschäftsfeld als Ganzes bedroht.

Eine Ableitung von Indikatoren für diese Bedrohung ist schwer. Grundsätzlich bieten sich zwei Optionen an. Die erste ist eine **direkte Markt- und Kundenbeobachtung**, diese ist allerdings nicht indikatorenbasiert, sondern entspricht eher einer ungerichteten Suche nach Substitutionsprodukten durch die Mitarbeiter des Dienstleistungsvertrieb und der Dienstleistungserbringung. Eine zweite Option ist die Betrachtung des **Marktvolumens** der angebotenen Dienstleistungen. Sinkt dieses, kann indirekt auf Substitute geschlossen werden. Es handelt sich allerdings um einen zeitlich nachlaufenden Indikator.

Die **Verhandlungsmacht der Lieferanten** beeinflusst die Profitabilität dadurch, dass Lieferanten höhere Preise oder eine geringere Qualität durchsetzen können. Die Bedrohung ist für Unternehmen relevant, gleich welche Dienstleistungsstrategie sie verfolgen. Indikatoren zur Früherkennung dieser Bedrohung sind (vgl. Porter 2008, S. 82 f.):

- Die Höhe der **Wechselkosten** zu einem anderen Lieferanten: Je höher diese sind, desto höher die Verhandlungsmacht des Lieferanten.
- Die **Abhängigkeit** der Lieferanten vom getätigten Umsatz: Je geringer dessen Abhängigkeit, desto höher dessen Verhandlungsmacht.
- Die Gefahr der **Vorwärtsintegration**: Je höher die Gefahr, dass unser Lieferant sich unser Dienstleistungsgeschäft zu eigen macht, desto höher dessen Verhandlungsmacht.

Die **Verhandlungsmacht der Kunden** gefährdet die Profitabilität durch das Potenzial zu Preissenkungen, beziehungsweise deren Durchsetzungsmöglichkeit zu unvergüteten Mehrleistungen. Von besonderer Relevanz ist diese Bedrohung für Unternehmen, die die Strategie „Quersubventionierung" verfolgen. Der kompensierende Effekt der Dienstleistungen wird durch Verhandlungsmacht der Kunden stark eingeschränkt. Ebenfalls hoch relevant ist diese Bedrohung für die Umsetzung der Strategie „Eigenständiges Geschäftsfeld", da diese in der Regel nur eingeschränkte Möglichkeiten zur Erhöhung der Dienstleistungspreise haben.

Wiederum schlägt Porter Faktoren vor, die wir mit Hilfe von Indikatoren abbilden müssen, um die Bedrohung frühzeitig zu erkennen (vgl. Porter 2008, S. 83 f.):

- **Anzahl der Kunden**: Ein Absinken der Kundenanzahl führt zu einer Steigerung der Verhandlungsmacht der verbleibenden Kunden.
- Branchenweiter **Standardisierungsgrad** der Dienstleistungen: Je höher dieser Grad, desto einfacher können Kunden zu anderen Anbietern wechseln.
- Höhe der **Wechselkosten**: Je geringer die Kosten für einen Wechsel des Anbieters, desto höher die Verhandlungsmacht der Kunden.
- Gefahr der **Rückwärtsintegration**: Eine Abbildung dieser Gefahr ist nicht trivial. Sie ist abhängig von der prinzipiellen Fähigkeit und des tatsächlichen Willens des Kunden.

Das **Konkurrenzniveau** zwischen den etablierten Anbietern industrieller Dienstleistungen beeinflusst die Profitabilität dadurch, dass zumindest langfristig die Preise sinken oder das Qualitätsniveau in der betrachteten Branche steigt. Qualitätssteigerung kann nicht nur auf Ebene der einzelnen Dienstleistung, sondern auch durch Vergrößerung des Dienstleistungsportfolios erfolgen.

Besonders relevant ist diese Bedrohung für Unternehmen, die die Strategie „Gesetzliche Verpflichtung" verfolgen. Diese müssen reagieren, wenn Änderungen bei Wettbewerbern hin zum Angebot eines größeren Dienstleistungsportfolios zu erkennen sind. Betroffen sind zudem Unternehmen mit der Strategie „Eigenständiges Geschäftsfeld", da hier die Profitabilität im Fokus steht.

Porter schlägt folgende Faktoren vor, die uns dazu dienen können, Indikatoren zu erarbeiten, die die Bedrohung messbar machen (vgl. Porter 2008, S. 85):

- **Anzahl und Größe der Konkurrenten**: Am höchsten ist das Konkurrenzniveau, wenn viele Konkurrenten in annähernd derselben Größenklasse existieren.
- **Wachstum** der Branche: Ein langsames Wachstum geht in der Regel mit einem hohen Konkurrenzniveau einher.
- **Austrittsbarrieren**: Je höher diese sind, desto länger verbleiben Konkurrenten im Markt. Indikatoren müssen mannigfaltige Dimensionen abbilden. Dazu gehören beispielsweise typische Vertragsbindungsdauern mit Kooperationspartnern und die notwendigen spezifischen Investitionen, die getätigt wurden, um am Markt aktiv zu sein.
- **Bekenntnis** der Konkurrenten zum Markt: Sind Konkurrenten dem Markt sehr verbunden, akzeptieren diese ein hohes Konkurrenzniveau. Familiengeführte Unternehmen weisen oftmals ein hohes Maß an Verbundenheit auf.

Wir müssen uns bewusst machen, dass es keinen allgemeingültigen Katalog von Indikatoren gibt, um die einzelnen Bedrohungen zu messen. Vielmehr müssen wir diese Indikatoren **branchenindividuell** erarbeiten. Hierbei gilt es zu beachten, dass manche Bedrohung nicht einfach zu messen ist, bspw. aufgrund fehlender Datenverfügbarkeit.

7.3 Reporting

Im vorangegangenen Kapitel haben wir erörtert, welche Informationen wir benötigen, um das Dienstleistungsgeschäft zu steuern. Als Träger der Information haben wir verschiedene Indikatoren erörtert. Diese Indikatoren können allerdings nur dann Basis für die Steuerung des Dienstleistungsgeschäfts sein, wenn diese den Entscheidungsverantwortlichen auch zum richtigen Zeitpunkt, in der richtigen Form **zur Verfügung stehen**. Dazu ist die Einrichtung eines **Reportings** notwendig. Wir unterscheiden dazu vier Schritte:

- Definition der **Berichtsempfänger**,
- Ermittlung des **Informationsbedarfs**,
- **Berichtsdesign** sowie
- **Berichtsprozesse** und **Verantwortlichkeiten**.

Erst wenn wir alle vier Schritte vollzogen haben, entfaltet das Performance Measurement die beiden Wirkungen, die wir anstreben: Informationslieferung für Entscheidungen und Motivation der Mitarbeiter des Dienstleistungsgeschäfts.

Definition der Berichtsempfänger Ausgangspunkt für die Ermittlung der Berichtsempfänger ist die **Organisation** des Dienstleistungsgeschäfts. Wir haben mehrere Grundformen zur Organisation des Dienstleistungsgeschäfts in Abschn. 6.2 erörtert. Diese generischen Formen werden in der Praxis an die jeweiligen Umstände des Unternehmens angepasst.

Grundsätzlich sehen wir Berichte für alle Mitarbeiter vor, die durch ihre Tätigkeit die Indikatoren beeinflussen sollen, die wir im Rahmen des Performance Measurement definiert haben. Wie ermitteln wir diese Mitarbeiter? Basis hierfür ist die **Stellenbeschreibung** der verschiedenen Mitarbeiter.

Grundsätzlich können wir **drei Gruppen** von Mitarbeitern unterscheiden: Mitarbeiter der Dienstleistungsentwicklung, Mitarbeiter des Dienstleistungsvertriebs und Mitarbeiter der Dienstleistungserbringung. Innerhalb dieser Gruppen differenzieren wir in der Regel zwischen Führungskräften und ausführenden Mitarbeitern. Weiter Differenzierungen können begründet sein durch die geografische Verteilung des Dienstleistungsgeschäfts, durch die einzelnen Dienstleistungsgruppen, die wir anbieten, oder durch die Verantwortung für besonders relevante Kunden bzw. Kundengruppen.

Das Reporting schafft nicht nur Nutzen, sondern verursacht auch **Aufwand**. Es ist daher unerlässlich, das Reporting auf den tatsächlich notwendigen Umfang zu begrenzen. Hierzu können wir bereits bei der Definition der Berichtsempfänger beitragen: Wir minimieren die **Anzahl** der verschiedenartigen **Berichte**, indem wir sinnvolle Gruppen von Berichtsempfängern bilden.

Wir müssen an dieser Stelle einen Kompromiss bzgl. der Größe der Gruppen finden: je größer die Gruppe, desto inhomogener ist diese. Die Informationen sind folglich nicht mehr maßgeschneidert. Mit einer größeren Gruppengröße geht allerdings auch eine verringerte **Variantenzahl** der Berichte einher, was den Aufwand für das Reporting begrenzt.

Ermittlung des Informationsbedarfs Ziel des Reportings ist es, die Informationen, die durch das Performance Measurement gewonnen werden den definierten Berichtsempfängern zu übermitteln. Es ist folglich notwendig, dass wir im zweiten Schritt bestimmen, **welche Indikatoren**, welchen Berichtsempfängern zuzuordnen sind.

Die Einrichtung eines Reportings beginnt in der Regel nicht von Grund auf. Vielmehr existieren bereits erste Ansätze. Wichtig ist daher ein **Abgleich** zwischen dem **Informationsbedarf** der Empfänger und dem **Informationsangebot** das bereits existiert. Je nach Größe des Dienstleistungsgeschäfts können wir diesen Abgleich im Rahmen von Workshops, persönlichen Interviews oder schriftlichen Befragungen durchführen. Drei Fragen stehen im Mittelpunkt des Abgleichs:

- Werden die **benötigten Informationen** berichtet?
- Werden die Informationen in der richtigen **Aggregationsstufe** berichtet?
- Werden die Informationen in der richtigen **zeitlichen Frequenz** berichtet?

Mit Hilfe der ersten Frage erörtern wir, ob zu wenig oder viel Informationen berichtet werden. Zu wenige Informationen können zwei Folgen haben. Einerseits kann der

7.3 Reporting

Berichtsempfänger neben dem eigentlichen Reporting **eigene Anstrengungen** unternehmen, um die gewünschten Informationen erhalten. Dies ist allerdings ineffizient und führt in der Regel zu fehlerbehafteten Informationen. Andrerseits könnte der Berichtsempfänger Entscheidungen treffen ohne über die dazu **notwendigen Informationen** zu verfügen. Fehlentscheidungen sind die Folge.

Wenn wir die Frage nach der benötigten Information erörtern, müssen wir berücksichtigen, dass der **subjektive Informationsbedarf** nicht zwingend deckungsgleich mit dem **objektiven Informationsbedarf** ist. Weiterhin können wir davon ausgehen, dass der subjektive Informationsbedarf nicht der **tatsächlichen Informationsnachfrage** entspricht. Abb. 7.6 zeigt diesen Zusammenhang in grafischer Form.

Konkret bedeutet dies, dass Berichtsempfänger oftmals nicht präzise mitteilen können, welche Informationen sie benötigen. Und: dass sie nicht alle Informationen nachfragen, die sie subjektiv für notwendig halten. Bildlich gesprochen ist es unser Ziel, das Reporting so zu gestalten, dass die Kreise deckungsgleich sind.

Die Informationen sollen den Empfängern helfen Entscheidungen fundiert zu treffen, damit die Ziele des Dienstleistungsgeschäfts erreicht werden. Hierzu ist es notwendig, die Informationen in **drei Ausprägungen** zu berichten:

- als **Ist-Werte**,
- als **Plan-/Soll-Werte** und
- als **Wird-Werte**.

Ist-Werte zeigen die Ausprägung des Indikators zum Zeitpunkt des Berichts bzw. dem dort vermerkten Zeitpunkt. Der **Plan-Wert** zeigt, welchen Wert der Indikator zu diesem Zeitpunkt hätte aufweisen sollen. Wo möglich, sollten wir anstelle von Plan-Werten **Soll-Werte** berücksichtigen. Diese berücksichtigen externe Faktoren und bereinigen den Plan-Wert um diese. Solche Faktoren können der Beschäftigungsgrad des Unternehmens oder die Konjunktur sein. Der **Wird-Wert**, oftmals als Forecast bezeichnet, zeigt, welchen Wert der Indikator zum Ende einer bestimmten Periode voraussichtlich haben wird.

Entscheidungsrelevant sind Indikatoren insbesondere, wenn die drei Ausprägungen verglichen werden, bspw. in Form eines Soll-Ist-Vergleichs oder eines Wird-Ist-Vergleichs. Nur auf diese Weise kann der Ist-Wert sinnvoll interpretiert werden.

Indikatoren stellen Informationen in quantitativer Form dar. Trotz der eben beschriebenen Vergleiche ist es möglich, dass der Ist-Wert des jeweiligen Indikators nicht oder nicht korrekt interpretiert werden kann. Die Ergänzung um eine **qualitative Information** ist daher grundsätzlich notwendig. In einem solchen **Kommentar** zum Ist-Wert des Indikators wird in schriftlicher Form dargelegt, wie der Ist-Wert zu interpretieren ist. Weiterhin erläutert der Kommentar etwaige Abweichungen zu Plan- bzw. Soll-Wert.

Wenden wir uns nun der **zweiten Fragen** der drei Fragen zu: Während sich die erste Frage auf die Informationskategorie bezieht, adressiert die zweite Frage deren **Aggregationsgrad**. Was ist unter einem Aggregationsgrad zu verstehen? Wir wollen hier den Grad der Verdichtung verstehen, in dem eine Information vorliegt.

Abb. 7.6 Informationsbedarf, Informationsnachfrage und Informationsangebot

Typische Arten der Verdichtung sind zeitliche Verdichtung, räumliche Verdichtung, Verdichtung hinsichtlich des Produktprogramms oder Verdichtung gemäß Hierarchieebene. Hierzu ein Beispiel: Der Gesamtumsatz des Dienstleistungsgeschäfts ist ein hoch aggregierter Indikator, der in mehrere Richtungen disaggregiert werden kann:

- Umsatz mit einer bestimmten Dienstleistungsart,
- Umsatz in einem bestimmten Monat oder
- Umsatz in einer bestimmten Region.

Grundsätzlich gilt, je niedriger die Verdichtung ist, desto höher ist der **Informationsgehalt**. Allerdings gehen damit auch ein erhöhter **Aufwand** für die Ermittlung und Übermittlung der Information einher. Weiterhin kann ein zu niedriger Verdichtungsgrad zur Informationsüberflutung führen, so dass der Berichtsempfänger relevante Informationen nicht mehr extrahieren kann.

Die **dritte Frage** befasst sich mit der **Frequenz**, in der die Information an den Berichtsempfänger übermittelt wird. Eine zu hohe Frequenz führt zu unnötig hohem Aufwand für die Erstellung der Berichte und bindet zu viel Zeit der Berichtsempfänger. Eine zu niedrige Frequenz führt dazu, dass die Informationen nicht aktuell sind und daher Entscheidungen von Berichtsempfängern nicht optimal unterstützt werden.

Die **optimale Frequenz** kann nicht präzise bestimmt werden, da Entscheidungsnotwendigkeiten in der Regel nicht perfekt antizipiert werden können. Daher dient uns die Frequenz von regelmäßigen Entscheidungen als erste **Annäherung**. Ein weiterer Anhaltspunkt ist die Änderungsrate der berichteten Indikatoren. Grundsätzlich gilt: Können sich aus sachlichen Gründen die Ausprägungen in einem bestimmten zeitlichen Intervall nicht ändern, so ist in diesem Intervall auch kein Bericht notwendig. Die Änderungsfrequenz stellt folglich eine Untergrenze für die Berichtsfrequenz dar.

Berichtsdesign Bisher haben wir erörtert, welche Mitarbeiter des Dienstleistungsgeschäfts Berichtsempfänger sind und welche Informationen diese im Rahmen der Berichte erhalten. In diesem dritten Schritt steht die **Form der Berichte** im Fokus.

Oberstes Ziel des Berichtsdesigns ist es, dass die Information unverzerrt und in möglichst kurzer Zeit vom Berichtsempfänger aufgenommen werden kann. **Verzerrungen** ergeben sich dadurch, dass Informationen zwar berichtet werden, diese aber durch ein ungeeignetes Berichtsdesign vom Berichtsempfänger falsch interpretiert werden.

7.3 Reporting

Wir unterscheiden drei Gestaltungsfelder des Berichtsdesigns, die jeweils unterschiedliche Aspekte des Berichtsdesign repräsentieren:

- Die **Anordnung** der Informationen,
- die **Darstellung** der Informationen und
- der Einsatz **aufmerksamkeitslenkender Elemente**.

Das **erste Gestaltungsfeld** bezieht sich auf die **Gesamtstruktur** der Berichte, also die Anordnung der Informationen. Hier müssen wir einige Grundsätze beachten. Der erste Grundsatz ist, dass wir einem Bericht eine **Zusammenfassung** voranstellen müssen. Diese oft als „Management Summary" bezeichnete Kurzübersicht umfasst die zentralen Informationen in zumeist hochverdichteter Form. Der Berichtempfänger hat damit die Möglichkeit, sich einen Überblick zu verschaffen, selbst wenn er nur wenig Zeit hat. Der detaillierteren Analyse dienen dann die weiteren Teile des Berichts. Die einzelnen Informationen der Zusammenfassung müssen mit einem eindeutigen Bezug zur detaillierten Auswertung versehen sein; in der Regel durch Verweise auf die jeweiligen Seiten des Berichts.

Ein zweiter Grundsatz ist, dass in allen Teilen des Berichts zuerst der **aggregierte Indikator** und dann erst detailliertere Informationen zu präsentieren sind. Hierdurch wird sichergestellt, dass zuerst der Gesamtzusammenhang erfasst wird und erst bei Bedarf eine detaillierte Analyse durch den Berichtsempfänger erfolgt.

Der dritte Grundsatz für die Anordnung der Information ist, dass Indikatoren, die einen **sachlichen Zusammenhang** aufweisen, auch im Bericht nah beieinander anzuordnen sind. Der Grund hierfür ist, dass der Berichtsempfänger Zusammenhänge zwischen Indikatoren so besser erkennen kann. Dies ist besonders deshalb empfehlenswert, da ein einzelner Indikator allein in der Regel nicht ausreichend Informationen bereithält. Vielmehr ist ein **Verbund** aus mehreren Indikatoren maßgeblich; und diesen ordnen wir so an, dass der Zusammenhang sichtbar ist.

Das **zweite Gestaltungsfeld** bezieht sich auf die **Darstellung** der einzelnen Informationen; also der Indikatoren. Die Indikatoren lassen sich in verschiedenen Formen darstellen. Grundsätzlich müssen wir uns entscheiden, ob wir einen Indikator als Zahl oder als Grafik darstellen oder ob wir beide Formen verwenden.

Entscheiden wir uns für eine Grafik stellt sich die Frage nach der **Art der Grafik**. Wir müssen davon ausgehen, dass verschiedene Grafiken zu unterschiedlichen Interpretationen durch die Berichtsempfänger führen. Welche Grafikarten für welche Indikatoren geeignet sind, ist in weiterführender Literatur ausführlich dargestellt, weshalb wir dies hier nicht weiter erörtern.

Entscheiden wir uns für den Einsatz von Zahlen und Grafiken für ein und denselben Indikator, müssen wir dies begründen. Ein solches Vorgehen ist nur dann sinnvoll, wenn durch die Doppeldarstellung ein **Mehrwert** für den Berichtsempfänger entsteht. Hierzu ein Beispiel: Für einen Indikator wird der Ist-Wert als Zahl berichtet und der Verlauf des Indikators der letzten fünf Jahre als Grafik.

Das **dritte Gestaltungsfeld** sind aufmerksamkeitslenkende Elemente. Diese Elemente dienen dazu, die Aufmerksamkeit der Berichtsempfänger auf die Informationen zu lenken, die für seine Aufgaben von besonderer **Relevanz** sind. In der Regel handelt es sich um grafische Elemente. Bereits weit verbreitet sind **Ampelgrafiken**. Diese signalisieren durch die jeweilige Farbe einen direkten Handlungsbedarf aufgrund der vorliegenden Information. Moderne Reporting-Software erlaubt eine Vielzahl von solchen Elementen. Allerdings sollten diese **sparsam** eingesetzt werden, um den Fokus der Aufmerksamkeit zu erhalten. Überdies ist es wichtig, dass die eingesetzten Elemente nicht zu Fehlinterpretationen führen.

Berichtsprozesse und Verantwortlichkeiten Reporting und Performance Measurement müssen organisatorisch verankert werden. Dies bedeutet, es muss festgelegt werden, **welche Mitarbeiter** die Indikatoren erheben, aufbereiten, interpretieren und schließlich an den Entscheidungsträger übermitteln. Auch die Definition geeigneter IT-Unterstützung ist notwendig. Zudem wird oftmals nicht berücksichtigt, dass Performance Measurement und Reporting **überarbeitet** werden müssen, wenn sich die Dienstleistungsstrategie, das Dienstleistungsportfolio oder die Dienstleistungsprozesse ändern.

Die Gestaltung der Prozesse bedarf im Kern der **zeitlichen Festlegung** der Aufgaben, die **Zuordnung** der Aufgaben zu einzelnen Mitarbeitern und der Bereitstellung notwendiger **Instrumente**. Betrachten wir zunächst **Erhebung** und **Aufbereitung** der Indikatoren. Diese Prozesse sollten weitestgehend automatisiert werden, da es sich im Wesentlichen darum handelt, die aktuellen Ausprägungen der Indikatoren zu erfassen und diese in die vorbestimmte Berichtsform zu überführen.

Nicht automatisierbar ist die **Interpretation** der erhobenen und aufbereiteten Indikatoren. Die Indikatoren werden im Rahmen dieses Prozesses um qualitative Einschätzungen ergänzt. Wie bereits erörtert, ist eine solche Kommentierung von hoher Wichtigkeit, um den Ist-Wert und etwaige Abweichungen zu Plan- bzw. Soll-Wert interpretieren zu können.

Ein Kommentar ist im Grunde eine subjektive Bewertung. Es ist folglich sorgfältig auszuwählen, wer den Kommentar erstellt. Ein Mitarbeiter, der einen Einfluss auf den Indikator ausüben kann, verfügt in der Regel über höhere Fachkenntnis. Allerdings besteht die Gefahr einer **opportunistischen Verzerrung**, so dass die eigene Leistung besser als tatsächlich erreicht erscheint. „Neutrale" Mitarbeiter verfügen hingegen über geringere Sachkenntnis. Die Entscheidung ist letztendlich abhängig vom dem **Vertrauen** gegenüber den jeweiligen Mitarbeitern.

Gleiches wie für die Erhebung gilt für die **Übermittlung**: Eine weitgehende Automatisierung durch geeignete IT-Systeme ist anzustreben. Allerdings müssen wir dafür Sorge tragen, dass der Berichtsempfänger informiert wird, an wen er sich wenden kann, wenn er Fragen zu dem Berichtsinhalt hat. Durch die Automatisierung entfällt der „natürliche" **Ansprechpartner**, weswegen ein Mitarbeiter benannt werden muss.

Die bisher behandelten Prozesse sind regelmäßig ablaufende Prozesse. Hingegen ist die **Überarbeitung** sowohl von Performance Measurement als auch des Reportings ein Prozess, der nur durchgeführt wird, wenn ein bestimmtes Ereignis eintritt. Welche sind dies?

Als erstes ist hier die **Änderung der Dienstleistungsstrategie** zu nennen. Hierdurch ändern sich die Oberziele des Dienstleistungsgeschäfts. Es ist folglich notwendig, die Indikatoren anzupassen, mit denen wir diese Ziele messen. Ein weiterer Anlass ist die **Änderung des Dienstleistungsportfolios**. Hierdurch entstehen neue Berichtsobjekte. Eine **Änderung der Organisationsstruktur** führt ebenfalls dazu, dass wir das Reporting überarbeiten müssen, da sich die Berichtsempfänger ändern. Schließlich ist auch eine **Änderung der Dienstleistungsprozesse** im Reporting abzubilden. Die Indikatoren zur operativen Steuerung müssen angepasst werden.

7.4 Praxisbeispiele

7.4.1 Die HATLAPA Uetersener Maschinenfabrik GmbH & Co. KG

Das Unternehmen HATLAPA ist ein führender Hersteller von Marinetechnik und blickt auf eine über neunzigjährige Unternehmensgeschichte zurück. Mit seinem Hauptsitz in Uetersen nahe Hamburg und weltweiten Niederlassungen in China, Großbritannien, Korea, Norwegen, Singapur, den USA und Zypern, bedient HATLAPA seine Kunden aus der kommerziellen Schifffahrt und der Offshore-Industrie. Im Jahre 2010 erzielte das Unternehmen mit etwa 400 Mitarbeitern einen Umsatz von ca. 120 Mio. €.

Die Produktpalette von HATLAPA umfasst:

- Winden: Winden dienen der Befestigung von Schiffen. HATLAPA bietet eine große Vielzahl von Winden für sehr unterschiedliche Anwendungskontexte an. Dazu gehören neben regulären Schiffen auch Forschungs- und Fischereischiffe.
- Kompressoren: Die luft- oder wassergekühlten Kompressoren von HATLAPA werden sowohl auf Schiffen, als auch in anderen industriellen Kontexten angewendet. Auf Schiffen dienen sie dem Anlassen von Schiffmotoren.
- Rudermaschinen: Rudermaschinen dienen der Steuerung von Schiffen. HATLAPA bietet verschiedene Typen an, darunter 4-Zylinder- und 2-ZylinderTauchkolbenanlagen, Drehflügelanlagen und Differentialkolbenanlagen.
- Offshore-Ausrüstung: HATLAPA entwickelt speziell für die Offshore-Industrie Winden und weitere Maschinen.

Grundsätze des seit seiner Gründung im Jahr 1919 unabhängigen Unternehmens sind die Verbindung von verlässlicher Qualität, hoher Innovationskraft und exzellentem Service. Dieser weltweite Service, von HATLAPA auch als „Fleet Support" bezeichnet, umfasst folgende Dienstleistungen:

- Wartung,
- Ersatzteilgeschäft,
- Reparatur,

- Umbauten und
- Schulungen

für alle angebotenen Produkte und teilweise auch für Fremdfabrikate.

Kennzahlen zur Steuerung des Dienstleistungsgeschäfts Die Steuerung des Dienstleistungsgeschäfts erfordert tiefgehendes Wissen über dessen Erfolgsfaktoren. Diese sind für die einzelnen Dienstleistungen unterschiedlich. Im Ersatzteilgeschäft sind dies: kurzfristige Angebotsabgabe, marktgerechte Verkaufspreise, hohe Teileverfügbarkeit, schnelle Versandmöglichkeiten/Auftragsabwicklung und eine adäquate Qualität. Bei Umbauten kommt zu den genannten Erfolgsfaktoren die qualifizierte Beratung hinzu. Beim Kundendienst, also der Wartung und der Reparatur, sind schließlich qualifiziertes Personal, kurze Reaktionszeiten und marktgerechte Preise entscheidend.

Aufbauend auf diesen Erfahrungen, hat HATLAPA Kennzahlen entwickelt, um das Dienstleistungsgeschäft zu steuern. Diese Kennzahlen sind unterteilt in die drei Gruppen Finanzen, Prozesse und Marktsituation.

Zur Messung der finanziellen Situation des Dienstleistungsgeschäfts werden folgende Kennzahlen verwendet:

- die Dienstleistungs-Umsätze unterteilt nach Ländern, nach Produktgruppen sowie nach Kunden,
- die Dienstleistungs-Kosten insgesamt,
- das Dienstleistungs-Betriebsergebnis inkl. Garantiekosten sowie
- der Deckungsbeitrag der Dienstleistungen.

Zur Steuerung der zentralen Prozesse im Dienstleistungsbereich werden folgende Kennzahlen erhoben und an die jeweiligen Führungskräfte berichtet:

- die Verfügbarkeit auf Auftragsebene,
- die Verfügbarkeit auf Artikelebene,
- die Durchlaufzeiten für Angebote und
- die Durchlaufzeiten für Aufträge.

Nach Überzeugung von HATLAPA gibt es drei Kriterien zur Kaufentscheidung – neben einem marktüblichen Preis und hoher Lagerverfügbarkeit spielt auch die schnelle Angebotsabgabe eine große Rolle. Eine entsprechende Qualität setzt der Kunde beim Hersteller voraus. Das Pricing, die Teileverfügbarkeit und die Durchlaufzeit der Angebote werden deshalb regelmäßig überprüft, hinterfragt und verbessert. Hierzu ein Beispiel: Eine hohe Verfügbarkeit auf Positionsebene ist wertlos, wenn das meistverkaufte Teil nicht auf Lager ist. Daher führt HATLAPA neben der Positionsebene auch die Auftragsebene, um diese Situation leicht erkennen und beheben zu können.

7.4 Praxisbeispiele

Das Dienstleistungsgeschäft ist von der gegenwärtigen Marktsituation abhängig. Zur Einschätzung der Marktsituation erhebt und analysiert HATLAPA daher folgende Kennzahlen:

- das Potenzial der einzelnen Kunden,
- das Potenzial des Gesamtmarkts,
- der Anteil der Angebote, denen Aufträge folgen („Hitrate") und
- Kennzahlen zur Kundenzufriedenheit.

Um Möglichkeiten zur Umsatzsteigerung zu erkennen und zu realisieren, sind diese Kennzahlen unentbehrlich. Denn ohne Wissen um die Installed Base pro Kunde und Land und den erzielbaren durchschnittlichen Auftragswert pro Maschine und Jahr lassen sich Umsatzzahlen und Möglichkeiten nicht bewerten und das mögliche Potenzial der Kunden nicht erkennen.

Auf Basis dieser Kennzahlen führt HATLAPA auch einen Vergleich („Benchmarking") zwischen seinen weltweiten Vertretungen durch, um hier kontinuierliche Verbesserungen zu erzielen.

HATLAPA hat frühzeitig die Wichtigkeit zur Erfassung und Auswertung von Kennzahlen im Dienstleistungsbereich erkannt, um fundierte Aussagen bezüglich Umsatzpotenzial und dessen Realisierung treffen zu können. Auf Basis der Kennzahlen lassen sich Schwachpunkte leichter erkennen und beheben; eine Steigerung des Umsatzes und der Kundenzufriedenheit sind die Folge.

7.4.2 Die DeLaval GmbH

Das Unternehmen DeLaval verfügt über mehr als 125 Jahre Erfahrung in der Milchwirtschaft und unterstützt Landwirte, ihre Betriebe auf deren individuelle Art zu managen. Mit der Strategie „Smart Farming" verfolgt DeLaval den Übergang vom reinen Melkmanagement zum gesamtbetrieblichen Rentabilitätsmanagement. Dazu stellt DeLaval den Melkbetrieben neue Entscheidungshilfen und Automatisierungstechnologien zur Verfügung.

Das Produktportfolio von DeLaval ist vielfältig und umfasst:

- Melksysteme aller Ausführungen: Diese sorgen für ausgezeichnete Melkhygiene, verbessern die Eutergesundheit und senken die Arbeitskosten.
- Technische Ausrüstung für die Milchkühlung in landwirtschaftlichen Betrieben: Eine effektive Kühlung ist für die Erzeugung von Qualitätsmilch von hoher Wichtigkeit.
- Kuhkomfort und Zubehör: Dies umfasst Pflegeutensilien und Zubehör für Kühe sowie für die Stalleinrichtung, bspw. Liegeboxen- und Laufgangbeläge sowie Kuhbürsten.
- Produkte für das Management des Stallklimas: Hierzu gehört u. a. intelligente Steuerungstechnologie für Ventilatoren.

- Systeme und Produkte zur Steigerung der Fütterungseffizienz: Fütterung ist der größte Kostenfaktor der Milchproduktion. Die Optimierung verbessert die Herdengesundheit, die Reproduktion sowie die Umweltbelastung.
- Entmistungssysteme: Hierzu gehören Rinnenreiniger, Pressen, Pumpen und Schieber. Sie dienen der effektiven Handhabung von Fest- und Flüssigmist.

Das Dienstleistungsportfolio von DeLaval Das Dienstleistungsportfolio von DeLaval untergliedert sich in drei Bereiche:

- Preventive Maintenance,
- Emergency Service und
- Advisory Service.

Die Preventive Maintenance, die vorbeugende Wartung der Melkanlage, beugt unnötigen Notfällen vor und trägt so in erheblichem Maße zum positiven Betriebsergebnis bei. Verschleißteile werden rechtzeitig erkannt und ausgetauscht bevor diese den Melkprozess negativ beeinflussen können. Dadurch wird ein euterschonendes und effektives Melken gewährleistet. Weltweit mehr als 3.000 Service-Techniker setzen für die Wartung von DeLaval-Anlagen speziell vorgeschriebene Spezialausrüstung ein. Das individuelle Wartungsprogramm hängt von der Größe der Herde, der Anzahl der Melkplätze, der Melkzeit sowie der Reinigungszeit ab. Die regelmäßige Prüfung und Wartung gewährleistet eine maximale Systemleistung, verlängert die Lebensdauer des Systems und minimiert die Ausfallzeit der Anlagentechnik.

Im Gegensatz zur vorbeugenden Wartung wird der Emergency Service eingesetzt, um nicht voraussehbare Notfälle zu beheben. Mit dem weltweiten Vertriebsnetz können die Kunden von DeLaval 24 Stunden am Tag, 7 Tage die Woche und 365 Tage unterstützt werden.

Abgerundet wird das Dienstleistungsportfolio durch den Advisory Service. Dieser umfasst

- die Beratung vor dem Kauf einer Anlage hinsichtlich Auslegung und Hygiene etc.,
- Schulung der Mitarbeiter bei der Systeminbetriebnahme,
- Planung von Nachfolgebesuchen für die Bewertung des Systems und
- eine weitergehende Beratung für das effiziente Management des Betriebs.

Kennzahlen zur Steuerung des Dienstleistungsgeschäfts DeLaval verwendet ausgewählte Kennzahlen, um die Leistung im Dienstleistungsgeschäft zu analysieren. Aufbauend auf dieser Analyse erfolgen die Steuerung sowie die Ableitung von Verbesserungsinitiativen.

Eine erste Kennzahlengruppe bilden die Materialverfügbarkeiten. DeLaval unterscheidet hierzu zwei Ebenen:

- Materialverfügbarkeit im Distributionszentrum: Diese Kennzahl, die intern als „Material Availability" bezeichnet wird, verwendet DeLaval zur Analyse der Effizienz des zentralen Bestandsmanagements. Parallel hierzu wird der „Service Level" (hat die Ware rechtzeitig das Lager verlassen?) sowie „On time in full" (hat die Ware rechtzeitig den Kunden erreicht?) gemessen. Auf der anderen Seite sorgt die Messung von „Inventory value" und vor allem „Inventory turnover rate" (Lagerumschlagshäufigkeit) dafür, dass die Bestände nicht zu hoch angesetzt werden.
- Materialverfügbarkeit im Service-Van: Diese Kennzahl, die intern als „Over the Counter Availability" bezeichnet wird, verwendet DeLaval zu Analysen, ob die Lagerbestände der Service-Techniker ausreichend dimensioniert wurden. Parallel dazu werden wie im Distributionszentrum „Inventory value" und „Inventory turnover rate" gemessen. Alle Kennzahlen dienen dazu, die Wirtschaftlichkeit der Dienstleistung zu gewährleisten.

Eine zweite Gruppe von Kennzahlen fokussiert den Erfüllungsgrad der Dienstleistungen. Dazu gehört u. a. die Kennzahl „Service Fulfilment". Mit dieser wird analysiert, ob die geplanten Dienstleistungen pünktlich erfüllt werden. Dies gilt vorrangig für die Preventive Maintenance. Eine besondere Relevanz hat diese Analyse vor dem Hintergrund landesspezifischer gesetzlicher Bestimmung. In den Niederlanden kann die Milch eines Landwirts nicht mehr verkauft werden, wenn eine Kalibrierung der Melkanlage nicht rechtzeitig vorgenommen wird.

Bei einer dritten Gruppe von Kennzahlen steht der einzelne Service-Techniker im Mittelpunkt. In den Märkten, in denen DeLaval eigene Service-Techniker einsetzt, wird das sog. „Service Invoicing" gemessen. Die dahinter stehende Frage lautet: Wie viele Stunden werden den jeweiligen Kunden fakturiert? Es wird somit die Auslastung der Service-Mitarbeiter analysiert. Neben der Auslastung wird die sog. „Contribution" (Umsatz abzgl. direkt zuzuordnender Kosten) der Service-Techniker erfasst.

Eine vierte Kennzahlengruppe bezieht sich schließlich auf das Marktpotenzial. Eine beispielhafte Kennzahl ist die sog. „Service Penetration". Anhand dieser Kennzahl wir analysiert, wie viel Prozent der Kunden einen Service-Kontrakt mit DeLaval geschlossen haben. Um sinnvolle Analyseergebnisse zu erhalten, werden die Kunden bspw. nach deren Größenklasse segmentiert.

Das Zusammenspiel der verschiedenen Kennzahlen soll somit eine optimale Versorgung der Kundenbasis sicherstellen – im Sinne der Kunden ebenso wie im Sinne der Unternehmenseigner.

Literatur

Bortz, J. (2005), Statistik für Human- und Sozialwissenschaftler, 6. Auflage, Heidelberg.
Bruhn, M. (2011), Qualitätsmanagement für Dienstleistungen – Grundlagen, Konzepte, Methoden, 8. Auflage, Berlin und Heidelberg.

Engelhardt, W. H./Reckenfelderbäumer, M. (2006), Industrielles Service-Management, in: Kleinaltenkamp, M./Plinke, W./Jacob, F./Söllner, A. (Hrsg.), Markt- und Produktmanagement – Die Instrumente des Business-to-Business-Marketing, 2. Auflage, Berlin u. a.

Porter, M. E. (2008), The Five Competitive Forces That Shape Strategy, in: Harvard Business Review, 86 (2012) 1, S. 78–93.

Verband der Automobilindustrie (2007), Automotive SPICE Prozessassessment – Prozessbewertung nach Automotive SPICE in der Entwicklung von Software-bestimmten Systemen, Frankfurt am Main.

8 Handlungsfeld 7: Interne und Externe Anreize – Wie steuern wir das Verhalten der beteiligten Akteure?

8.1 Lernziele

Die zentrale Frage in diesem Handlungsfeld ist, welche **Anreize** wir setzen müssen, damit alle beteiligten Personen zum **Erfolg** des Dienstleistungsgeschäfts **beitragen**. Diese Anreize müssen so gestaltet werden, dass sie erfolgssteigernde Verhaltensweisen belohnen. Weiterhin sollen Anreize Verhaltensweisen unterbinden, die den Erfolg des Dienstleistungsgeschäfts gefährden. Dieses negative Verhalten bezeichnen wir hier als **dysfunktionales Verhalten**.

In der betrieblichen Praxis werden in der Regel verschiedene Anreize gesetzt, weswegen wir vom **Anreizsystem** sprechen. Dies ist die Gesamtheit aller Anreize, die wir aktiv gestaltet haben, um das Verhalten der Mitarbeiter im Sinne der Ziele des Dienstleistungsgeschäfts zu beeinflussen.

Wir unterscheiden interne und externe Anreize. **Interne Anreize** richten sich an Personen, die dem Anbieter von Dienstleistungen angehören. Dazu gehören Angehörige der Dienstleistungsentwicklung, des Dienstleistungsvertriebs und der Dienstleistungserbringung.

Daneben sind **externe Anreize** notwendig, die sich an den Kunden richten. Der Grund dafür ist, dass die Kunden durch ihr Verhalten einen wesentlichen Einfluss auf die Dienstleistungsqualität und die Kosten der Dienstleistungserbringung haben. Hierzu ein Beispiel: Stellt ein Kunde den Zugang zu einer Maschine zu einer vereinbarten Wartungszeit nicht sicher, entstehen dem Service-Techniker Wartezeiten und somit ungeplante Mehrkosten.

Wollen wir Anreize gestalten, ist es notwendig, zu klären, aus welchen Elementen solche bestehen. Abb. 8.1 zeigt diese **Elemente** und deren Zusammenwirken.

Grundsätzlich können wir festhalten, dass ein Anreiz eine **Belohnung** ist, der für eine definierte **Leistung** vergeben wird. Ein erster Gestaltungsansatz ist folglich die Art der Belohnung. In der Literatur liegen zahlreiche Klassifikationen von Belohnungen vor (vgl. bspw. Lindert 2001). Besonders prominent wird die Unterscheidung zwischen materiellen und immateriellen Belohnungen diskutiert. Die dominante materielle Belohnungen ist

M. Seiter, Industrielle Dienstleistungen,

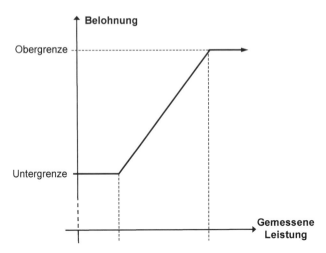

Abb. 8.1 Elemente eines Anreizsystems

Geld. Beispiele für immaterielle Belohnungen sind ein Zuwachs an Verantwortung oder eine Auszeichnung.

Für unsere Zwecke erscheint diese Unterscheidung nicht nützlich. Vielmehr müssen wir uns die Frage stellen, welche Belohnung für welchen Mitarbeiter überhaupt eine **Bedeutung** hat. Eine generelle Antwort gibt es hier nicht, da dies u. a. von individuellen Präferenzen und der Kultur des Unternehmens oder der Branche abhängt.

Der zweite Gestaltungsansatz ist die **Bemessungsgrundlage**. Es handelt sich um die Art der Leistung, die dazu führt, dass eine Belohnung vergeben wird. Diese Leistung ist die Verbindung zum gewünschten Verhalten. Konkret bedeutet dies, dass als Bemessungsgrundlage jene Leistung herangezogen werden sollte, mit der ein Mitarbeiter zum Erfolg des Dienstleistungsgeschäfts beiträgt.

Hier zeigt sich die Abhängigkeit von der gewählten **Dienstleistungsstrategie**. Da diese die Oberziele und damit indirekt auch die Unterziele des Dienstleistungsgeschäfts definieren, ist dieses auch maßgeblich für die Bestimmung der Bemessungsgrundlage. Eine allgemeingültige Vorgabe, welche Leistung belohnt werden sollte, existiert somit nicht.

Der dritte Gestaltungsansatz ist der konkrete **Zusammenhang** von Bemessungsgrundlage zu Belohnungshöhe. Hierbei stellt sich zunächst die Frage, ob dieser Zusammenhang eindeutig definiert werden soll oder ob wir Spielräume zulassen wollen.

Im ersten Fall ist jeder Leistungshöhe eine bestimmte Belohnungshöhe zugeordnet. Der Vorteil dieser Variante ist die **Objektivität** der Lösung; zumindest, wenn die Leistung exakt gemessen werden kann. Die Akzeptanz bei den Mitarbeitern ist folglich hoch. Der Nachteil ist, dass einem Vorgesetzten keinerlei **Spielraum** eingeräumt ist, Faktoren zur berücksichtigen, die sich negativ oder positiv auf die Leistung oder Leistungsfähigkeit des Mitarbeiters ausgewirkt haben.

Im zweiten Fall räumen wir dem Vorgesetzten einen gewissen Spielraum bei der Vergabe der Belohnungen ein. Eine Möglichkeit ist, dass zwar eine eindeutige

Zuordnung zwischen Leistung und Belohnung definiert ist, der Vorgesetzte allerdings zu einem gewissen Grad davon **abweichen** kann. Der Vorteil ist, dass die oben genannten Faktoren berücksichtigt werden können. Der Nachteil ist, dass solche Korrekturen vom Mitarbeiter als **subjektiv** und damit auch als ungerecht wahrgenommen werden können.

In beiden Fällen ist es von hoher Wichtigkeit, dass die Bemessungsgrundlage valide gemessen wird. Der Grund ist, dass eine **Verzerrung** in der Leistungsmessung zu einer Verzerrung bei der Vergabe von Belohnungen führt.

In Abb. 8.1 ist die Verknüpfung von Leistung und Belohnung **linear** dargestellt. Dies bedeutet, dass ein Leistungszuwachs in den angegeben Grenzen zu einem proportionalen Zuwachs der Belohnung führt. Es gibt allerdings Gründe, anstelle einer Gerade andere Formen zu wählen.

Eine alternative Form ist eine Kurve, die zuerst geringer ansteigt als die eingezeichnete Gerade, dann aber schneller. Eine solche Form kann angebracht sein, wenn Unternehmen ihren Umsatz im Dienstleistungsbereich stark steigern wollen. In einem solchen Fall werden hohe Ziele vorgegeben. Die beschriebene Kurvenform führt dazu, dass sich zusätzliche Leistung auf dem Weg zum vorgegebenen Ziel **umso mehr** lohnt, je **näher** man dem Ziel bereits ist.

Die umgekehrte Form kann sinnvoll sein in den Fällen, in denen die Mitarbeiter aufgrund einer bestimmten Leistung belohnt werden, aber ein gewisses Niveau nicht überschritten werden soll. Eine **abflachende** Kurve bewirkt diesen Effekt.

Neben der Form der Verknüpfung ist deren **Begrenzung** für die Gestaltung des Anreizes von hoher Relevanz. Es existieren mehrere Gründe, um eine Obergrenze einzuführen. In der Regel existiert ein gewisses Leistungsniveau ab dem **qualitative Mängel** unvermeidbar werden. Schäden für das Unternehmen, vielleicht erst mittelfristig, sind die Folge.

Betrachten wir hierzu den Fall, dass wir die Belohnung der Mitarbeiter des Dienstleistungsvertriebs anhand des getätigten Umsatzes bemessen. Es existiert ein Umsatzvolumen, ab dem qualitative Einschränkungen, wie bspw. schlechte Aufklärung im Vertriebsprozess einsetzen. Eine Begrenzung ist hier sinnvoll.

Andererseits birgt eine Begrenzung auch das Potenzial, **dysfunktionales Verhalten** zu verursachen. Betrachten wir nochmals das obige Beispiel aus dem Dienstleistungsvertrieb. Nehmen wir an, die Obergrenze des Umsatzes ist bereits drei Monate vor Geschäftsjahresende erreicht. Was wäre die Folge? Ein belohnungsmaximierendes Verhalten wäre es, alle weiteren Umsätze in das nächste Geschäftsjahr zu verschieben. Aus Sicht des Unternehmens kein sinnvolles Verhalten. Eine Entscheidung für oder gegen Begrenzungen hängt davon ab, welches Verhalten wir fördern wollen. Generelle Aussagen zu Begrenzungen können wir folglich nicht treffen.

Wir haben uns nun die wesentlichen Elemente eines Anreizes erarbeitet. Das Beispiel in Abb. 8.1 ist aus didaktischen Gründen allerdings in einer Hinsicht vereinfacht. In der Praxis hängt die Höhe der Belohnung oftmals von **mehreren Leistungsindikatoren** ab und nicht nur von einem. Die Folge dieser erhöhten Komplexität ist, dass wir die Wirkung dieser Anreize wesentlich unsicherer prognostizieren können.

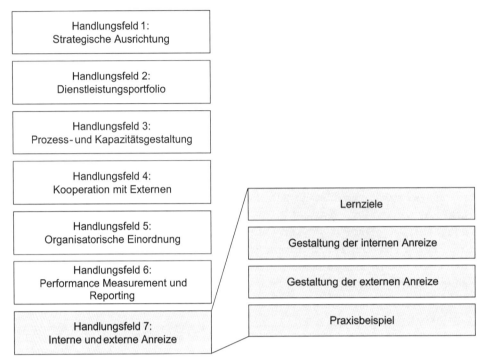

Abb. 8.2 Aufbau des Kapitels

Bereits mit Hinzunahme einer zweiten Bemessungsgrundlage entsteht das Problem der **Gewichtung**. Weisen wir beiden Bemessungsgrundlagen dasselbe Gewicht zu oder messen wir einer ein höheres Gewicht zu? Die Gewichtung ist ein deutliches Signal an den jeweiligen Mitarbeiter, welche Bemessungsgrundlage für uns von welcher Wichtigkeit ist.

Jede Gewichtung ruft einen **Analyseprozess** in den Mitarbeitern hervor. Sie werden sich die Frage stellen: Wie setze ich meine begrenzte Arbeitszeit ein, um die höchste Belohnung zu erreichen? Dies führt u. U. wieder zu ungewolltem Verhalten.

Mit steigender Anzahl von Bemessungsgrundlagen wird der Anreiz für die Mitarbeiter zunehmend **unverständlich**. Die Arbeitszeit muss auf zu viele Leistungsindikatoren verteilt werden. Diese Fragmentierung kann dazu führen, dass die Mitarbeiter beschließen, den Anreiz zu ignorieren. Der Grund dafür ist deren Einschätzung, dass sie die Belohnungshöhe aufgrund des komplexen Ermittlungsverfahrens nicht beeinflussen können.

In Abschn. 8.2 widmen wir uns zuerst den internen Anreizen, also denen, die sich an die eigenen Mitarbeiter richten. Die Anreize, mit denen wir das Verhalten der Kunden beeinflussen wollen, erörtern wir in Abschn. 8.3 unter der Bezeichnung „externe Anreize". Abschließend vertiefen wir das Erlernte anhand eines Praxisbeispiels in Abschn. 8.4 Abb. 8.2 zeigt den Aufbau des Kapitels im Gesamtzusammenhang.

8.2 Gestaltung der internen Anreize

Wir unterscheiden die Mitarbeiter des Dienstleistungsgeschäfts in drei Gruppen, die jeweils eine wesentliche Funktion des Dienstleistungsgeschäfts repräsentieren. Die Mitarbeiter des **Dienstleistungsvertriebs** haben die Aufgabe, Kunden für die angebotenen Dienstleistungen zu gewinnen. Mitarbeiter der **Dienstleistungserbringung** sind für alle Dienstleistungsprozesse vom Abruf der Dienstleistung vom Kunden bis zur Fakturierung der erbrachten Dienstleistungen zuständig. Beiden Funktionen vorgelagert sind die Mitarbeiter der **Dienstleistungsentwicklung**.

Jede Mitarbeitergruppe trägt auf andere Weise zum Erfolg des Dienstleistungsgeschäfts bei. Folglich müssen wir **spezifische Anreize** einsetzen. Wir diskutieren im Folgenden die Anreize getrennt nach den drei Gruppen. Innerhalb der Gruppen erörtern wir die Unterschiede in den Anreizen, die durch die gewählte **Dienstleistungsstrategie** notwendig sind. Beginnen wir mit den Anreizen für die Mitarbeiter des Dienstleistungsvertriebs.

Anreize für Mitarbeiter des Dienstleistungsvertriebs Wie wir bereits erörtert haben, besteht ein Anreiz aus drei Komponenten: der Belohnung, der Bemessungsgrundlage und der Zuordnung von Belohnung zur Bemessungsgrundlage. Befassen wir uns zuerst mit der Belohnung.

Die dominante **Belohnung** für Vertriebsmitarbeiter ist die monetäre Vergütung. Keine andere Belohnung hat einen auch nur annähernd vergleichbaren Stellenwert. Zwar werden weitere Belohnungen ergänzt, wie bspw. Anrecht auf einen höherwertigen Firmenwagen oder Auszeichnungen der Form „Vertriebsmitarbeiter des Monats". Aber: Diese spielen in der Wahrnehmung der Mehrheit der Vertriebsmitarbeiter eine untergeordnete Rolle.

Hinsichtlich der **Bemessungsgrundlage** müssen wir verschiedene Formen unterscheiden. Als Unterscheidungsmerkmal dient uns die gewählte Dienstleistungsstrategie. Wie in Abschn. 7.2 erörtert verlangen die unterschiedlichen Basisstrategien nach spezifischen Leistungsindikatoren. Diese bilden den Ansatzpunkt, mit Hilfe dessen wir die jeweiligen Bemessungsgrundlagen auswählen. Der Zusammenhang ist folglich: Wählen wir als Bemessungsgrundlage einen der Leistungsindikatoren, die wir im Performance Measurement anwenden, setzen wir einen direkten Impuls für Erfolgsteigerndes Verhalten.

Betrachten wir zunächst die Bemessungsgrundlagen im Falle der **Basisstrategien „Gesetzliche Verpflichtung"** und **„Kundenorientierung"**. Bei beiden Strategien steht das Produktgeschäft im Fokus. Das Dienstleistungsgeschäft ist ein Mittel, um das Produktgeschäft zu unterstützen. In der Regel werden Belohnungen nicht auf Basis einer einzelnen Bemessungsgrundlage vergeben, sondern mehreren. Im Falle dieser Strategien ist es notwendig, dass eine dieser Bemessungsgrundlagen der Produktumsatz ist. Der Dienstleistungsumsatz kann ebenfalls Eingang in die Bemessung finden, aber mit einem geringeren Gewicht.

Die Bemessungsgrundlagen für die **Basisstrategie „Verstetigung"**, sollen zu einem Verhalten der Vertriebsmitarbeiter führen, dass zu einer Verstetigung des Gesamtumsatzes des Unternehmens mit Hilfe des Dienstleistungsgeschäfts führt. Der Vertrieb kann besonders darauf einwirken, dass Ausschläge des Gesamtumsatzes nach unten vermieden werden. Insofern ist der Gesamtumsatz eine sinnvolle Bemessungsgrundlage. Allerdings sollten wir diese um ein Schwankungsmaß ergänzen. In Abschn. 7.2.1 haben wir hierzu die Standardabweichung des Gesamtumsatzes erörtert.

Oberstes Ziel der **Basisstrategie „Quersubventionierung"** ist es, ein bewusst akzeptiertes defizitäres Produktgeschäft durch ein profitables Dienstleistungsgeschäft zu kompensieren. Die Bemessungsgrundlage für den Vertrieb von Dienstleistungen kann zwar wiederum der Dienstleistungsumsatz sein. Allerdings müssen wir diesem eine zweite Bemessungsgrundlage beifügen: den Anteil an den Produktkäufern, den der Vertrieb mit den Dienstleistungen erreicht hat. Hierzu müssen wir ein Mindestmaß an Dienstleistungsumsatz für jede Produktkategorie definieren. Erst wenn diese erreicht wurde, erhält das Vertriebsteam eine erhöhte Belohnung.

Betrachten wir als Nächstes die **Basisstrategie „Cross-Selling"**. Unternehmen, die diese Strategie umsetzen, verfolgen als oberstes Ziel, Neuproduktgeschäft durch das Dienstleistungsgeschäft zu induzieren. Analog zur anderen Kompensationsstrategie, der „Verstetigung", ist es sinnvoll den Dienstleistungsumsatz als eine Bemessungsgrundlage einzusetzen. Diese müssen wir allerdings ergänzen, um die in Abschn. 7.2.1 eingeführte Cross-Selling-Erfolgsrate. Wie bereits ausgeführt, messen wir mit diesem Indikator den Anteil der Kunden des Dienstleistungsgeschäfts, die neben dem initialen Produktkauf zu einem späteren Zeitpunkt ein weiteres Produkt erworben haben. Herausforderung ist die Definition dieses Zeitpunkts. Setzen wir diesen zu früh, erfassen wir auch weitere Produktkäufe, die nichts durch das Dienstleistungsgeschäft induziert wurden. Setzen wir diesen zu spät, erfassen wir nicht alle dienstleistungsbedingten Produktkäufe.

Im Falle der **Basisstrategie „Differenzierung"**, ist das Dienstleistungsgeschäft ein Mittel, mit dessen Hilfe sich ein Unternehmen differenzieren und dadurch einen Wettbewerbsvorteil erlangen möchte. Das Produktgeschäft wirkt in solchen Fällen nicht mehr hinreichend differenzierend. In der Regel, werden gegenüber den Kunden Produkt und Dienstleistung nicht mehr getrennt angeboten, sondern integriert als kundenindividuelle Kombination, der sog. Lösung.

Produktumsatz oder Dienstleistungsumsatz sind folglich keine sinnvollen Bemessungsgrundlagen. Vielmehr steht der Gesamtumsatz im Fokus. Dies ist insbesondere dann wichtig, wenn getrennte Vertriebseinheiten für Produkte und Dienstleistungen existieren. Betrachten wir nochmals die Ausführungen zu den strategischen Leistungsindikatoren, wird die Notwendigkeit deutlich, als weitere Bemessungsgrundlage den Unternehmensgewinn oder eine Rentabilitätsgröße zu ergänzen.

Betrachten wir schließlich die Bemessungsgrundlage für die **Basisstrategie „Eigenständiges Geschäftsfeld"**. Oberziel ist hier, ein Dienstleistungsgeschäft aufzubauen, das nicht in Verbindung mit den eigenen Produkten steht. Verfolgen wir diese Strategie, interpretieren wir das Dienstleistungsgeschäft als einen eigenständigen Geschäftsbereich unseres Unternehmens neben weiteren Geschäftsbereichen. Es ist daher empfehlenswert, dieselben Bemessungsgrundlagen einzusetzen, wie im Produktvertrieb. Hierzu kann bspw. der erreichte Marktanteil gehören. Allerdings müssen wir die Effekte ausgleichen, die dazu führen, dass sich die Mitarbeiter des Dienstleistungsvertriebs benachteiligt fühlen.

Hierzu ein Beispiel: Wird im Produktvertrieb der Produktumsatz als Bemessungsgrundlage angewendet, kann dies zwar für den Dienstleistungsvertrieb übernommen werden. Allerdings müssen wir um ein Spezifikum der Dienstleistungen korrigieren: Oftmals ist der erzielbare Umsatz mit den Produkten höher als jener, der mit den zugehörigen Dienstleistungen realisierbar ist. Korrigieren können wir dies durch die Zuordnung von Belohnung zur Bemessungsgrundlage. Sprich: ein Euro Umsatz im Dienstleistungsvertrieb führt zur selben Belohnung wie zwei Euro Umsatz im Produktvertrieb.

Ein alternativer Ansatz, bei dem diese Korrekturnotwendigkeit entfällt, ist die Verwendung des **Kundenwerts** als Bemessungsgrundlage für alle Vertriebsmitarbeiter (vgl. bspw. Hamel 2003). Es ist allerdings nicht immer möglich, den Kundenwert eindeutig zu bestimmen, weshalb diese Alternative in der Praxis keine weite Verbreitung gefunden hat.

Anreize für Mitarbeiter der Dienstleistungserbringung Betrachten wir hier wiederum zunächst den Fall der **Basisstrategie „Gesetzliche Verpflichtung"**. Im Zentrum dieser Strategie steht kostenminimale Erbringung der gesetzlich vorgeschriebenen Dienstleistungen. Die Mitarbeiter können diese Kosten direkt beeinflussen. Daher bietet es sich an, als Bemessungsgrundlage eine Kostengröße zu verwenden. Eine Möglichkeit besteht darin, Standardkosten für die einzelnen Dienstleistungen zu definieren und als Bemessungsgrundlage die Abweichung davon zu verwenden.

Für den Fall der **Basisstrategie „Kundenorientierung"** ist die Anwendung einer Kostengröße als Bemessungsgrundlage allein nicht ausreichend. Vielmehr müssen wir diese um eine weitere ergänzen, die die Kundenzufriedenheit abbildet. Begründet ist dies darin, dass die Kundenzufriedenheit beim Verfolgen dieser Dienstleistungsstrategie einen ebenso hohen Stellenwert hat, wie die Kosten. Eine geringe Kundenzufriedenheit mit den Dienstleistungen kann sich auch negativ auf das Produktgeschäfts auswirken.

Eine weitere Bemessungsgrundlage spielt eine Rolle für die **Basisstrategien „Verstetigung", „Quersubventionierung", „Cross-Selling"** und **„Eigenständiges Geschäftsfeld"**. In allen vier Strategien übernehmen Mitarbeiter der Dienstleistungserbringung auch Vertriebsfunktionen. Einerseits führen sie direkte Verkaufsgespräche mit dem Kunden über mögliche Dienstleistungen; und zwar während sie vor Ort eine Dienstleistung erbringen. Andererseits liefern sie Informationen über noch offene Kundenbedarfe an die eigentlichen Vertriebsmitarbeiter. Diese können auf Grundlage dieser Informationen qualitativ hochwertigere Angebote erstellen.

Wir sehen folglich neben einer Kostengröße eine Umsatzgröße als Bemessungsgrundlagen vor. Welche Gewichtung den beiden Größen zukommt, ist unternehmensspezifisch. Grundsätzlich gilt: je mehr Wert das Unternehmen auf die Vertriebsfunktion der dienstleistungserbringenden Mitarbeiter legt, desto höher muss auch das entsprechende Gewicht gewählt werden.

Während der Dienstleistungserbringung können die Mitarbeiter nicht nur Informationen über den Bedarf an weiteren Dienstleistungen erheben, sondern auch solche, die für die Produktentwicklung Relevanz besitzen. Solche Informationen sind typische Fehler im Umgang mit der Maschine, Wünsche des Kunden für neue oder verbesserte Produkteigenschaften sowie typische Mängel. Im Falle der **Basisstrategien „Quersubventionierung"** und „Differenzierung" sind diese Informationen notwendig, um die jeweiligen Oberziele erreichen zu können.

Diesem Umstand müssen wir in der Auswahl der Bemessungsgrundlagen Rechnung tragen. Es stellt sich allerdings die Frage, wie die Erhebung und Weitergabe der Informationen quantifiziert werden kann. Der Mitarbeiter der Dienstleistungserbringung kann nicht abschließend beurteilen, ob seine Information tatsächlich nützlich für die Produktentwicklung ist. Auch unwichtig erscheinende Informationen können von hohem Nutzen sein. Daher erscheint eine Bemessungsgrundlage sinnvoll, welche auf der Beurteilung durch die Produktentwicklung basiert.

Anreize für Mitarbeiter der Dienstleistungsentwicklung Anreize für Entwicklungsmitarbeiter sind grundsätzlich schwer zu definieren. Dies gilt ebenfalls für Mitarbeiter der Dienstleistungsentwicklung. Der Grund ist, dass sie zwar die Grundlage für den Erfolg des Dienstleistungsgeschäfts erarbeiten, aber **marktorientierte Größen** keine präzisen Rückschlüsse auf die Leistung der Dienstleistungsentwicklung zulassen. Ebenso wenig geeignet sind **Kostengrößen** als Bemessungsgrundlage. Dies ist darin begründet, dass die Prozesse in der Entwicklung nicht ausreichend strukturiert sind, wie dies etwa in der Dienstleistungserbringung der Fall ist.

Falsch gewählte Bemessungsgrundlagen bergen allerdings die Gefahr von **dysfunktionalem Verhalten**. Hierzu ein Beispiel: Kostengrößen als Bemessungsgrundlage könnten bewirken, dass risikoreichere Entwicklungsprojekte nicht begonnen werden, da die Gefahr einer Kostenüberschreitung hoch ist. Wenig innovative Dienstleistungen wären die Folge.

Grundsätzlich ist es daher sinnvoll, Mitarbeiter der Dienstleistungsentwicklung mittels solchen Bemessungsgrundlagen zu entlohnen, die einerseits nicht unmittelbar dysfunktionales Verhalten auslösen und andererseits für die jeweiligen Mitarbeiter akzeptabel sind. Dies gilt in der Regel für Größen, die sich auf den **Gesamterfolg des Unternehmens** oder des Dienstleistungsgeschäfts beziehen.

Ausnahmen bilden die Strategien „**Gesetzliche Verpflichtung**" und „Differenzierung". Erstere erlaubt durch ihre Kostenfokussierung eine Verwendung von Kostengrößen als Bemessungsgrundlage. Die Kundenzufriedenheit spielt keine bzw. eine geringe Rolle. Dienstleistungen werden nur erbracht, weil es vorgeschrieben wurde. Es handelt sich daher in der Regel um Standarddienstleistungen, die keine hohen Ansprüche an die Dienstleistungsentwicklung stellen.

Im Falle der Basisstrategie „**Differenzierung**" kommt der Dienstleistung eine bedeutendere Rolle zu, als bei sämtlichen anderen Basisstrategien. Nur durch fortwährende kundenorientierte Neu- und Weiterentwicklung kann ein differenzierender Effekt erzielt werden. Fraglich ist allerdings, welche Bemessungsgrundlage dies abbilden kann. Eine Möglichkeit stellt die regelmäßige Befragung des Vertriebs an. Im Rahmen dieser müssen wir erfassen, inwieweit der Vertrieb in der Lage ist, mit dem gegebenen Dienstleistungsportfolio die individuellen Kundenwünsche zu erfüllen.

8.3 Gestaltung der externen Anreize

Wir haben bisher erörtert, dass Anreize ein sinnvolles Instrument sind, um das Verhalten aller Mitarbeiter des Dienstleistungsgeschäfts zu steuern. Dienstleistungen zeichnen sich aber gegenüber Produkten dadurch aus, dass die **Kunden** in den Prozess der Erstellung direkt **eingreifen**. Das Verhalten der Kunden beeinflusst daher direkt die Kosten der Dienstleistungserbringung, die Zeit, die für die Dienstleistungserbringung erforderlich ist, und nicht zuletzt die Qualität der Dienstleistung.

Aufgrund des hohen Einflusses des Kundenverhaltens auf das Dienstleistungsgeschäft ist es notwendig, neben Anreizen für die eigenen Mitarbeiter auch Anreize zu gestalten, die das Verhalten der Kunden beeinflussen. Wiederum ist es das Ziel, dass **Kundenverhalten** so zu beeinflussen, dass es in der Weise erfolgt, wie wir es in unseren Planungen erwarten.

Zwischen den eigenen Mitarbeitern und den Kunden bestehen hinsichtlich der Anreizgestaltung zwei bedeutende **Unterschiede**:

- **Vermittlung der Erwartungen**: Eigenen Mitarbeitern werden Erwartungen an deren Verhalten in der Regel direkt vermittelt, bspw. durch Stellenbeschreibungen und Schulungen. Gegenüber Kunden äußern wir weit weniger Erwartungen an ihr Verhalten. Vielmehr geben wir ein Leistungsversprechen ohne genau zu spezifizieren, welches Verhalten vom Kunden erwartet wird.
- **Reaktionsmöglichkeiten bei Fehlverhalten**: Fehlverhalten eigener Mitarbeiter sanktionieren wir in der Regel indirekt durch weniger Belohnungen oder direkt durch Verweise oder Kündigung. Der Arbeitsvertrag ist hierfür die rechtliche Grundlage. Gegenüber Kunden sind die Reaktionsmöglichkeiten bei Fehlverhalten dagegen eingeschränkt. Einerseits aufgrund des Fehlens einer rechtlichen Grundlage. Andererseits möchten wir das Potenzial des Kunden in Zukunft weiterhin nutzen.

Analog zur Gestaltung der internen Anreize müssen wir für die Gestaltung zwei Fragen beantworten: Welche **Arten von Fehlverhalten** sind für uns relevant? Und: Welche **Belohnungen** oder **Sanktionen** wollen wir einsetzen, um diese Fehlverhalten zu minimieren?

Wenden wir uns zunächst der ersten Frage zu: Fehlverhalten des Kunden ist für uns dann relevant, wenn es direkt in die **Dienstleistungserbringung** einwirkt. Betrachten wir dies an einem Beispiel: Abb. 8.3 zeigt den Wertstrom der Dienstleistung „Ersatzteilservice" der Kehrgeräte AG. Der Wertstrom umfasst zwei Arten von Dienstleistungsaktivitäten. Auf die erste Art hat der Kunde keinen direkten Einfluss. Auf die zweite Art hat das Verhalten des Kunden einen direkten Einfluss. Dazu gehört die Aktivität „Diagnose". Sie kann

170   8 Handlungsfeld 7: Interne und Externe Anreize

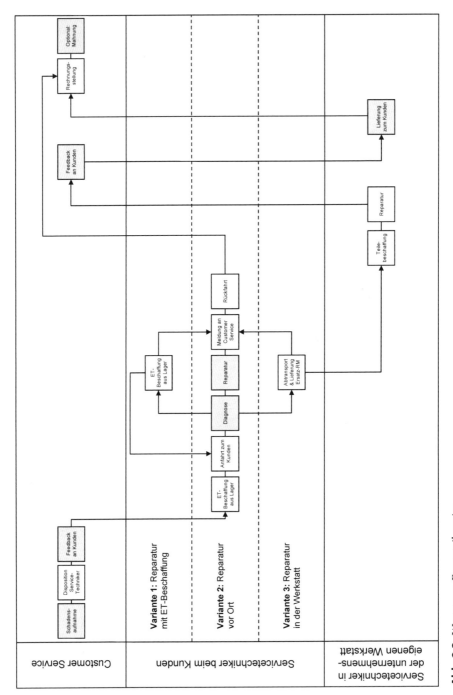

Abb. 8.3 Wertstrom Ersatzteilservice

8.3 Gestaltung der externen Anreize

durch den Kunden stark beeinflusst werden. Er kann diese bspw. durch einen eigenen Reparaturversuch erschweren. Die Diagnosezeit kann dadurch wesentlich verlängert werden.

Wir wollen Anreize so gestalten, dass Fehlverhalten der Kunden in den grau gefärbten Dienstleistungsaktivitäten minimiert wird. Wir benötigen dazu eine **Kategorisierung** von möglichen Fehlverhaltensweisen. Diese erörtern wir im Folgenden (vgl. für die folgenden Ausführungen Seiter und Gille 2012).

In einer ersten Unterscheidung differenzieren wir zwischen direktem und indirektem Fehlverhalten. Im Falle von **direktem Fehlverhalten** wird der Mitarbeiter unmittelbar von der Dienstleistungserbringung abgehalten. Beispiele hierfür sind, dass der Kunden nicht angetroffen wurde oder dass er durch unnötige Diskussionen aufgehalten wird. Diese Fälle von Fehlverhalten sind offensichtlich und daher besonders zugänglich für eine Steuerung mit Anreizen.

Indirektes Fehlverhalten ist weniger eindeutig festzustellen und umfasst ein größeres Spektrum an Verhaltensweisen. Daher untergliedern wir indirektes Fehlverhalten nach der **Intention** des Kunden in beabsichtigtes und unbeabsichtigtes. Im ersten Fall ist sich der Kunde seines Fehlverhaltens bewusst. Durch das Fehlverhalten verschafft er sich einen Vorteil. Hierzu ein Beispiel: Der Service-Techniker hat keinen Zugang zu der zu wartenden Produktionsmaschine, da sie bei Eintreffen noch zu Fertigung eingesetzt wird. Der Vorteil des Kunden durch dieses Fehlverhalten ist eine verkürzte Standzeit der Maschine; auf Kosten der Wartezeit des Service-Technikers. Wir bezeichnen diesen Fall des Fehlverhaltens als „**schweres beabsichtigtes Fehlverhalten**".

Eine abgemilderte Variante des beabsichtigen Fehlverhaltens bezeichnen wir als „**leichtes beabsichtigtes Fehlverhalten**". In diesem Fall ist der Zugang zur betreffenden Maschine zwar prinzipiell möglich, aber es existieren Gründe, dass die Dienstleistung nicht unmittelbar erbracht werden kann. Hierzu ein Beispiel: Im Zuge einer Fabrikautomatisierung wurde die betreffende Maschine so mit anderen Maschinen verbunden, dass die Wartung nur durch größere Deinstallationsarbeiten möglich ist.

Neben den drei bisher dargestellten Verhaltensweisen unterscheiden wir als vierte Kategorie die **unbeabsichtigten Fehlverhalten**. Im Falle von nicht beabsichtigtem Fehlverhalten verhält sich der Kunden nach bestem Wissen und ist sich eines Fehlverhaltens nicht bewusst. Beispiele sind Fehldiagnosen und fehlerhafte Reparaturversuche seitens des Kunden. Beides erschwert bzw. verlangsamt die Dienstleistungserbringung. Abbildung 8.4 zeigt die vier Kategorien von Kundenfehlverhalten in der Übersicht.

Wir haben erörtert, welche Arten von Fehlverhalten für uns relevant sind. Wenden wir uns nun der Frage zu, welche **Anreize** wir einsetzen können, um diese Fehlverhalten zu minimieren. In einem **ersten Schritt** entscheiden wir, für welche der dargestellten Fehlverhalten der Kunden wir einen Anreiz zur Beseitigung derselben einsetzen wollen. Grundlage hierfür ist die Erfassung der Kosten, die mit den Fehlverhalten einhergehen.

Hierzu ein Beispiel: In der Regel haben Service-Techniker Vorgaben hinsichtlich der Zeit, die sie für die Bearbeitung eines bestimmten Service haben. Diese Standardzeit wird durch das Verhalten des Kunden beeinflusst. Eine einfache Analysemöglichkeit ergibt sich, wenn wir dem Service-Techniker eine Begründung in seinem Service-Bericht beifügen lassen, wenn die Standardzeit überschritten wurde. Die Auswertung dieser Daten können

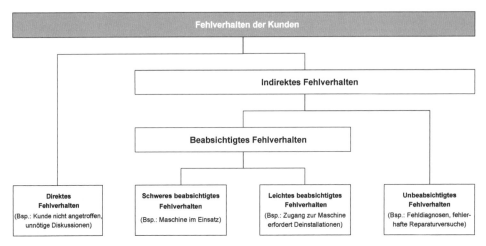

Abb. 8.4 Fehlverhalten von Kunden. (Seiter und Gille 2012, S. 11)

wir dadurch erleichtern, indem wir Gründe vorgeben. Die eingeführte Klassifikation ist hierfür eine Möglichkeit.

Eine Erfassung der Kosten des Kundenverhaltens ist über den gesamten Dienstleistungsprozess notwendig, um einschätzen zu können, für welches Fehlverhalten Anreize notwendig sind. Aus Sicht der Kostenrechnung bedeutet dies vor allem die Einrichtung geeigneter Kostenarten und Kostenstellen, so dass die entsprechenden Kosten transparent werden.

Wir können nun verschiedene **Analysen** durchführen, die uns zeigen, in welchen Fällen wir Anreize einführen sollten. Dazu gehören:

- Welches sind die häufigsten und kostenintensivsten Fehlverhaltensarten?
- Welche Fehlverhalten sind in welcher Kundengruppe bzw. bei welchen Kunden überhaupt relevant?
- Welche Fehlverhalten sind in welcher Dienstleistungsgruppe bzw. einzelnen Dienstleistungsart relevant?
- Welche Fehlverhalten treten in welcher Region auf?
- Welche Fehlverhalten treten in Verbindung mit einer bestimmten Art von Dienstleistungsvertrag auf?

Auf Basis dieser Analysen, können wir in einem **zweiten Schritt** konkrete Anreize gestalten. Ein erster Anreiz entsteht bereits dadurch, dass dem Kunden sein **Fehlverhalten bewusst wird**. Nicht in allen Fällen ist dies bereits der Fall, vor allem bei unbeabsichtigtem Fehlverhalten. Eine einfache Möglichkeit, das Bewusstsein beim Kunden zu schaffen ist es, die Kosten durch das jeweilige Fehlverhalten auf der Rechnung auszuweisen, ohne diese einzufordern. Die Folge ist, dass der Kunde erfährt, welche Fehlverhalten vorliegen und dass hierfür Kosten angefallen sind.

Diese erste Möglichkeit zur Gestaltung eines Anreizes ist auch die Basis für alle weiteren. Denn: Nur wenn wir den Kunden auf diese Art „vorgewarnt" haben, können wir weitere Anreize bzw. Sanktionen etablieren ohne mit dem Argument des Kunden konfrontiert zu werden, man habe nichts von einem Fehlverhalten gewusst.

Während der erste vorgestellte Anreiz unabhängig von der gewählten Dienstleistungsstrategie möglich ist, sind alle weiteren Anreize nur unter Berücksichtigung derselben zu gestalten. Wir wollen dies anhand einiger Beispiele erörtern.

Ein eindeutiger Fall ist die **Strategie „Gesetzliche Verpflichtung"**. Die Kostenminimierung steht hier im Vordergrund. Folglich ist es sinnvoll jegliches Fehlverhalten des Kunden durch Anreize zu minimieren. Grundsätzlich stehen uns hier positive Anreize und Sanktionen zur Verfügung. Ein Beispiel für einen positiven **Anreiz** ist eine Rückerstattung eines Teils der Vergütung am Ende einer Periode, wenn in dieser Periode die Summe der Fehlverhalten einen bestimmten Wert nicht überschritten hat. Dieser Anreiz ist folglich eine Analogie zu einem Bonus.

Ein Beispiel für eine **Sanktion** sind vertraglich definierte Verrechnungspreise für Fehlverhalten. Hierzu müssen die Fehlverhalten einzeln aufgeführt werden, damit der Kunden sich derer bewusst ist. Darüber hinaus müssen die Fehlverhalten systematisch erfasst werden, um diese verrechnen zu können.

Komplexer ist die Gestaltung externer Anreize im Falle von Dienstleistungen, bei denen der Kontakt zum Kunden ein wesentlicher Erfolgsfaktor darstellt. Hierzu gehören die **Strategien „Cross-Selling" und „Differenzierung"**. Beide Strategien nutzen den grundlegenden Vorteil von Dienstleistungen gegenüber dem Produktgeschäft: die höhere Kontaktzeit und -intensität. Während der Erbringung von Dienstleistungen gewinnen die Mitarbeiter, wie bspw. Service-Techniker, tiefe Einblicke in die Nutzung der Produkte. Dies umfasst typische Fehler im Umgang aber auch Wünsche des Kunden für neue oder verbesserte Produkteigenschaften.

Es kann also kontraproduktiv sein, die Kontaktzeit zum Kunden zu reduzieren, selbst wenn diese auf einem Fehlverhalten beruht; denn auch in dieser Zeit können wesentliche Informationen gesammelt werden. In einem solchen Fall müssen wir zwischen verschiedenen Formen von Fehlverhalten differenzieren. Die Frage, die wir uns stellen müssen, welches Fehlverhalten können wir akzeptieren, da es zwar auf der einen Seite Kosten verursacht, aber andererseits dazu beiträgt die Oberziele der Strategie zu erreichen?

Ein dritter Fall sind Strategien, in denen die Kundenzufriedenheit eine überragende Rolle spielt. Hierzu gehören die **Strategien „Kundenorientierung"** und **„Eigenständiges Geschäftsfeld"**. Wiederum müssen wir die Anreize differenziert nach den einzelnen Arten von Fehlverhalten gestalten. Sanktionieren können wir, wenn auch vorsichtig, direktes Kundenfehlverhalten, also solche Fälle in denen der Kunden trotz Vereinbarung nicht angetroffen wird.

Für die anderen Arten von Fehlverhalten sind positive Anreize geeigneter. Hierzu wiederum ein Beispiel: Einem Kunden kann bspw. ein höherer Service-Level angeboten werden, wenn er Eigenreparaturen an definierten Teilen der Maschine unterlässt und anstelle dessen grundsätzlich den Service-Techniker in Anspruch nimmt.

Wollen wir das Fehlverhalten der Kunden weitgehend minimieren, ist es sinnvoll die externen Anreize an den Kunden mit den internen Anreizen an die eigenen Mitarbeiter aufeinander abzustimmen. In diesem Zusammenhang unterscheiden wir zwei Fälle:

- externe und interne Anreize adressieren die **gleichen Fehlverhalten**,
- externe und interne Anreize adressieren **verschiedene Fehlverhalten**.

Im ersten Fall **verstärkt** der interne Anreiz den externen. Konkret bedeutet dies, dass ein Service-Techniker eine Belohnung dafür erhält, dass er ein Fehlverhalten des Kunden minimiert, das bereits durch einen Anreiz an den Kunden adressiert wurde. Im zweiten Fall **ergänzt** der interne Anreiz der externen. Der interne Anreiz bezieht sich also auf jene Fehlverhalten, für die wir keine externen Anreize setzen können oder wollen.

8.4 Praxisbeispiel: Die CLAAS Gruppe

Das Unternehmen Seit der Gründung im Jahre 1913 durch August Claas entwickelte sich die CLAAS Gruppe zu einem der weltweit führenden Hersteller von Landtechnik. Die CLAAS Gruppe beschäftigte im Jahr 2012 mehr als 9000 Mitarbeiter, die einen Umsatz von über 3,4 Mrd. € erwirtschafteten. Der Umsatz stammt zu einem Viertel aus Deutschland. Ein weiterer wichtiger Markt mit ca. 20 % des Umsatzes ist Frankreich. Der schnell wachsende außereuropäische Markt macht nahezu 20 % des Umsatzes aus.

Die weltweit 14 Produktionsstandorte und das weltweite Netz von eigenen Vertriebsgesellschaften und Vertriebspartnern stellt die Kundennähe der CLAAS Gruppe sicher.

Das Produktportfolio der CLAAS Gruppe ist vielfältig und umfasst:

- Mähdrescher und Traktoren,
- Feldhäcksler und Teleskoplader,
- Landmaschinen zur Futterernte,
- Zubehör und Betriebsstoffe sowie
- Softwarelösungen für den landwirtschaftlichen Betrieb.

Das Dienstleistungsportfolio der CLAAS Gruppe Über das weltweite Netz von Vertriebspartnern bietet die CLAAS Gruppe vielfältige Dienstleistungen an. Hierzu zählen Dienstleistungen im Aftersales-Geschäft, die von der CLAAS Service and Parts GmbH entwickelt und über das Vertriebsnetz angeboten werden, als auch Finanzdienstleistungen, die über das Tochterunternehmen „CLAAS Financial Services" zur Verfügung gestellt werden.

Ausgewählte Dienstleistungen aus diesen Bereichen sind z. B.:

Der „24h-Ersatzeil-Service", der es den Händlern ermöglicht, für die CLAAS-Kunden rund um die Uhr Ersatzteile zu bestellen und auch während der Nacht geliefert zu bekommen bzw. beim CLAAS-Logistikzentrum abzuholen.

Wartungsverträge, mit denen Kunden von CLAAS die Betriebskosten für ihre Maschine auf einen fixen Betrag hin absichern können. Bei wählbarer Laufzeit verpflichtet sich der CLAAS-Vertriebspartner, alle Wartungen fachmännisch und vor allem rechtzeitig durchzuführen. Eine Erweiterung stellt die Dienstleistung MAXI CARE dar. Sie enthält eine Verlängerung der Gewährleistung. Abgedeckt sind im eventuellen Gewährleistungsfall die benötigten Ersatzteile und die notwendigen Arbeiten.

Besonders Erntemaschinen sind über während des Einsatzes kontinuierlich höchsten Belastungen ausgesetzt. Für dauerhaft zuverlässige Leistung, müssen die Maschine eingestellt und Verschleißteile ausgetauscht werden. Mit dem Nacherntecheck wird nach der Erntesaison beginnender Verschleiß festgestellt und versteckte Schäden aufgedeckt. Instandsetzungen können so außerhalb der Saison planbar und kostengünstig vorgenommen werden. Der aktuelle Maschinenstand wird festgestellt und im Checkheft dokumentiert.

Die Ferndiagnose bietet schnelle Hilfe durch die CLAAS Service-Techniker. Mit Hilfe von Mobilfunk- und Internet-Technologie werden die Daten des betreffenden Fahrzeugs direkt auf das Diagnosegerät oder den Rechner des Technikers übertragen. Dieser kann dann von jedem Ort aus die richtige Diagnose stellen und dann direkt mit dem eventuell benötigten Ersatzteil anreisen.

Hohe Maschinenleistungen erfordern hohe Investitionen. Aufgrund der speziellen Kenntnisse im Bereich der Landwirtschaft berät die CLAAS Gruppe ihre Kunden im Rahmen von Financial Services zu Kredit-, Leasing- oder Mietlösungen. Die Finanzierungen sind nicht nur auf CLAAS Maschinen zugeschnitten. Beispiele sind Tilgungspläne mit Winterausstand oder degressivem Ratenverlauf.

Anreize im Dienstleistungsgeschäft Eine wesentliche Rolle für die weltweite Präsenz der CLAAS Gruppe spielt das weltweite Netz aus Vertriebspartnern. Auf Landesebene sind dies neben den eigenen Vertriebsgesellschaften auch unabhängige Importeure. In den Ländern besteht zudem ein flächendeckendes, größtenteils nicht zur CLAAS Gruppe gehörendes Händlernetz.

Zur Weiterentwicklung der Vertriebspartner (sowohl Importeure als auch Händler) entsprechend der strategischen und operativen Vorgaben von CLAAS wurde ein Anreizsystem entwickelt, um folgende zwei Ziele zu erreichen:

- die Profitabilität der Partner zu steigern sowie
- die Management- und Prozessqualität beim Vertriebspartner zu belohnen.

Der zentrale Anreiz ist die Gewährung eines jährlichen Bonus. Die Berechnung dieses Bonus – insbesondere für umsatzstarke Vertriebspartner – wird in Abb. 8.5 skizziert.

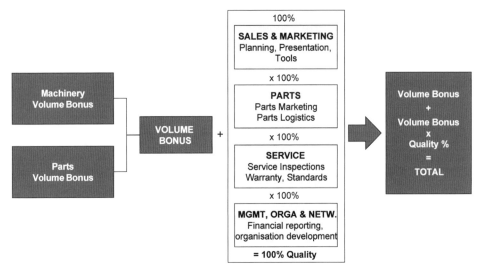

Abb. 8.5 Berechnung des Bonus für umsatzstarke Vertriebspartner

Der Bonus besteht aus zwei Bestandteilen: dem „Volume Bonus" und dem „Quality Bonus". Ersterer ist als klassischer Umsatzbonus konzipiert. Dabei werden zwei Umsatzträger berücksichtigt: die verkauften Maschinen und die verkauften Ersatzteile. Auf beide Bestandteile wird ein definierter Prozentsatz als Bonus gewährt. Die Gestaltung des Volumenbonus ist progressiv gewählt, d. h. mit zunehmendem Umsatz wird der Bonus proportional höher.

Ergänzend zum „Volume Bonus" kann der Vertriebspartner einen „Quality Bonus" erhalten. Dieser kann maximal die Höhe erreichen, die mit dem „Volume Bonus" erreicht wurde. Der Gesamtbonus hat somit eine Gesamthöhe von maximal dem doppelten „Volume Bonus".

Wie berechnet sich der „Quality Bonus"? Er ist unterteilt in vier Bewertungskategorien, in der jeweils 100 % erreicht werden kann. Diese Kategorien werden dann miteinander verknüpft. Hierbei gibt es zwei Vorgehensweisen:

- Multiplikation:
  Die prozentuale Zielerreichung der vier Kategorien wird ausmultipliziert. Werden also in drei Kategorien 100 % erreicht und in der vierten 0 %, so ist auch das Gesamtergebnis 0 %. Eine Fokussierung auf nur ausgewählte der vier Kategorien wird somit vermieden. Diese Methode wird insbesondere bei umsatzstarken Vertriebspartnern angewandt.
- Mittelwert:
  Es wird der Mittelwert der prozentualen Zielerreichung der vier Kategorien ermittelt. Werden also in drei Kategorien 100 % erreicht und in der vierten 0 %, so ist auch Gesamtergebnis 75 %. Diese Methode trägt der Aufbauorganisation kleinerer Handelsbetriebe Rechnung und soll Enttäuschungen vermeiden.

Innerhalb der vier Qualitätskategorien werden konkrete Ziele mit dem jeweiligen Partner vereinbart, deren Erreichung dann mit 100 % gleichgesetzt wird. Bei der Zielvereinbarung wird der aktuelle Entwicklungsstand des Vertriebspartners berücksichtigt. Im Einzelnen handelt es sich um folgende Bewertungskategorien:

- Sales und Marketing:
  Dies können z. B. Ziele zur Planungsqualität des Marktvolumens durch einen Importeur sein. Dabei steht bspw. die Frage im Vordergrund, wie gut die Forecasts der Importeure waren. Weiterhin stehen Marketingziele im Fokus: Werden von den Vertriebspartnern Marketingaktionen ausgearbeitet und durchgeführt, bspw. Events mit Maschinendemonstration, Werbeaktionen in den Medien, etc.
- Parts:
  Im Rahmen dieser Kategorie steht die Frage im Vordergrund, inwiefern der Vertriebspartner gezielt an der Ausdehnung des Ersatzeilgeschäftes und Verbesserung des Ersatzteilservices arbeitet. Ziele beziehen sich hier z. B. auf das Erreichen von Zielumsätzen in bestimmten Produktgruppen oder auf die Nutzung von durch CLAAS zur Verfügung gestellte Planungstools zur Ersatzteilbevorratung durch den Vertriebspartner. Auch die Vermeidung „unnötiger" Eilaufträge durch bessere Planungsqualität kann hier ein Kriterium sein.
- Service:
  Die Qualität des technischen Services, der durch den Vertriebspartner geleistet wird, soll hier gezielt gefördert und bewertet werden. Anforderungen können z. B. sein, dass der Vertriebspartner Werkzeuge und Diagnosesysteme der jeweils aktuellen Version verwendet und die Standards in Bezug auf Anzahl, Aus- und Weiterbildung seiner Service-Techniker erfüllt.
- Management, Organization und Network:
  Die vierte Qualitätsdimension bezieht sich auf die Managementqualität des Vertriebspartners. Die Erfüllung von Standards in Bezug auf die Unternehmensorganisation, Aussagefähigkeit bzgl. wichtiger Kennzahlen und die Qualität des internen und externen Reportings sind mögliche Kriterien.

Abschließend lässt sich zusammenfassend festhalten, dass das Anreizsystem der CLAAS Gruppe drei bemerkenswerte Eigenschaften aufweist: Es ist für die Vertriebspartner leicht verständlich. Dies ist die Basis für die Akzeptanz. Zweitens umfasst es neben dem traditionellen umsatzbasierten Anteil auch Qualitätsziele. Dadurch erreicht die CLAAS Gruppe eine kontinuierliche Verbesserung der Qualität des Vertriebsnetzes in die gewünschte Richtung. Und drittens wird durch die multiplikative Verknüpfung der Teilziele vermieden, dass Vertriebspartner ein oder gar mehrere Teilziele vernachlässigen. Dieses dritte Merkmal gilt – wie oben dargestellt – eingeschränkt nur für größere Vertriebspartner.

Literatur

Hamel, W. (2003), Kundenwertorientierte Anreizsysteme, in: Günther, B./Helm S., (Hrsg.), Kundenwert – Grundlagen – Innovative Konzepte – Praktische Umsetzungen, 3. Auflage, Wiesbaden, S. 460–482.

Lindert, K. (2001), Anreizsysteme und Unternehmenssteuerung – Eine kritische Reflexion zur Funktion, Wirksamkeit und Effizienz von Anreizsystemen, München und Mering.

Seiter/Gille (2012), Service Costing – Coping with Dysfunctional Customer Behavior, in: Journal of Cost Management, 26 (2012) 4, S. 5–12.

9. Ein abschließender Überblick – Welche Handlungsfelder und Lösungen haben wir erörtert?

In diesem Buch haben wir uns mit der Frage befasst, was notwendig ist, um das **industrielle Dienstleistungsgeschäft** erfolgreich aufzubauen und zu steuern? Die Antwort auf diese Frage haben wir in **sieben Handlungsfelder** unterteilt. Diese sieben Handlungsfelder sind Ergebnis zahlreicher Forschungs- und Beratungsprojekte, die ich in den letzten Jahren zu diesem Thema begleiten durfte. In jedem Handlungsfeld haben wir einen Teil der Frage beantwortet, indem wir **konkrete Lösungen** erörtert haben. Abbildung 9.1 zeigt die erörterten Fragen und die erarbeiteten Antworten in der Übersicht.

Kap.	Handlungsfeld	Fragen	Antworten
2	Handlungsfeld 1: Strategische Ausrichtung	Welches Ziel wollen wir mit dem Angebot von industriellen Dienstleistungen erreichen?	• Leistungsfähigkeits-Markt-Analyse • Basisstrategien
3	Handlungsfeld 2: Dienstleistungsportfolio	Welche Dienstleistungen wollen wir anbieten und welche bewusst nicht?	• Suchraster für Dienstleistungen • Strategiespezifische Portfolioanalysen
4	Handlungsfeld 3: Prozess- und Kapazitätsgestaltung	Wie gestalten wir die Prozesse und zugehörigen Kapazitäten des Dienstleistungsgeschäfts?	• Adaptierte Wertstromanalyse • Risikoanalyse (Unter-/Überkapazität) • Grobplanung (Heuristiken) • Feinsteuerung (Maßnahmen)
5	Handlungsfeld 4: Kooperation mit Externen	In welchem Ausmaß wollen wir Dienstleistungen in Kooperation mit externen Partnern anbieten?	• Kriterien zur strategischen Bewertung • Kriterien zur operativen Bewertung
6	Handlungsfeld 5: Organisatorische Einordnung	Wie ordnen wir das Dienstleistungsgeschäfts in die Organisation eines Unternehmens ein?	• Grundformen der Dienstleistungsorganisation • Strategiespezifische Eignungskriterien
7	Handlungsfeld 6: Performance Measurement und Reporting	Welche Leistungsinformationen benötigen wir, um das Dienstleistungsgeschäft zu steuern?	• Indikatoren zur strategischen und operativen Steuerung sowie zur Früherkennung von Risiken • Vorgehen zum Aufbau eines Reportings
8	Handlungsfeld 7: Interne und externe Anreize	Welche Anreize setzen wir, damit alle beteiligten Personen zum Erfolg des Dienstleistungsgeschäfts beitragen?	• Vorschläge zur Gestaltung interner Anreize • Vorschläge zur Gestaltung externer Anreize

Abb. 9.1 Handlungsfelder, behandelte Fragen und Lösungen

Printed by Printforce, the Netherlands